www.ingramcontent.com/pod-product-compliance
Lightning Source LLC
Chambersburg PA
CBHW050514160726
48003CB00001B/302

حیدرآباد دکن: کچھ یادیں کچھ جھلکیاں

(مضامین)

مرتب:

مکرم نیاز

© FarhaSadia
Hyderabad Deccan : kuch yaadein kuch jhalkian (*Essays*)
Complied by: MukarramNiyaz
1st Edition: Sept. '2022
Publisher: FarhaSadia, Hyderabad, India.
Printer: Taemeer Publications, Hyderabad.

©فرح سعدیہ

حیدرآباد دکن : کچھ یادیں کچھ جھلکیاں (مضامین)	:	کتاب
مکرم نیاز	:	مرتب
فرح سعدیہ (حیدرآباد، انڈیا)	:	ناشر
تحقیق و تنقید	:	صنف
تعمیر ویب ڈیولپمنٹ، حیدرآباد	:	تزئین / اہتمام
۲۰۲۲ء	:	سالِ اشاعت (اول)
(پرنٹ آن ڈیمانڈ)	:	تعداد
تعمیر پبلی کیشنز، حیدرآباد –۲۴	:	طابع
۱۹۲	:	صفحات
مکرم نیاز	:	سرورق ڈیزائن
غوث ارسلان	:	سرورق خطاطی

انتساب

ان دو عزیز و محترم شخصیات کے نام

جن سے مکالمہ اور تبادلۂ خیال، ان کی عادتِ کثرتِ مطالعہ کے باعث
میری علمی و ادبی وسعت نظری اور خیال و فکر کی کشادگی کا سبب بنا

سید مشتاق احمد   خسر (مرحوم)

محمد عارف الدین قریشی   نانا خسر (مرحوم)

سوانحی خاکہ

نام	: سید مکرم نیاز
والد	: سید رؤف خلش (مرحوم)
تاریخ پیدائش	: ۱۳؍ مئی ۱۹۶۸ء (حیدرآباد، تلنگانہ)
تعلیمی لیاقت	: بی۔ای، سول انجینئرنگ (عثمانیہ یونیورسٹی؍۱۹۸۹ء)
ملازمت	: اسسٹنٹ ایگزیکٹیو انجینئر (محکمہ عمارات و شوارع، حکومت تلنگانہ، حیدرآباد۔)
	ھامات العقاریہ، ریاض، سعودی عرب (۲۰۰۵ تا ۲۰۱۶)
	دیگر ملازمتیں، ریاض، سعودی عرب (۱۹۹۵ تا ۲۰۰۵)
تصانیف (شائع شدہ)	: راستے خاموش ہیں (افسانوں کا مجموعہ)
	: فلمی دنیا: قلمی جائزہ (تبصرے؍تجزیے)
زیر ترتیب	: (۱) انشائیوں کا مجموعہ
	(۲) جدید حیدرآباد (تعارفی؍تحقیقی مضامین)
انٹرنیٹ پر فروغ اردو	: ٭ اردو کارٹون ویب سائٹ (اولین کارٹون کامکس اردو ویب سائٹ)

[www.urdukidzcartoon.com]

٭ تعمیر نیوز (علمی ادبی ثقافتی اردو ویب پورٹل) [www.taemeernews.com]

٭ بالی ووڈ اردو فلمی نغمے [www.songsinurdu.blogspot.com]

رہائش	: H.No. 16-8-544, New Malakpet,
	Hyderabad, Telangana. – 500024
رابطہ	: ای-میل؛ *taemeernews@gmail.com*
	موبائل؛ 08096961731

فہرست

آثارو عمارات

قائدین و شخصیات

حیدرآباد اور انٹرنیٹ تحقیق

سقوطِ حیدرآباد کی خبر ریاست اتر پردیش کی گورنر سروجنی نائیڈو کو جب ایک خوش گوار تقریبِ موسیقی میں سنائی گئی تو سروجنی نائیڈو خوش ہونے کے بجائے زار قطار رونے لگیں، رونے کی وجہ پوچھنے پر انہوں نے فرمایا:

"میں اس لیے رو رہی ہوں کہ میرے بادشاہ کو یہ دن دیکھنا پڑا"

راوی: پروفیسر آل احمد سرور (شائع شدہ: ہماری زبان، علی گڑھ، ۱۲؍ مارچ ۱۹۶۷ء ص: ۱۶۹)

میرا شہر لوگاں سوں معمور کر

رکھیا جیوں تو دریا میں من یا سمیع

(قلی قطب شاہ)

یادِ ماضی میں ہے مستقبل کا اک پیغام بھی

مکرم نیاز

حیدرآباد دکن، جنوبی ہند کی ایسی شاہی ریاست رہی ہے جو زمانے کی نیرنگیوں، اہلکاروں منصب داروں کی کوتاہیوں، اپنوں کی ریشہ دوانیوں، غیروں کی سازشوں اور سیاسی استحصالی قوتوں کے ظلم و جبر کا شکار ہو کر ۱۷ستمبر ۱۹۴۸ء کو سقوط کے سانحہ سے دوچار ہوئی اور تقریباً سوا دو سو سالہ مملکتِ آصفیہ کا سورج بالآخر غروب ہو گیا۔

دکن، جو ایک مثبت و منفرد، متنوع اور محیر العقل تہذیب و تمدن، تاریخ و ثقافت کا منبع رہا، آج کی موبائل گزیدہ نسل اگر اسے ڈھونڈنا چاہتی ہے یا اس سے آگاہ ہونا چاہتی ہے تو اطلاعاتی و مواصلاتی تکنالوجی کے دور میں یہ کوئی زیادہ مشکل کام بھی نہیں ہے۔

ماضی کی ایک مشہور بالی ووڈ فلم کا ایک مشہور مکالمہ کچھ یوں رہا ہے: "۔۔۔ جاؤ پہلے اس آدمی کا سائن لے کے آؤ جس نے میرے باپ کو چور کہا تھا، پہلے اس آدمی کا سائن لے کے آؤ جس نے میری ماں کو گالی دے کے نوکری سے نکال دیا تھا، پہلے اس آدمی کا سائن لے کے آؤ جس نے میرے ہاتھ پہ یہ لکھ دیا تھا، یہ ۔۔۔۔۔"

انٹرنیٹ، موبائل اور سوشل میڈیا کے جدید ترین تکنیکی دور میں اردو کی ترقی و فروغ کا درد و غم پالنے والے ناقدین و نصحین کو کبھی کبھی بوجہ یہ مکالمہ یاد آ جاتا ہے۔ یعنی ہر کوئی چاہتا ہے کہ اردو کی ترویج و فروغ کے ضمن میں پہلے فلاں فلاں ادارے کا احتساب ہو، اس کے بعد ہم اپنا احساب دیں گے۔

انفارمیشن تکنالوجی کے اس تیز رفتار دور میں بھی جو لوگ بوسیدہ روایتی جلسوں، سیمیناروں اور کانفرنسوں کی تائید میں رطب اللسان ہیں ان کو اب ذرا ہوش کی دوا کر لینی چاہئے کہ مشہور مصرع ہے: دوڑو زمانہ چال قیامت کی چل گیا!!

آج ٹی وی کی طرح، کمپیوٹر تقریباً ہر گھر میں موجود ہے اور موبائل تو بچے کے ہاتھ میں نظر آ ہی جاتا ہے۔ آج کی نئی نسل جو عالمی سیاست سے لے کر موبائل تکنالوجی تک آرام سے بلا جھجک بات کرتی اور اپنی بات کی بآسانی تفہیم و تشریح کرتی ہے، اس نئی نسل تک اردو زبان و ادب اور اس کی تہذیب کو منتقل کرنے میں ہمارا اور آپ کا کیا حصہ رہا ہے؟ اس سوال کا سادہ سا جواب اردو ویب سائٹس، اردو یونیکوڈ تحریر، ان پیج سے یونیکوڈ تبدیلی کا سافٹ ویئر یا اردو سافٹ ویئرز نہیں ہے! بلکہ یہ ہے کہ اردو زبان و ادب، تہذیب، آثار، تاریخ و تمدن کے ذخیرۂ مواد کو نئی نسل تک بہ سہولت پہنچانے اور مقبول و پر کشش باور کرانے میں روایتی کانفرنسوں اور سیمیناروں کے دلدادگان نے کون سی حکمتِ عملی اختیار کر رکھی ہے؟؟

جب اسی موضوع کے ایک فیس بک مکالمے میں راقم الحروف نے ایک دوست سے تبادلہ خیال کیا تو غالباً برداشت کرتے کرتے جھلا کر ہمارے دوست نے سوال داغا کہ: اپنی کوتاہیوں کے اعتراف نامے پر سب کے دستخط حاصل کرنا ہی اصل مقصود ہے؟ محض تنقید کرنا ہو تو دس بیس صفحات میں بھی یونہی کالے کر سکتا ہوں! سوال یہ ہے کہ اس سارے سانحے یا المیے کے علاج کے لیے آپ کی زنبیل میں ہے کیا؟

ہمارے دوست کا مشورہ بڑا پتے کا تھا کہ پہلا چراغ جلنا چاہیے، اس کے بعد ہی وہ محاورہ سامنے آئے گا کہ چراغ سے چراغ جلیں تو روشنی پھیلے گی۔

ہمارا یہ دعویٰ نہیں کہ پہلا چراغ ہم نے جلایا، ہاں انٹرنیٹ پر اردو تحریر کے فروغ کے ابتدائی زمانے میں شہر حیدرآباد فرخندہ بنیاد کی تاریخ، تہذیب و تمدن کو تحریری شکل میں محفوظ کرنے کی خاطر جو افراد و ادارے سرگرم رہے ان میں اپنے ویب پورٹل ”تعمیر نیوز“ کے ذریعے راقم الحروف کا نام

بھی شمار ہوتا ہے۔ چاہے وہ "ریختہ" جیسی عظیم الشان ویب سائٹ پر موجود موضوع سے متعلق کتب کا روزانہ بلاناغہ مطالعہ ہو، یا انٹرنیٹ پر موجود موضوعاتی پی۔ڈی۔ایف کتب سے مطلوبہ مواد اخذ کرنا ہو، پھر انہیں سجا سنوار کر تلاش اور سلیکٹ/کاپی/پیسٹ کے قابل متن کی صورت میں سائبر دنیا کے قاری کے سامنے پیش کرنا ہو تاکہ سوشل میڈیا شئرنگ کے ذریعے وہ اسے آگے بڑھا سکے۔۔۔ یہ سلسلہ ویب پورٹل "تعمیر نیوز" کے آغاز (دسمبر ۲۰۱۲ء) سے جو شروع ہوا تو آج کی تاریخ تک بھی اسی جوش و خروش سے جاری و ساری ہے۔

اس کام کی طرف راقم کا رجحان کیوں کر پیدا ہوا، اس کی کچھ تفصیل میں نے اسی کتاب میں شامل اپنے مضمون "گوگل ری یونین۔ قلی قطب شاہ سے سلطنت آصفیہ اور سقوط حیدرآباد تک" میں بیان کی ہے۔ گو کہ یہ مضمون، گوگل سرچنگ (بذریعہ اردو رسم خط) کی سہولت کے سہارے ۲۰۱۴ء کے اوائل میں تحریر کیا گیا تھا۔ تقریباً نو (9) برسوں کے دوران بلاشبہ متذکرہ عنوان کے تحت سائبر دنیا میں دستیاب معلومات کے ذخیرہ میں اضافہ ہوا ہے، جس کے لیے انٹرنیٹ پر اردو رسم خط کا مسلسل استعمال کرنے والے قلمکار داد و ستائش کے قابل و حقدار ہیں۔ اس مضمون کے حوالے سے سائبر دنیا کے اردو مواد میں پیش آنے والی حیران کن مثبت تبدیلی کا مشاہدہ بھی کیا جاسکتا ہے۔ مختصراً یہ کہ آج کی نسل جو بقول شخصے اپنے ہر سوال کے لیے 'انکل گوگل' کو تحریر یا آواز کے ذریعے زحمت دیتی ہے تو اس تک موزوں و معقول جواب پہنچانے کے لیے گوگل خود بھی انسانوں ہی کا محتاج ہے۔ جب مستند معلومات کا ٹھوس ذخیرہ ہم انٹرنیٹ کے حوالے کریں گے تو یہی گوگل کے ذریعے سائل کی مدد ہوگی۔ یہی سبب ہے کہ راقم نے حیدرآباد کی تاریخ و تمدن، تہذیب و ثقافت، آثار و عمارات، قائدین و شخصیات کے حوالے سے ایسے دلچسپ، معلوماتی اور مستند مضامین کو سائبر دنیا میں نشر و شائع کرنے کا فریضہ نبھانے کی سعی کی ہے جو کتابوں کے سمندر میں غرق رہے ہیں۔

میں ممنون ہوں ان چند قربی دوست احباب کا، جن کی تجویز و مشورے کے بعد، شہر فرخندہ بنیاد

حیدرآباد سے متعلق ان مفید مضامین کے ایک انتخاب کو کتابی شکل میں پیش کرنے کا ارادہ بنا اور عمل میں آیا۔ امید ہے اسی طرز پر دیگر انتخاب کا سلسلہ آگے بھی دراز ہو گا۔ اپنے عزیز دوست شکیل رشید (مدیر 'ممبئی اردو نیوز') کا دل سے شکر گزار ہوں کہ اس کتاب کا مقدمہ لکھنے کی میری درخواست کو انہوں نے شرفِ قبولیت بخشا۔ اپنے قدیم دوست سینئر صحافی اور ممتاز خطاط غوث ارسلان کا ممنون ہوں کہ کتاب کے سرِورق کو اپنی خوش نویسی کے ذریعے سجاتے ہوئے دکنی تہذیب کے اس پہلو کو بھی اجاگر کیا ہے۔ عزیز ترین دوست جاوید نہال حشمی کتاب کے ٹائٹل کی ترتیب و تدوین کے مختلف مراحل میں نہ صرف شامل رہے بلکہ حسب روایت کتاب کے تعارفی مواد کے انگریزی ترجمہ (جو اپنی ہر کتاب کے پس ورق پر پیش کرنا تکنیکی مجبوری رہی ہے) کی ذمہ داری بھی اٹھائی ہے، جس کے لیے میں ان کا احسان مند ہوں۔

یہ کتاب اردو کی بزرگ، درمیانی اور نئی نسل کے نام معنون ہے، اس لیے نہیں کہ وہ کسی خطے کی تاریخ، تہذیب و ثقافت کو جان کر خوشی یا غم کا شکار ہو۔ قوموں کی تاریخ میں اتار چڑھاؤ تو آتے ہی رہتے ہیں۔ یہ دنیا کی ریت ہے، کوئی نئی یا خراب بات نہیں۔ دراصل مطالعۂ تاریخ کے ذریعے قوموں کے مدو جزر، عروج و زوال اور ترقی و انحطاط کی راہیں متعین ہوتی ہیں۔ اور مستند تاریخ کے مطالعہ کی ترغیب دلانا ہر صاحبِ علم و صاحبِ ذوق کی ذمہ داری بھی ہے۔

مسکین نیازی

۱۷؍ ستمبر ۲۰۲۲ء

حیدرآباد دکن (انڈیا)

تاریخِ حیدرآباد کی اردو کتابوں میں ایک اہم اضافہ

شکیل رشید

(ایڈیٹر، ممبئی اردو نیوز)

اسکولی کتابوں میں جب پڑھتا تھا کہ حیدرآباد کو 'لوہ پُرش' سردار ولبھ بھائی پٹیل نے ہندوستان میں شامل کیا ہے، ورنہ وہ تو ایک علیحدہ ریاست تھی، تب ایک طرح کی خوشی محسوس ہوتی تھی۔ خوشی اس بات کی کہ ہم ہندوستانی کس قدر 'بہادر' ہیں! اُن دنوں یہ پتہ نہیں تھا کہ جس عمل کو 'پولیس ایکشن' کہا جاتا ہے وہ ایک پورا 'فوجی ایکشن' تھا اور اس 'ایکشن' کی زد میں آ کر بھاری تعداد میں لوگ مارے گئے تھے، اور کھاتے پیتے لوگ سڑکوں پر آ گئے تھے۔ جب 'پولیس ایکشن' کی حقیقت سامنے آئی تب اپنی اُس خوشی پر، جس کا ذکر میں نے اوپر کیا ہے، مجھے شرم آئی۔ حقائق سے واقف ہونے کے بعد سے، یہ سوال کہ، کیا 'سقوطِ حیدرآباد' سے بچا نہیں جا سکتا تھا؟ ذہن میں گردش کر تا رہا ہے۔ کسی علاقے، خطے یا ملک اور ریاست کے سقوط کا مطلب وہاں کی تاریخ، تہذیب اور آثار کا سقوط ہے، لہذا اس ایک سوال کا جواب جاننے کی کوشش بھی رہی ہے کہ کیا حیدرآباد اپنے سقوط کے بعد، تہذیبی اور ثقافتی طور پر تبدیل ہوا ہے، یا تبدیل نہیں ہوا ہے؟ مجھے مذکورہ سوالوں کے جواب نہیں معلوم، لیکن اتنا پتہ ہے کہ، حیدرآباد کے سقوط کے بعد سے وہاں کے لوگوں کی زندگی کے ڈھب بدل گئے ہیں، اور جس ایکشن نے 'سندرلال کمیٹی رپورٹ' کے مطابق 40 ہزار انسانی لاشیں بچھا دی تھیں (غیر سرکاری تعداد دو سے ڈھائی لاکھ ہے) اُسے 'آزادی' اور 'قومی یکجہتی' کے پیمانے میں تولا جا رہا ہے۔ ایسا کیوں ہے؟ یہ بھی ایک سوال ہے۔ اور یہی سوالات ہیں جن کی وجہ سے، مکرم نیاز کے، اس کتاب پر 'مقدمہ' لکھنے کے حکم کو ٹالنا، میرے لیے ممکن نہیں تھا۔ یہ میرے لیے حیدرآباد کی

تاریخ، تہذیب اور ثقافت کو جاننے کا، یا بالفاظ دیگر ذہن میں اٹھتے مذکورہ سوالوں کے جوابوں کے پانے کا سنہرا موقع تھا۔

مکرم نیاز میرے ایسے دوست ہیں جن سے آج تک میری ملاقات نہیں ہوئی ہے! آج کے جدید ترین دور میں، جن سے ملاقاتیں نہ بھی ہوئی ہوں، ان سے دوستی کوئی عجیب یا حیران کرنے والی بات نہیں ہے۔ یہ انفارمیشن ٹکنالوجی کا دور ہے، انٹرنیٹ کی ایجاد نے ربط و ضبط کے اتنے طریقے ایجاد کر دئے ہیں کہ بہت دور بیٹھے ہوئے لوگ بھی بہت قریب، بالکل آس پاس محسوس ہوتے ہیں۔ مکرم نیاز سے میری دوستی سوشل میڈیا ہی کے توسط سے ہوئی ہے، اور اس میں پختگی اس لیے آئی ہے کہ انہیں بھی لکھنے پڑھنے کا شوق ہے اور مجھے بھی۔ مکرم نیاز پر مجھے رشک آتا ہے، وہ عمدہ شعری ذوق کے حامل بھی ہیں، طنز و مزاح نگار بھی، اور افسانہ نگار بھی۔ ان کا تعلق صحافت سے بھی ہے، اور وہ نقاد بھی ہیں، ادبی بھی اور فلمی بھی۔

اب پتہ چلا ہے کہ انھیں تاریخ سے بھی دلچسپی ہے، بالخصوص حیدرآباد کی تاریخ سے، جس کا ثبوت ان کی مرتب کردہ یہ کتاب "حیدرآباد دکن : کچھ یادیں کچھ جھلکیاں" ہے۔ یہ حیدرآباد کی تاریخ و تمدن، تہذیب و ثقافت، آثار و عمارات، قائدین و شخصیات پر لکھے گئے، تعارفی، علمی و تحقیقی مضامین کا۔۔۔ جنہیں مکرم نیاز نے بڑی محنت سے تلاش اور جمع کیا ہے۔۔۔ ایک ایسا مجموعہ ہے جس میں ہم دکن کی مٹّی کی خوشبو اپنے نتھنوں میں محسوس کرسکتے ہیں۔ دکن کی رسومات اور روایات کی ایک فلم سی ہماری نظروں کے سامنے چلنے لگتی ہے، ساتھ ہی ہم خود کو وہاں کے لوگوں کی خوشی اور غم میں شریک محسوس کرتے ہیں، اور اُس دانشوری کے، جس کے لیے یہ شہر جانا جاتا رہا ہے، معترف ہوتے ہیں۔ یہ احساسات اس لیے ممکن ہو سکے ہیں کہ، جن شخصیات کے یہ مضامین ہیں اُن میں سے اکثر یا تو خود حیدرآباد کی تاریخ کا حصہ رہے ہیں، یا حیدرآباد سے یوں واقف ہیں یا واقف تھے، جیسے اپنے ہاتھ کی لکیروں سے۔

'تاریخ و تمدن' کے باب میں سات مضامین شامل کیے گئے ہیں، جن میں چند مضامین ماضی کے

حیدرآباد کی شان و شوکت پر ہیں اور چند زوالِ حیدرآباد پر۔ پہلا مضمون 'حیدرآباد تاریخ کے آئینہ میں' ڈاکٹر مسعود جعفری کا تحریر کردہ ہے، وہ لکھتے ہیں:

"چار سو (۴۰۰) سال گزر جانے کے بعد بھی یہاں قدم قدم پر تاریخ بولتی ہے۔ یہاں کے ذرہ ذرہ سے محبتوں کی خوشبو آتی ہے۔ قلعہ گولکنڈہ اپنے سیاہ پتھروں سے مغل شہنشاہ اورنگ زیب کے فوجی حملے کی داستان بیان کر رہا ہے۔ اس کے در و دیوار میں شاہوں، ملکاؤں، شہزادوں، امراؤں، سپہ سالاروں کی آوازیں پیوست ہیں۔ قطب شاہ کی رنگین شاعری سبزہ زاروں میں سانس لے رہی ہے۔ سیاح اپنی چھٹی حس سے محسوس کرتے ہوں گے۔ وہ عاشور خانے موجود ہیں جہاں قطب شاہوں نے چراغاں کیا تھا۔ بی بی کے علم کی روایت آج بھی زندہ ہے۔ عالی شان مکہ مسجد، سربلند چار مینار صدیوں سے اپنی دلچسپ کہانی سنا رہے ہیں۔ آج بھی وہ شاد و آباد ہیں۔ مغلوں کے سیاسی جانشین آصف جاہوں کی تاریخی یادگاریں گزرے ہوئے شب و روز کا حال کہہ رہی ہیں۔ ان کی بنائی ہوئی عمارتیں بے مثال رہیں۔ جامعہ عثمانیہ کی حسین و جمیل عمارت اہرام مصر کو چیلنج کر رہی ہے۔ شاہوں کے مقبروں میں ان کا دبدبہ بول رہا ہے۔ حیدرآباد کے بدلتے چہرے کو دیکھا جا سکتا ہے، لیکن اس کی آنکھوں میں گزشتہ عہد کی پرچھائیاں صاف نظر آتی ہیں۔"

ڈاکٹر مسعود جعفری ماضی کے حیدرآباد کی منظر کشی کے ساتھ ساتھ جو تبدیلیاں آئی ہیں، ان کا بھی ذکر کرتے جاتے ہیں، مثلاً ایک جگہ لکھتے ہیں:

"وہ فلک نما، جہاں چھٹے حکمراں میر محبوب علی خان نے داعی اجل کو لبیک کہا تھا، اب وہ ستارہ ہوٹل بن چکی ہے۔"

جب وہ یہ لکھتے ہیں کہ "حیدرآباد کا بزور طاقت خاتمہ کیا گیا"، تو ایک خوب صورت شہر کے زوال پر ہم ان کے، اور ان کے ساتھ حیدرآباد کے باشندوں کے کرب کو محسوس کرتے ہیں۔

اور جب وہ لکھتے ہیں کہ: "آج حیدرآباد تاریخی شعور کے ساتھ تعمیرِ نو میں بڑھ چڑھ کر حصہ لے رہا ہے۔ اس کے قدم تیزی سے ترقی کے زینے طے کئے کر رہے ہیں۔۔۔" تو ہم اُن کے اور اُن کے ساتھ

ہی اس شہر کے باشندوں کے فخر کو بھی محسوس کرتے ہیں۔ اس باب میں نواب بہادر یار خان کی ' یہ تقریب یوم خود مختاری سلطنت آصفیہ 'پر کی گئی تقریر کا خلاصہ مضمون "ریاست حیدرآباد اور بعض خود مختار ممالک" کے عنوان سے شامل ہے۔ یہ تاریخی مضمون ، سچ کہا جائے تو ، حیدرآباد کی خود مختاری کی وجوہ کا مقدمہ ہے۔ اس مضمون کو پڑھ کر اندازہ ہوتا ہے کہ کیا ترقی کی تھی اس ریاست نے ! ساتھ ہی ذہن یہ سوال بھی کرتا ہے کہ جس عسکری طاقت کا ذکر کیا گیا ہے ، کیا وہ واقعی تھی ، اور اگر تھی تو کیا اس میں اس قدر صلاحیت تھی کہ وہ اپنے سے بڑی کسی طاقت سے ٹکرا سکتی اور کامیاب ہو سکتی تھی؟

اس باب میں محمد مظہر الدین کے مضمون "مملکت آصفیہ حیدرآباد دکن کا شاندار ماضی" ، سید امتیاز پاشا قادری کے مضمون "آصف جاہی سلطنت کی مختصر تاریخ" اور ضیاء الدین شکیب کے مضمون "حیدرآباد : ایک پس منظر" میں ، جیسا کہ عنوانات سے ظاہر ہوتا ہے ، حیدرآباد اور وہاں کے حکمرانوں کی تاریخ پر روشنی ڈالی گئی ہے۔ دو مضامین زوالِ حیدرآباد پر ہیں ، ڈاکٹر علیم خان فلکی کا مضمون "زوالِ حیدرآباد کی کہانی" اور ڈاکٹر حسن الدین احمد کا مضمون "کیا سقوط حیدرآباد کی یاد میں یوم نجات منانا درست ہے؟"

حیدرآباد کی ریاست کس قدر دولت مند اور خیر کے کاموں پر خرچ کرنے والی تھی ، اس کا اندازہ اس بات سے لگایا جا سکتا ہے کہ ، دوسری جنگ عظیم میں جب انگلستان معاشی طور پر تباہ و برباد ہوا تو ، نواب میر عثمان علی کے عطیات سے اُسے سہارا ملا۔ مکہ معظمہ اور مدینہ منوّرہ میں بجلی اور پانی کے خرچ کا انتظام بھی ریاست حیدرآباد نے اپنے ذمہ لے رکھا تھا ، اس کے لیے وہاں کئی شاندار عمارتیں بنوائی تھیں۔ کیا افسوس کی بات ہے کہ ، عطیات پانے والے انگریزوں نے بعد میں بے وفائی کی ، خوب لوٹ پاٹ کر اور سازشوں کا جال بچھا کر حیدرآباد کے زوال کو یقینی بنایا۔ ڈاکٹر علیم خان فلکی نے اپنے مضمون میں اس پر تفصیل سے بات کی ہے ، ان کا یہ کہنا بالکل درست ہے ، اور میرے ایک سوال کا جواب بھی ، کہ بندر گاہوں ، ہوائی اڈوں ، دفاعی ساز و سامان اور فوج کے نہ ہونے کے سبب

یہ ممکن نہیں تھا کہ حیدرآباد انگریز سے آزادی حاصل کرلیتا اور ہندوستان کے مساوی ملک کا درجہ حاصل کرلیتا۔ گویا یہ کہ حیدرآباد کو ازخود ہندوستان میں شامل ہو جانا چاہیے تھا۔

فلکی صاحب کی یہ بات بھی درست ہے کہ :

"بد قسمتی سے جن حالات میں سقوط حیدرآباد ہوا وہ نہ صرف مسلمانوں کی بدنصیبی کی تاریخ کا ایک المیہ ہے بلکہ خود ہندوستان کی تاریخ کا ایک بدنما داغ ہے جس کی ذمہ دار ایک طرف وہ ہندوستانی لیڈرشپ تھی جو تعصب اور نفرت کے ذریعے حیدرآباد کو بحیثیت ایک مسلم اسٹیٹ کے ختم کرنے کے درپے تھی تو دوسری طرف وہ مسلمان قیادت تھی جو تعصب کا جواب تعصب اور نفرت کا جواب نفرت سے دینے کے جذباتی رویہ پر کھڑی تھی۔"

اس مضمون میں یہ بھی ذکرے کہ حیدرآباد ریاست کا سقوط تو عرصہ ہوا ہو گیا لیکن "پولیس ایکشن" آج بھی جاری ہے۔ اشارہ آج کے حیدرآباد کی طرف ہے، جہاں فرقہ وارانہ فسادات اور یکطرفہ پولیس کارروائیاں ہوتی چلی آئی ہیں۔ مضمون نگار نے 'حل' بھی پیش کیا ہے 'اجتماعیت'، جس کی بڑی ضرورت ہے۔ یہ ایک اچھا، غیر جانبدارانہ مضمون ہے۔ ڈاکٹر حسن الدین نے اپنے مضمون میں بڑی تفصیل سے "پولیس ایکشن" کے جواز کے لیے جو جھوٹ اور پروپگنڈا کیا جا رہا تھا، سب کا تفصیل سے ذکر کیا ہے۔ یہ مضمون چشم کشا ہے۔

کتاب میں حیدرآباد کی عزاداری، کھانوں، دستر خوان، پھلوں، صحافت، ادب اور وہاں کے تمدن پر اہم مضامین ہیں جو وہاں کی تہذیب کو سمجھنے میں مدد دیتے ہیں۔ آثار و عمارات پر پورا ایک باب ہے، جس میں فلک نما سے لے کر سالار جنگ میوزیم، جامعہ عثمانیہ اور کورنٹائن دواخانہ تک کا تعارف کرایا گیا اور تاریخ بیان کی گئی ہے۔ شخصیات میں پانچ نام ہیں آصف سابع میر عثمان علی خان جو ہند و مسلم اتحاد کے نقیب تھے، شہزادی نیلوفر فرحت بیگم، مہاراجہ سرکشن پرساد شاد، حضرت ملا عبدالقیوم اور ماہ لقا چندا۔

مرتب کتاب مکرم نیاز کا مضمون "گوگل ری یونین – قلی قطب شاہ سے سلطنت آصفیہ اور سقوط

حیدرآباد تک" اپنی طرز کا ایک انوکھا مضمون ہے، اس میں گوگل سرچ انجن اور انٹرنیٹ کے حوالے سے حیدرآباد، وہاں کی شخصیات، اور زوال حیدرآباد کے بارے میں، اس پر موجود مواد کی تفصیلات دی گئی ہیں اور یہ بتایا گیا ہے کہ انٹرنیٹ معلومات کی فراہمی میں کتنا کامیاب اور کتنا ناکام ہے۔ مضمون دلچسپ بھی ہے، اور معلومات سے بھرپور بھی۔

سچ تو یہ ہے کہ یہ پوری کتاب ہی معلومات سے بھری ہوئی ہے۔ اگر یہ کہا جائے کہ یہ حیدرآباد کی تاریخ پر لکھی گئی اردو کتابوں میں ایک اہم اضافہ ہے تو غلط نہیں ہو گا۔ یہ کتاب مرتب کرنے کے لیے مکرم نیاز مبارک باد کے مستحق اور حق دار ہیں۔

☆ ☆ ☆

حیدرآباد: تاریخ کے آئینہ میں

ڈاکٹر مسعود جعفری

چار سو (۴۰۰) سال گزر جانے کے بعد بھی یہاں قدم قدم پر تاریخ بولتی ہے۔ یہاں کے ذرہ ذرہ سے محبتوں کی خوشبو آتی ہے۔ قلعہ گولکنڈہ اپنے سیاہ پتھروں سے مغل شہنشاہ اورنگ زیب کے فوجی حملے کی داستان بیان کر رہا ہے۔ اس کے در و دیوار میں شاہوں، ملکاؤں، شہزادوں، امراؤں، سپہ سالاروں کی آوازیں پیوست ہیں۔ قطب شاہ کی رنگین شاعری سبزہ زاروں میں سانس لے رہی ہے۔ سیاح اپنی چھٹی حس سے محسوس کرتے ہوں گے۔ وہ عاشور خانے موجود ہیں جہاں قطب شاہوں نے چراغاں کیا تھا۔ بی بی کے علم کی روایت آج بھی زندہ ہے۔ عالی شان مکہ مسجد کے سربلند چار مینار صدیوں سے اپنی دلچسپ کہانی سنا رہے ہیں۔ آج بھی وہ شاد و آباد ہیں۔ مغلوں کے سیاسی جانشین آصف جاہوں کی تاریخی یاد گاریں گزرے ہوئے شب و روز کا حال کہہ رہی ہیں۔ ان کی بنائی ہوئی عمارتیں بے مثال رہیں۔ جامعہ عثمانیہ کی حسین و جمیل عمارت اہرام مصر کو چیلنج کر رہی ہے۔ شاہوں کے مقبروں میں ان کا بدبہ بول رہا ہے۔

حیدرآباد کے بدلتے چہرے کو دیکھا جا سکتا ہے، لیکن اس کی آنکھوں میں گزشتہ عہد کی پرچھائیاں صاف نظر آتی ہیں۔ یہاں کے نوابوں نے علم و ہنر کی دل کھول کر سرپرستی کی، سالار جنگ اول کی علم دوستی چہار دنگ عالم میں مشہور تھی۔ آپ نے سرسید کی علی گڑھ یونیورسٹی سے کئی تعلیم یافتہ ہستیوں کو ریاست کے نظم و نسق میں شامل کیا۔ ان کی دیوان دیوڑھی، سیاسی، سماجی، تہذیبی سرگرمیوں کا گہوارہ رہی۔ جب نواب یوسف علی خان ریاست کے دیوان مقرر ہوئے تو کسی شاعر نے انہیں یوں خراج عقیدت پیش کیا تھا:

زلیخا بن کے دیوانی مرے یوسف کے گھر آئی

آزادی کے بعد ان کا عجائب خانہ دیوان دیوڑھی ہی میں رکھا گیا تھا۔ بعد میں اسے نئے پل کے قریب نئی عمارت میں سجایا گیا۔ وہ فلک نما، جہاں چھٹے حکمراں میر محبوب علی خان نے داعی اجل کو لبیک کہا تھا، اب وہ ستارہ ہوٹل بن چکی ہے۔ خلوت قابل دید و ستائش عمارت ہے۔ لاڑ بازار ہمہ ہمی اور حسن و جمال میں الف لیلہ کے بازار سے کم نہیں۔ حیدرآباد کے اصلی باشندوں کی وضع داری، آداب و شرافت میں اگلے زمانوں کی روشنی ملتی ہے۔ ان کا اخلاص، انکساری، بات چیت کا انداز از دل موہ لینے والا ہوتا ہے۔ وہ مشرقی کلچر کے آئینہ دار ہیں۔ ان کے حیدرآبادی کھانے لذیذ ہی نہیں ناقابل فراموش ہوتے ہیں۔

فرنگیوں کے دور میں اور آزاد بھارت میں بھی حیدرآباد ایک اہم ترین اسٹیٹ رہا۔ مشہور صحافی ڈی۔ ایف۔ کراکا [D. F. Karaka] نے تو آخری تاجدار میر عثمان علی خان بہادر پر The Fabulous Mogul جیسی نادر و نایاب کتاب لکھی۔ ان کی نسلی جڑیں مغلوں کی طرح ماورائے نہر کے بجائے ترکستان میں تھیں۔ دنیا کے کسی بادشاہ نے، بشمول اکبر اعظم کے، اہل ہنود اور مسلمانوں کو اپنی دو آنکھیں نہیں کہا۔ اسے پہلی دفعہ اعلیٰ حضرت میر عثمان علی خاں نے فروغ دیا۔ ان کا صدق دل سے اس پر ایقان رہا۔

حیدرآباد کا بزور طاقت خاتمہ کیا گیا۔ تاریخ اس کی شاہد ہے۔ زوال مملکت آصفیہ کے بعد بھی حیدرآبادیوں میں وہی چمک دمک، آن بان، شان و شوکت باقی رہی۔ اردو کے ہر دلعزیز شاعر جگر مراد آبادی نے یہ شعر شاید حیدرآبادیوں کے لیے کہا ہو گا:

ہم کو مٹا سکے یہ زمانے میں دم نہیں

ہم سے زمانہ خود ہے زمانے سے ہم نہیں

آج حیدرآباد تاریخی شعور کے ساتھ تعمیر نو میں بڑھ چڑھ کر حصہ لے رہا ہے۔ اس کے قدم تیزی سے ترقی کے زینے طے کر رہے ہیں۔ آخری فرمانروا کے پوتے شہنشاہ ہمایوں کی طرح جلا وطنی کی

زندگی بسر کر رہے ہیں۔ ہمایوں ۷۱ برس کی دربدری کے بعد ہندوستان واپس آ سکا تھا۔ یہاں آثار و قرائن مختلف ہیں۔ مکرم جاہ کی واپسی کے امکانات موہوم ہیں۔ وہ گوشہ گمنامی میں جا چکے ہیں۔ ان کا نام تاریخ کے اوراق میں رہے گا۔

آج بھی گزشتہ حیدرآباد پر انگریزی واردو میں کتابیں لکھی جاتی ہیں۔ آج بھی پولیس ایکشن کی روداد بیان کی جاتی ہے۔ آج بھی حضور نظام کے یوم ولادت کو نہایت تزک و احتشام، عزت و احترام سے منایا جاتا ہے۔ ان کے کارناموں پر گفتگو کی جاتی ہے۔ کمیونسٹوں، کانگریسیوں، آریا سماجیوں کی مخالف شاہی تحریک کے باوجود حیدرآبادیوں کے دلوں میں حضور نظام کی بے پناہ عظمت و حرمت قائم و دائم ہے۔ ان کی نیک نامی آفتاب کی طرح چمک رہی ہے۔ حیدرآباد کے ایوانوں اور راستوں پر تاریخ کھڑی ہے۔ اس سے دامن بچا کے چلنا دشوار ہے۔ تاریخی یادیں لوگوں کے حافظہ میں اتر چکی ہیں۔ مدتوں بعد بھی حیدرآباد تاریخ کی بانہوں میں جھول رہا ہے۔ کون کہتا ہے کہ تاریخ کا سفر ختم ہو چکا ہے۔ اس کا سفر تو جاری وساری ہے۔

چارمینار، مکہ مسجد، سالار جنگ میوزیم، گولکنڈہ اور سات گنبد ان [Seven Tombs] کے مشاہدہ کیلیے ملکی و غیر ملکی باشندوں کا لامتناہی سلسلہ چلتا رہتا ہے۔ جب سے ریاست تلنگانہ کے وزیر اعلیٰ چندر شیکھر راؤ نے ۱۵ار اگست کی صبح گولکنڈہ کی فصیل سے پرچم کشائی کی شروعات کی ہے، تب سے سیاحت کے پرستاروں کی تعداد میں کثیر اضافہ ہوا ہے۔ قلعہ کے سبزہ زاروں پر اک ہجوم بے کراں رہتا ہے۔ اورنگ زیب کی توپوں کی یورش میں متاثر ہونے کے باوجود قلعہ کی شناخت یا کشش میں کمی نہیں آئی۔

سالار جنگ میوزیم تو تیسرے سالار جنگ نواب میر یوسف علی خان کے شخصی نادر و نایاب کلکشن کا انمول خزانہ ہے۔ جسے دیکھنے سارا ہندوستان امڈ پڑتا ہے۔ ساری دنیا میں کہیں بھی شخص واحد کا بنایا ہوا کوئی میوزیم نہیں ہے۔

سالار جنگ فیملی کے حیدرآباد شہر پر بہت احسانات ہیں۔ ان کے تذکرہ کیلیے اوراق کم پڑ جاتے ہیں۔ دوسرے سالار جنگ نواب میر لائق علی کے دور میں ریاست کی سرکاری زبان بنائی گئی۔ انہی کے عہد

میں دیوانی و فوجداری عدالتوں کے قوانین کی پھر سے تدوین کی گئی۔ میر لائق علی نے متعدد دفعہ دربار شاہی کے آداب کو توڑا اور محبوب علی پاشاہ کی دل آزاری کا سبب بنے۔ ایک بار وہ حضور کے سامنے سگریٹ پینے لگے۔ ایک دفعہ بادشاہ وقت کے سامنے شب خوابی کے لباس میں آ گئے۔ ایک اور وقت سالار جنگ دوم کرسی پر بیٹھے ٹانگ پر ٹانگ ڈالے سگریٹ کے کش لینے لگے۔ ان سب حیرت انگیز باتوں کی وجہ یہ تھی کہ وہ بادشاہ عصر کے ہم جماعت تھے۔ اور اسی غیر رسمی انداز میں اپنے بچپن کے دوست کے ساتھ پیش آ رہے تھے۔ ان لغزشوں کی پاداش میں محبوب علی پاشاہ نے انہیں ان کے عہدے سے ہٹا دیا۔ کم عمر بادشاہ نے ایسا قدم اپنے استاد سرور الملک کی ایما پر اٹھایا۔ اسی زمانے میں جیکب ڈائمنڈ کی چوری کا واقعہ پیش آیا، محبوب علی پاشاہ کو کمیشن کے آگے حاضر ہونا پڑا۔ اپنا بیان قلمبند کروانا پڑا۔ یہ پادشاہی کے شایان شان بات نہیں تھی۔ اسی لیے قانون چہ مبارک تشکیل دیا گیا۔ اس میں دیوان یعنی پرائم منسٹر کے اختیارات و دائرہ کار کی وضاحت کر دی گئی۔ حد بندی کر دی گئی تا کہ مستقبل میں ایسے بد نما واقعات رونما نہ ہونے پائیں۔

حیدرآباد کی تاریخ کے مختلف ادوار نہایت دلچسپ اور تعجب خیز ہیں۔ ان سے آگہی قلب و ذہن کو سکون و قرار دیتی ہے۔ تاریخ شناسی میں مدد کرتی ہے۔

☆ ☆ ☆

بحوالہ: روزنامہ اعتماد، اتوار ایڈیشن، ۱۳؍ اکتوبر ۲۰۱۹ء۔

A glimpse of Hyderabad History. By: Dr. Masood Jafri.

ریاست حیدرآباد اور بعض خود مختار ممالک

نواب بہادر یار جنگ

(خلاصہ تقریر نواب بہادر یار جنگ بہ تقریب یوم خود مختاری سلطنت آصفیہ)

ہمارے آج کے اجتماع کا مقصد آپ سب کو معلوم ہے۔ ہم پھر ایک سال کے بعد آج اس اعلان کی یاد منانے کے لیے جمع ہوئے ہیں، جو اعلیٰ حضرت نواب میر عثمان علی خاں بہاد جاہ آصف جاہ نے سلطنت دکن کی خود مختاری کی نسبت فرمایا تھا۔ جس طرح انسان کی زندگی کی علامات میں ایک اہم چیز رنج و مسرت کا احساس بھی ہے اسی طرح وہ قومیں زندہ کہلانے کی زیادہ مستحق ہیں جو اپنی خوشی اور رنج کا احساس رکھتی ہیں۔ اور ان اساسی تغیرات کو ہمیشہ یاد رکھتی ہیں، جو ان کی تاریخ حیات کی ترتیب کا مواد بنتے رہے۔ اس ماہ نومبر کے مہینے میں آپ اس لمحے سے گزر چکے ہیں، جب کہ گزشتہ جنگ عظیم ایک فتحمندانہ صلح سے بدل گئی تھی۔ وہ تاریخ وہ لمحہ آج بھی اتحادیوں کے نزدیک ایک یاد گار دن ہے، آپ نے دیکھا کہ اس یاد گار کے منانے میں، مارکٹوں میں خرید و فروخت، عدالتوں اور محکموں میں کاروبار، میدانوں میں کھیل ہی نہیں بلکہ سمندروں میں جہاز اور فضا میں طیارے ساکن و صامت ہو کر اس دن کی یاد مناتے ہیں۔

دنیا کے دوسرے ممالک کی طرح حیدرآباد کی تاریخ بھی اپنے اوراق پر پچاسوں ایسے واقعات رکھتی ہے جن میں سے ہر ایک ملکی جشن اور ملکی عید کے لیے منتخب کیا جا سکتا ہے۔ لیکن کسی ملک کے لیے اس سے بڑھ کر مسرت خیز اور قابل یاد گار کوئی اور دن نہیں ہو سکتا جب کہ اس کے بادشاہ نے ایک اور کمزور شہنشاہ کے بے جا انتداب اور تفوق سے نجات حاصل کر کے اپنی خود مختاریت اور استقلال کا اعلان فرمایا ہو اور اس ملک کو دنیا کے دوسرے آزاد خود مختار ممالک کے ساتھ دوش بدوش کھڑے

ہونے کا امتیاز بخشے۔ مشرق اور خصوصاً حیدرآباد کی غیر سیاست دانی نے گزشتہ دو سال سے اس یوم سعید کو اپنے طاق نسیان کا سرمایہ بنا دیا تھا۔ بالآخر وہ دن بھی آیا کہ حیدرآباد کی خوش نصیبی اس کے تخت پر ایک ایسے بیدار مغز بادشاہ کی رونق افروزی کی صورت میں نمایاں ہو گئی جو نہ صرف رعایا کی جسمانی و معاشرتی فلاح و بہبود کی فکروں میں لگا رہتا ہے، بلکہ اس نے اس کی روحانی اور اجتماعی تربیت کا بھی بیڑا اٹھایا ہے۔ تعطیل کے اعلان سے اس یوم سعید کی اہمیت حضرت حکیم السیاست نے ہم کو بتا دی۔ اگر ہم اس سے فائدہ نہیں اٹھا رہے ہیں اور وہ ہماری دوسری تعطیلوں کی طرح بیکاری میں گزر رہی ہے تو یہ ہماری بدبختی ہے۔ آج کے جلسے کے قیام کا مقصد یہی ہے کہ ہم اس اعلان کی اہمیت کا اندازہ کریں اور اس کے تذکرے سے اپنے آپ کو اور اپنے ملک کو پہچاننے اور اپنی آپ قدر کرنے کے قابل بنیں۔ آپ نے اپنے ملک کی گزشتہ اور موجودہ تاریخ سے متعلق بہت کچھ سنا اور اپنی سلطنت کو ہندوستان کی دوسری ریاستوں کی طرح ایک دیسی ریاست کہنے کو آپ اپنی اور اپنے ملک کی ذلت تصور فرماتے ہیں۔ آپ نے معلوم کر لیا کہ آپ ایک مستقل سلطنت، ایک مکمل مملکت اور ایسے معاہدات کے ساتھ شہنشاہیت برطانیہ کے حلیف اور یار وفادار ہیں جو آپ کو سلطنت عالیہ برطانیہ کا ایک طاقتور اور خود مختار دوست ثابت کرتے ہیں۔ اب میں یہ بتانے کے لیے آپ کے سامنے کھڑا ہوں کہ دنیا کے آزاد خود مختار ممالک کی فہرست تیار کی جائے اور ان میں سے اکثروں سے آپ کی حکومت و سلطنت کا مختلف نوعیتوں اور حیثیتوں سے مقابلہ کیا جائے تو آپ کسی سے کم ثابت نہ ہوں گے۔ اور اکثروں سے بحیثیت مختلف آپ کا تفوق مسلم ہو گا۔

کسی سلطنت و مملکت کا جب ہم دوسری سلطنت یا مملکت سے مقابلہ کرتے ہیں تو اس تقابل میں چند ہی چیزیں دیکھی جاتی ہیں۔ رقبہ مملکت، آبادی، رقبہ آبادی کے لحاظ سے فی مربع میل آبادی کا تناسب، آمدنی اور اس کے ذرائع و امکانات، تعلیم و شائستگی وغیرہ۔ اور اب بیسویں صدی میں فوجی و جنگی طاقت سب سے زیادہ قابل لحاظ چیز بن گئی ہے۔ دنیا کے جغرافیہ پر نظر ڈالنے سے معلوم ہو جائے گا کہ اس وقت جو ممالک دنیا کی بساط پر سب سے اہم مہروں کا پارٹ ادا کر رہے ہیں ان میں بھی اکثروں سے حیدرآباد امتیازاتِ خاص رکھتا ہے۔ جب ہم کسی ملک کی عظمت و بزرگی کا تخیل

کرنے لگتے ہیں تو سب سے پہلا اور اہم سوال جو کسی شخص کے دل میں پیدا ہوتا ہے، وہ اس کے رقبۂ حکومت کا خیال ہے۔ آج بھی سلطنت برطانیہ کی عظمت سب سے پہلے اس خیال سے پیدا کی جاتی ہے کہ اس کی حدود مملکت سے کہیں آفتاب کی روشنی دور نہیں ہوتی۔ لیکن آپ کو یہ دیکھ کر حیرت ہوگی کہ دنیا میں بعض ایسے بھی آزاد اور خود مختار ممالک ہیں جن میں سے بعض کا رقبہ حیدرآباد کے کسی صوبے کے برابر بھی نہیں ہے، لیکن وہ آزادی اور خود مختاری کے ان تمام لوازم سے بہرہ اندوز ہیں جو ایک بڑی سے بڑی آزاد سلطنت رکھتی ہے۔ مثلاً یونان کا رقبہ انچاس ہزار مربع میل ہے۔ بلغاریہ کا چالیس ہزار میل، پرتغال کا پینتیس ہزار پانسو، البانیہ کا بیس ہزار، ڈنمارک کا پندرہ ہزار، ہالینڈ کا بارہ ہزار سات سو، بلجیم گیارہ ہزار مربع میل ہے اور ان سب کے مقابلے میں حیدرآباد کا رقبہ اپنی موجودہ حالت میں بیاسی ہزار چھ سو اٹھانوے مربع میل ہے۔ گویا جن آزاد بادشاہوں اور جمہوریتوں کا ذکر کیا گیا ان میں سے بعض سے دگنا، بعض سے چار گنا اور بعض سے چھ بلکہ سات گنا زیادہ ہے۔ لیکن اگر حیدرآباد کے اس موجودہ رقبے مین آپ برار و شمالی سرکار کے رقبے کو بھی شامل کرلیں جو بلاشبہ اور جائز طور پر مملکت حیدرآباد کا ایک جزو ہے تو بلاخوف تردید کہا جاسکتا ہے کہ اس کا رقبہ مملکت یورپ کی درجہ اول کی سلطنتوں، انگلستان، جرمنی، فرانس، اٹلی اور ہسپانیہ سے زیادہ نہیں تو ان کے برابر ضرور ہو جائے گا۔

دوسری اہم وجۂ امتیاز جو ایک مملکت کو دوسرے سے ممتاز کرتی ہے وہ یہ ہے کہ اس کی حکومت کے زیر سایہ کتنے نفوس انسانی زندگی بسر کر رہے ہیں۔ بعض ایسے ملک بھی دنیا کے نقشے پر ملیں گے جن کا رقبہ اس براعظم کے اس کنارے سے اس کنارے تک پھیلا ہوا ہے۔ لیکن آبادی اس میں ویسی ہی ملے گی جیسے ایک صحرائے لق و دق میں سبزہ و گیاہ کا نشان، آبادی کی کمی اور زیادتی کے اسباب مختلف ہو سکتے ہیں۔ اراضی کے بڑے حصے کا بنجر، صحرا، پہاڑ اور اسی طرح دوسرے اسباب کی بنا پر ناقابل کاشت ہونا۔ مملکتوں کا غلط نظام حکومت اور رعایا کا اس سے مطمئن نہ ہونا، کہیں اقتصادی اور معاشی حالت کی خرابی وغیرہ۔

حیدرآباد کی آبادی گزشتہ مردم شماری کی رو سے بلا شمول صوبہ برار و شمالی سرکار، ایک کروڑ چوالیس لاکھ چھتیس ہزار ایک سو پچاس ہے۔ اگر اس کو رقبہ مملکت پر تقسیم کیا جائے تو فی مربع میل ۱۷۵ نفوس کا اوسط آتا ہے۔ برخلاف اس کے دنیا میں بہت سے ایسے خود مختار اور آزاد ممالک ملیں گے جن کی آبادی کو حیدرآباد کی آبادی سے کوئی نسبت نہیں ہے۔ اس تناسب آبادی کی قرار داد میں ہم ان ممالک کو نظر انداز کرتے ہیں جن کے رقبہ سے متعلق اوپر بحث ہوئی۔ کیونکہ ظاہر ہے کہ ان کی آبادی بھی رقبہ کے تناسب سے کم ہوگی اور ہے۔ مثلاً یونان جس کی آبادی صرف ستر لاکھ ہے اور فی مربع میل اس کی آبادی کا اوسط (۷۶) نفوس ہے۔ بلغاریہ جس کی آبادی صرف پچیس لاکھ ہے اور فی مربع میل (۱۳۷) نفوس ہے۔ البانیہ کی آبادی دس لاکھ اور فی مربع میل (۵۰) نفوس ہے۔ پرتغال کی آبادی چھپن لاکھ اور فی مربع میل (۱۰۰) نفوس ہے۔

مذکورہ بالا ممالک کی آبادی کے اعداد و شمار پر غور کرتے ہوئے یہ امر بھی ملحوظ رہنا چاہیے کہ یہ یورپ کے وہ ممالک ہیں جو کہ زرخیزی کے اعتبار سے مشہور اور ہر قسم کے اقتصادی اور معاشی تفوق سے سرفراز ہیں۔ اور ان میں سے اکثروں کی اپنی بندر گاہیں ہیں۔ زراعت، تجارت، صنعت، کسب معاش کے بیسیوں ذرائع ان کو حاصل ہیں اور ان کا طریقہ حکومت بھی ترقی یافتہ کہا جا سکتا ہے۔ جو باوجود اس کے کہ وہ حیدرآباد کی آبادی اور رقبے کے ساتھ کسی تناسب میں مقابلہ نہیں کرسکتے۔ اب چند ان ممالک پر بھی نظر ڈال لیے جو گورقبہ اراضی حیدرآباد سے دو چند اور بعض صورتوں میں چہار چند رکھتے ہیں۔ لیکن آبادی میں حیدرآباد کے ساتھ ان کو کوئی نسبت نہیں دی جاسکتی۔ مثلاً شہنشاہیت ایران جس کا رقبہ حیدرآباد سے تقریباً آٹھ گنا زیادہ ہے یعنی چھ لاکھ تیس ہزار مربع میل لیکن آبادی حیدرآباد سے کم یعنی صرف ایک کروڑ ہے۔ آبادی کا تناسب فی مربع میل صرف (۱۶) نفوس پر مشتمل ہے۔ حکومت نجد و حجاز کا رقبہ گو حیدرآباد سے بارہ گنا زیادہ یعنی دس لاکھ مربع میل ہے۔ لیکن آبادی صرف (۱۵) پندرہ لاکھ اور تناسب (ڈیڑھ) نفس فی مربع میل ہے۔ عراق کا رقبہ حیدرآباد سے تقریباً دو گنا زیادہ یعنی ڈیڑھ لاکھ مربع میل ہے، لیکن آبادی صرف تیس لاکھ اور تناسب بیس نفوس فی مربع میل ہے۔ مصر کا رقبہ حیدرآباد سے چار گنا زیادہ یعنی تین لاکھ ترسٹھ ہزار

دو سو میل لیکن آبادی تقریباً برابر یعنی ایک کروڑ چالیس لاکھ اور تناسب آبادی (۳۸)۔ ایشیائی ترکی کا رقبہ تقریباً پانچ گنا زیادہ یعنی چار لاکھ مربع میل لیکن آبادی حیدرآباد سے کم یعنی صرف ایک کروڑ بیس لاکھ ہے اور تناسب صرف (۳۰)۔ افغانستان کا رقبہ بھی تقریباً تین گنا زیادہ یعنی دو لاکھ پینتالیس ہزار مربع میل ہے، لیکن آبادی نصف سے بھی کم یعنی ترسٹھ لاکھ اسی ہزار اور تناسب صرف (۲۶)۔

اب اندازہ کیجیے۔ حیدرآباد اپنی آبادی کے اعتبار سے نہ صرف یورپ کی چھوٹی چھوٹی حکومتوں بلجیم، ہالینڈ، البانیہ، یونان، پرتغال، ڈنمارک، بلغاریہ وغیرہ سے بڑھ کر ہے۔ بلکہ ایشیا کی بڑی بڑی سلطنتوں ایران، ترکیہ، مصر، نجد و حجاز، عراق، افغانستان اور نیپال وغیرہ سے بھی بڑھ کر ہے اور تمام تقابل برار کو شامل کیے بغیر ہے، جو مملکت آصفیہ کا ایک زرخیز اور آباد صوبہ ہے۔ اگر اس کو شامل کر لیا جائے تو شاید یورپ کی بڑی بڑی سلطنتیں بھی حیدرآباد کا آبادی کے معاملے میں مقابلہ نہ کر سکیں۔ آپ نے یہ بھی دیکھ لیا کہ ایشیا کے بعض ممالک جو اپنے رقبے میں زیادتی پر ناز کر سکتے ہیں ان کی حقیقت کیا ہے؟ ان کے رقبہ مملکت کا بیشتر حصہ غیر آباد، ویران اور سنسان ہے۔ اگر کوئی شخص ویرانوں، کھنڈروں اور غیر آباد مقاموں میں کھڑا ہو کر رابن سن کروسو کی طرح صدا بلند کر سکتا ہے اور دنیا اس کو ایک باعظمت و جبروت بادشاہ مان سکتی ہے تو پھر غیر آباد ممالک بھی بیشک حیدرآباد کے مقابلے میں اپنا تفوق جتا سکتے ہیں۔ لیکن اگر مملکت کے لیے آبادی شرط ہے اور وہ حیدرآباد کی مناسبت سے ان کے یہاں کچھ بھی نہیں تو ان کو حیدرآباد کے تفوق کو ماننا پڑے گا برخلاف ان ممالک کے جہاں میلوں تک رقبہ اراضی صحرا یا پہاڑوں کی شکل میں بیکار ہے۔ حیدرآباد میں اس وقت ساڑھے بہتر فیصد اراضی کاشت پر اٹھی ہوئی ہے۔ بقیہ ساڑھے ستائیس فیصدی رقبہ میں سے بھی ساڑھے اکیس فیصدی جنگل اور کنجہ وغیرہ کی صورت میں ذرائع آمدنی ہے۔ صرف چھ فیصدی رقبہ کو ناکارہ کہا جا سکتا ہے۔

موجودہ زمانے میں عظمت و جلال کی ایک بڑی علامت دولت اور آمدنی تصور کی گئی ہے۔ اور یہ ایک

حد تک بجا بھی ہے زر کا ستار العیوب اور قاضی الحاجات ہونا تو ایک حکیم مشرق کی زبان سے صدیوں پہلے تسلیم کر لیا گیا ہے، اب ہم دیکھتے ہیں کہ جو ممالک دنیا میں آزاد اور ممتاز ہیں ان کے مقابلے میں بلحاظ اپنی آمدنی اور دولت کے حیدرآباد کا کیا درجہ ہے؟ اس وقت ایک بڑی دشواری ہم کو یہ درپیش ہے کہ ہم مغربی و مشرقی سکوں کی شرح تبادلہ سے واقف نہیں ہیں۔ اس لیے یہ نہیں کہا جا سکتا کہ ان کی آمدنی جو ہم کو معلوم ہوئی ہے وہ کتنے پاؤنڈ یا کتنے روپیہ کے مساوی ہے؟ ہم کو یقین ہے کہ اگر تھوڑا وقت ملے اور ان سکوں کے شرح تبادلہ سے ہم واقف ہو جائیں تو آسانی سے ہم اس میدان میں بھی حیدرآباد کے تفوق کو ان دوسرے ممالک پر ثابت کر سکیں گے۔ فی الحال جن ممالک کے سکوں کا ہم کو علم ہے اور جن کی آمدنی پاؤنڈز میں ہم کو معلوم ہو سکے ان سے حیدرآباد کا مقابلہ کرنے کی کوشش کرتے ہیں۔

نجد و حجاز کو چھوڑیئے کیونکہ وہ یوں بھی ایک بے آب و گیاہ ملک ہے جس کے ایک حصے کو آسمانی زبان میں وادئ غیر زرع کا لقب دیا گیا تھا۔ اور جس کی بڑی آمدنی کا انحصار حجاج کی تعداد پر ہے۔ نیپال جو ہندوستان کے شمال اور ہمالیہ کے دامنوں میں دوسرے آزاد ممالک سے الگ کوسِ استقلال بجا رہا ہے۔ اس کی سالانہ آمدنی صرف ایک ملین پونڈ یعنی ڈیڑھ کروڑ روپیہ سکۂ عثمانیہ ہے۔ ایران، حیدرآباد سے چھ گنا رقبہ مملک رکھتا ہے اور عراق عرب کے کناروں سے لے کر بلوچستان کے حدود تک اور شمال میں تبریز اور آذربائیجان کے علاقے میں ایک وسیع سلسلہ بندر گاہوں کا رکھتا ہے اور خلیج فارس اور بحر ہند و خلیج قفقاز سے اس کی آزاد تجارت جاری ہے، باوجود اس کے اس کا محاصل حیدرآباد کی آمدنی سے کچھ بہت زیادہ نہیں صرف سات ملین پونڈ یعنی ساڑھے دس کروڑ روپیہ سکۂ عثمانیہ ہے۔ افغانستان کے رقبے کو آپ نے سنا کہ حیدرآباد سے تقریباً تین گنا زیادہ ہے۔ لیکن آمدنی کو آپ سنیں گے تو حیرت کریں گے کہ ایسے ممالک بھی دنیا میں آزاد اور خود مختار ہیں اور اپنی خود مختاری کو دنیا سے تسلیم کرا رہے ہیں۔ افغانستان کی موجودہ آمدنی چار کروڑ پچاس لاکھ روپیہ افغانی ہے۔ جس کا شرح تبالہ اس وقت جب کہ میں تھا، تین روپیہ کابلی مساوی ایک روپیہ کلدار تھا۔ جس کا مطلب یہ ہوا کہ افغانستان کی موجودہ آمدنی صرف ڈیڑھ کروڑ روپیہ ہے۔ عراق کا رقبہ حیدرآباد سے دو گنا

زیادہ ہے۔ اور یہ وہ ملک ہے جس میں سے دجلہ اور فرات جیسی دریائیں بہتی ہیں جس کو بصرہ جیسا بندرگاہ میسر ہے جو تین آزاد مملکتوں ایران، ترکیہ، اور نجد و حجاز سے اپنے حدود اور تجارت کو وابستہ رکھتا ہے لیکن باوجود اس کے، اس کی آمدنی چار ملین پونڈ یعنی چھ کروڑ سکۂ عثمانیہ ہے۔

جب ہم اپنی مملکت کی آمدنی کا دوسرے ممالک سے مقابلہ کر رہے ہیں تو ایک رعایت ملحوظ رکھنے کے قابل ہے۔ حیدرآباد کی طرح ان ممالک میں جاگیرات، انعامات اور دیولوں اور درگاہوں کی معاشیں مقرر نہیں ہیں۔ نہ بادشاہ کے لیے ایک علیحدہ رقبۂ اراضی صرفِ خاص کی طرح الگ کیا گیا ہے بلکہ ان کی آمدنی کی کائنات وہی ہے جو اوپر بیان کی گئی۔ بر خلاف اس کے صوبہ برابر وغیرہ کو نظر انداز کرنے اور جاگیرات، سمستان، پائیگاہ اور صرف خاص مبارک کو خارج کرنے کے بعد جن کا اندازہ ایک ثلث سے بھی زیادہ کیا جا سکتا ہے اور کسی بندرگاہ کی عدم موجودگی میں، کیونکہ حیدرآباد کی بندرگاہ مسولی پٹم کا سوال ابھی زیر بحث ہے، حیدرآباد کی آمدنی نو (۹) کروڑ سکۂ عثمانیہ یعنی چھ ملین پونڈ ہے۔ جس کا مطلب یہ ہوا کہ حیدرآباد کی آمدنی عراق سے ڈیڑھ گنی، افغانستان اور نیپال سے چھ گنی زیادہ ہے اور ایران کی آمدنی کے تقریباً مساوی ہے۔

ایک بات اور آپ کی توجہ کے قابل ہے، وہ یہ کہ دنیا میں وہی شخص مالدار نہیں کہلا یا جا سکتا جس کی آمدنی زیادہ ہو بلکہ اس کے تمول کے اندازے کے لیے اس کے خرچ اور قرض کا اندازہ بھی ضروری ہے۔ دنیا میں ایسی بہت سی عظیم المرتبت سلطنتیں بلکہ شہنشاہیتیں آپ کو ملیں گی جو حیدرآباد سے کہیں زیادہ آمدنی رکھتی ہیں لیکن سال میں دو مرتبہ امریکہ کے قرضے کی صرف سود کی ادائی کا سوال ان کے لیے سوہانِ روح بن جاتا ہے۔ گزشتہ جنگ عظیم نے ان کے خزانوں کو خالی اور ان کی جیبوں کو ہلکا کر دیا۔ لیکن حیدرآباد اپنی روز افزوں ترقیوں اور اخراجات کی زیادتیوں کے باوجود کسی حکومت اور سلطنت کے روبرو شرمندہ اور خجل نہیں ہے۔ اس کا موازنہ نہ خود موجودہ زمانے میں کساد بازاری اور رعایا کے ساتھ عدیم المثال حسن سلوک کے باوجود اپنے توازن کو نہیں کھوتا بلکہ دنیا کے مختلف گوشوں سے نگاہیں حسن طلب کے انداز میں اس کے خوان نعمت کی طرف اٹھتی ہیں۔

پھر ایک سوال اور پیدا ہوتا ہے کہ کیا یہ حیدرآباد کی انتہائی آمدنی ہے اور اس نے اپنے تمام ذرائع آمدنی کو بہ تمام و کمال آزمالیا ہے؟ نہیں۔ ابھی سینکڑوں اس کے معدن زمین کی چادر اوڑھے گمنامی کی نیند سو رہے ہیں۔ اس کی زراعتی ترقی کی پہلی کروٹ پوری بیداری کی شکل اختیار نہیں کر سکی ہے۔ اس کی صنعت و حرفت کی زندگی ایام طفولیت سے گزر کر عرصہ شباب میں قدم نہیں رکھنے پائی ہے، اس کی تجارت بندر گاہ کے فقدان اور رعایا کی عدم رجحان طبع کی وجہ سے ابتدائی مدارج میں ہے۔ اگر روئی اور تیل نکالنے والے اجناس کی کاشت میں محکمہ زراعت کی کوششیں کامیاب ہو جائیں اور ہمارا محکمہ صنعت و حرفت اپنی تمام خام پیداوار کو بکار آمد بنانے کے قابل ہو جائے اور ہماری منڈیاں اپنے مال سے پر ہو کر دوسرے مارکٹوں میں اپنی پیداوار بھیجنے لگیں تو آپ دیکھیں گے کہ آپ کا ملک دنیا کے بڑے بڑے ممالک کے روبرو گردن افتخار دراز کر سکے گا۔ ان تمام نقاط نگاہ سے غور کیجیے اور اپنے آپ کو پہچانیے کہ دنیا کے ممالک میں آپ کا کیا درجہ ہے۔ یہ مقولہ کہ آپ اپنی قدر کرو، صرف انفرادی زندگی میں نہیں اس سے زیادہ اجتماعی زندگی میں آزمایا جانے کے قابل ہے۔ لیکن آپ اپنی قدر اسی وقت کر سکیں گے جب پہلے اپنے آپ کو پہچان لیں گے۔

رقبہ آبادی اور دولت ہی کسی ملک کی قابل تعریف خصوصیات نہیں ہو سکتیں، اگر وہاں کے رہنے والوں میں اس رقبۂ آبادی اور آبادی پر حکومت کرنے اور اس دولت کو کام میں لانے کی صلاحیت نہ ہو۔ حیدرآباد نے انتظامی معاملات سے اطمینان حاصل کرنے کے بعد اپنی سب سے بڑی توجہ اپنے فرزندوں کی تعلیم و تربیت میں دی۔ اگر آپ ہمارے ان نتائج تعلیمی کو یورپین ممالک کے مقابلے میں رکھتے ہیں تو بے شک ہم ان سے ابھی پیچھے ہیں لیکن اگر مشرقی آزاد اور خود مختار ممالک سے ہمارا مقابلہ کیا جاتا ہے تو ہم بلاخوف تردید کہہ سکتے ہیں کہ ان میں سے اکثروں کے لیے ہماری مثال دن اور رات یا روشنی یا تاریکی کے مقابلے کے مانند ہے۔ ہماری خود مختار رعایا پرور حکومت نے اپنی رعایا کی تعلیم ہی کا خیال نہیں کیا بلکہ اس کی تربیت پر بھی توجہ کی۔ برطانوی ہند کے قابل اور تجربہ کار اشخاص کی خدمات بڑی بڑی بیش قرار ماہوار پر صرف اس لیے حاصل کی گئیں کہ وہ ملک کے

فرزندوں کو ملک کی ضروریات کے مطابق تیار کریں تا کہ آئندہ حیدرآباد کسی دوسرے کی امداد کے بغیر اپنے پاؤں پر کھڑا ہو سکے۔ ہم اس غرض سے بلائے جانے والوں اور ہمارے ملک کی خدمات انجام دینے والوں کی خدمات کا اعتراف کیے بغیر نہیں رہ سکتے، جنہوں نے اب حیدرآباد کے فرزندوں کو اس قابل بنا دیا ہے کہ وہ ان کے سہارے کے بغیر کھڑے ہی نہیں بلکہ میدان کارزار میں بلاخوف و خطر دوڑ سکتے ہیں۔

دنیا میں ہمیشہ اقوام و ممالک کی برتری و عظمت کا دارومدار ان سب اسباب و علامات سے قطع نظر جن کا اوپر ذکر کیا گیا کسی ملک کی عسکریت اور طاقت حربی کے اندازے پر رہا ہے۔ اب ایک شخص کہہ سکتا ہے کہ تم نے دوسرے ممالک آزاد پر رقبۂ آبادی، تمول، تعلیم اور شائستگی کے اعتبار سے تو اپنا تفوق ثابت کیا۔ لیکن اس زمانے میں چھوٹی سے چھوٹی مملکت بھی اپنا مکمل فوجی نظام رکھتی ہے۔ کیا تم اس حیثیت سے بھی اپنے امتیاز کو ثابت کر سکتے ہو؟ میرا جواب بلا تردد اس بات میں یہ ہے کہ اعتراض کرنے والوں نے حیدرآباد پر بہت ہی سرسری نظر ڈالی ہے۔ انہوں نے اس کی تاریخ اور جغرافیہ کا پورا مطالعہ نہیں کیا۔ وہ صرف امپریل سرویس ٹروپس، گولکنڈہ لانسرز، کیاولری گارڈ، انفنٹری توپ خانہ اور نظم جمعیت کو ہی حیدرآباد کا کل عسکری نظام خیال کرتے ہیں۔ اور الوال، ترملگیری، بلارم کی افواج کو انہوں نے بالکل جداگانہ طاقت خیال کر رکھا ہے۔ حالانکہ یہ ایک حقیقت ہے کہ یہ فوجیں انتدابی نگرانکار فوجیں نہیں بلکہ عساکر آصفی ہیں جو حیدرآباد کے خرچ پر حیدرآباد کے لیے اس کے قابل احترام حلیف سلطنت عالیہ برطانیہ نے تیار کیں اور تیار رکھی ہیں۔ اب ان سب قوتوں کو یکجا کرو اور بتاؤ کہ کیا حیدرآباد کا نظام فوجی کسی اور نظام عسکری سے کم ہے؟ پھر جغرافی حیثیت کو بھی نظر انداز نہ کرنا چاہیے کہ دوسری حکومتیں اپنے اطراف و جوانب اغیار کا ہجوم رکھتی ہیں۔ افغانستان کے ایک طرف انگریز ہیں جن سے اس کی کبھی نہیں بنتی۔ دوسری طرف روس ہے جو اپنے موقع کو کبھی ہاتھ سے دینا نہیں چاہتا۔ تیسری طرف ایران ہے، جسے ایک حریف حکومت کہا جاسکتا ہے، جو تاریخ قدیم میں بھی سیستان اور اس کے مشرقی علاقوں سے ہمیشہ برسرپیکار

رہا۔ یہی حال خود ایران، عراق، حجاز، ترکیہ، اور تمام یورپ کی آزاد اور خود مختار مملکتوں کا ہے۔ برخلاف اس کے حیدرآباد اپنے اطراف صرف ایک مملکت رکھتا ہے، جو اس کی دوست اور ایسی حلیف ہے کہ جس کے عہد محبت کو سلاطین آصفیہ نے تاریخ کے ہر دور میں مضبوط رکھا ہے۔ جنوب اور مغرب کی طاقتیں جن سے حیدرآباد کو آئے دن برسرپیکار رہنا پڑتا تھا، تاریخ کے ابتدائی اس دور میں ختم ہو گئیں جب کہ وہ اعلان خود مختاری کیا گیا تھا جس کی ہم یاد منا رہے ہیں۔ اب حیدرآباد کو کسی سے لڑنا نہیں ہے، بلکہ جو تیاری بھی اس نے کی ہے وہ اس لیے زیادہ ہے کہ وہ صرف اپنے طاقت ور حلیف کی وقتاً فوقتاً امداد کے لیے کی گئی ہے۔ اندرونی انتظام کے لیے وہ جمعیت کافی سے کچھ زیادہ ہی کہی جا سکتی ہے کیونکہ حیدرآباد، افغانستان، ترکیہ، حجاز و نجد کی طرح سازشوں کی آماجگاہ نہیں بلکہ یہاں امن و عافیت و اطمینان ہے۔

غالباً ان تمام حالات کو سن کر اور اپنی مملکت کی عظمت کا تصور کر کے آپ کو حیرت ہو گی اور اس میں اضافہ اس حقیقت نے کیا کہ باوجود دنیا کے اکثر خود مختار اور آزاد ممالک کا ہم پایہ بلکہ بلند پایہ ہونے کے، حیدرآباد اُس مرتبہ سیاسی سے محروم ہے جو دوسروں کو حاصل ہے۔ آپ پوچھ سکتے ہیں کہ کیوں؟ ہمارے آپ کے بادشاہ جمجاہ اعلیٰ حضرت سلطان العلوم نواب میر عثمان علی خاں بہادر نظام الملک آصف جاہ سابع خلد اللہ ملکہ کے اسم گرامی کے ساتھ "ہز مجسٹی" کا لقب شامل نہیں ہے آپ بے چینی سے دریافت کر رہے ہیں اور آپ کو کرنا چاہیے کہ کیوں آپ کا ٹپہ حدود ہندوستان میں نہیں چلتا، جب کہ ہم سے نہایت کم حیثیت رکھنے والے ممالک کی ڈاک ان ہی کے ٹکے پر دنیا کے طول و عرض کو طے کر رہی ہے۔ کیوں آپ کے سکے کی قیمت حیدرآباد سے باہر نکل کر ٹھیکری اور پیسے سے زیادہ نہیں رہ جاتی۔ اور بمبئی و مدراس کے مارکٹ میں اس کے لیے گنجائش تبادلہ نہیں ہے۔ آپ کا یہ سوال بھی ایک حد تک بجا ہے کہ کیوں لندن اور دہلی میں سفارت خانہ حیدرآباد کی کوئی عمارت نظر نہیں آتی۔ میں حیران ہوں کہ آپ کے ان سوالات کا کیا جواب دوں۔ اول تو مجھے کوئی جواب سوجھ نہیں رہا ہے۔ دوسرے شاید جناب صدر بھی اس مقام پر مجھے اپنی حدوں سے گزر ا ہوا محسوس

فرمائیں اس لیے صرف یہ کہہ کر خاموش ہو جاتا ہوں: کُلُّ اَمْرٍ مَرْھُوْنٌ بِاَوْقَاتِھَا۔ اور شاید آپ کا

احساس اور طلب صادق اس وقت کو جلد لائے۔

☆ ☆ ☆

ماخوذ از کتاب: آزاد حیدرآباد۔ تالیف: مرزا مظفر بیگ۔ سنہ اشاعت:1940ء

State of Hyderabad and some sovereign states. By: Bahadur Yar Jung.

مملکت آصفیہ حیدرآباد دکن کا عظیم الشان ماضی

محمد مظہر الدین

دکن، جو کسی زمانہ میں نہ صرف تاریخی تمدن کا گہوارہ تھا، جس کے آثار ماقبل تاریخ کا بھی پتہ دیتے ہیں جس کا عروج "بہمنی اور برید شاہی" سلاطین کے شاندار کارناموں سے ہوتا ہے، جس نے شمالی ہند کی زبردست سلطنتوں کی مسلسل یورشوں کا مقابلہ کرتے ہوئے ہمیشہ اپنی علٰیحدہ سلطنت اور وجود کو برقرار رکھا۔

حیدرآباد دکن (گولکنڈہ) کی عظیم الشان قطب شاہی سلطنت پر قبضہ کرنے کے لیے "ہندوستان کی عظیم ترمغلیہ حکومت" بار بار حملہ آور ہوتی رہی لیکن حیدرآباد پر قبضے کے لیے "ہندوستانی فوجوں" کو اس وقت تک کامیابی نہیں ہوئی تاوقتیکہ خود حیدرآباد کے ایک میجر جنرل (کمانڈر عبداللہ خاں پنی) اور درباری نے حکومت ہند سے ساز باز کرکے "غداری" نہیں کی۔

۲۱؍ ستمبر ۱۶۸۷ء کو سازش اور غداری کے طفیل حیدرآباد کی آزاد اور خود مختار سلطنت پر جارحانہ قبضہ کرنے والی "ہندوستان کی طاقتور سلطنت کا شیرازہ بکھرا" تو!

دکن کے مغل صوبہ دار، اٹھارہویں صدی عیسوی کے مشہور مدبر حضرت مغفرت مآب نظام الملک چین قلیج خاں "آصف جاہ اول" میر قمرالدین خاں نے کسی غیر کی مدد کے بغیر بفضل ایزدی اپنی قوت بازو سے دکن میں ایک ہزار سالہ مسلم اقتدار کو بچانے کے لیے ۲۴؍ء میں حیدرآباد دکن کی آزاد اور خود مختار عظیم الشان "آصفی سلطنت" قائم کی۔ اور اس طرح حیدرآباد دکن کی سابقہ عظمت اور وحدت پھر ایک بار عود کر آئی۔

شاہان آصفیہ کے زیر نگیں حیدرآباد میں انتہائی عظیم الشان ہمہ جہتی ترقیاں ہوئیں۔ بہت سی باتوں میں حیدرآباد نے پورے مشرق کی رہنمائی کی اور خاص کر تاجدار دکن اعلیٰ حضرت جلالۃ الملک

حضور نظام میر عثمان علی خاں بہادر سلطان العلوم آصف جاہ سابع کی سرپرستی میں نہ صرف علم و ہنر کی شعاعیں تمام دکن اور سارے برطانوی ہندوستان میں پھیل گئیں بلکہ "ہر لحاظ سے سلطنت آصفیہ اسلامیہ حیدرآباد دنیا کی تمام سلطنتوں سے بڑھ چڑھ کر رہی"۔

حیدرآباد کے شخصی دور حکومت کا یہ طرۂ امتیاز ہے کہ اس نے پہلی بار عدلیہ کو عاملہ سے عملاً علیحدہ کر کے جمہوریہ ہندوستان اور دیگر بڑے ممالک کے لیے عظیم رہنمائی کی۔

بہتر سے بہتر طرز جمہوریت کے مقابلہ میں

دنیا کے جن ممالک میں مختلف مذاہب اور تہذیبوں کی اقوام متوطن ہوں وہاں (عدم مساوات اور انتشار کے باعث) عمومی طرز حکومت کی پائیداری کی کوئی ضمانت نہیں۔ لیکن حیدرآباد کی شاہی طرز حکومت میں جہاں مختلف مذاہب اور تہذیبوں کی اقوام متوطن تھیں، وہاں ہر کل پرزہ اپنی اپنی جگہ اسی طرح جمایا گیا تھا کہ دو سو سالہ نظام حکومت میں کہیں بھی عدم استحکام پیدا نہ ہونے پایا۔

حضور نظام کے دور مطلق العنانی میں مساوات اور عدل و انصاف کا جو نظام حکومت تھا، وہ دور حاضر کے بہتر سے بہتر جمہوری طرز حکومت کے مقابلہ میں نظیر کے طور پر آج بھی پیش کیا جا سکتا ہے۔

بلبل ہند کے تاثرات

ہم نہیں بلکہ سروجنی نائیڈو جو ہندوستان کی جنگ آزادی کی رہنما، کانگریس کے صف اول کی لیڈر جن کی نشست گاندھی جی اور جواہر لال نہرو کے صف میں تھی، انہوں نے حضور نظام کی شخصی دور حکمرانی سے متاثر ہو کر یہ قصیدہ کہا تھا:

* جس کے زیر سایہ ہم آہنگی کے ساتھ سب رہتے ہیں

* وہ تمام لوگ جنہیں تیرے قانون نے اپنے دامن میں جگہ دی

* رنگا رنگ کی قومیں اور نسلیں

* گوناگوں ذاتیں اور مذاہب ترے زیر سایہ ہم آہنگی سے بسر کر رہے ہیں

* تیرا نام قوم اپنی دعاؤں میں لیتی ہے

٭ تیرا ترانہ قوم کی زبان پر ہے

٭ تیرا عہد اتنا تاباں اور درخشاں ہے، جو فردوسی کے نغموں سے آب و تاب میں کہیں بڑھ گیا

ہندو رعایا سے حسن سلوک

خانوادہ آصفجاہ کی رواداری اور بے تعصبی ضرب المثل رہی جس کے بہی خواہ ہی نہیں بلکہ عیب جو دشمن بھی معترف ہیں۔ دولت آصفیہ میں معاش کے تقریباً تمام ذرائع ہندوؤں کے ہاتھوں میں رہے۔ زراعت و تجارت ان کی رہی، حکومت کے دیہی عمال بھی تقریباً تمام تر ہندو ہی رہے۔ مسلمانوں نے صرف سرکاری ملازمت پر ہی قناعت کی۔ مسلمانوں کے لیے کوئی سیول عہدہ موروثی نہیں تھا جب کہ دیہی عہدوں پر ہندوؤں کو موروثی طور پر برقرار رکھا گیا۔ حیدرآباد میں رعایا سے "انکم ٹیکس یا سیلز ٹیکس" نہیں لیا جاتا تھا اور اس کا فائدہ سب سے زیادہ ہندو رعایا کو ہوتا تھا کیوں کہ کروڑوں روپیوں کی سیٹھ ساہو کاری اور آمدنی کے بڑے ذرائع ہندو رعایا کے پاس تھے۔

مذہبی رواداری کا یہ عالم تھا کہ ہندو رعایا کے مذہبی جذبات کا لحاظ کرتے ہوئے حکمران طبقہ کو گائے کی قربانی سے منع کیا گیا۔ ضلع گلبرگہ میں قریب قریب واقع ایک مندر اور مسجد کی درمیانی زمین کی ملکیت کا جھگڑا تھا، مسلمان اور ہندو دونوں ہی فریق اسے اپنی اپنی ملکیت بتائے تھے حکومت نے اس نزاعی زمین کے تقصیہ کے لیے قائد ملت نواب بہادر یار جنگ کو حکم بنایا۔ آپ نے اپنی تحقیق اور چھان بین میں ہندو برادران وطن کے کیس کو زیادہ قوی و درست پایا اور حکومت کو رائے پیش کی کہ مندر اور مسجد کی درمیانی زمین ہندوؤں کو دے دی جائے۔

نواب بہادر یار جنگ کی اس رپورٹ اور تصفیہ پر حکومت آصفیہ اسلامیہ حیدرآباد نے مندر اور مسجد کی درمیان کی زمین کو ہندو رعایا کے حوالہ کر دیا۔ سکھوں کی خاطر ضلع ناندیڑ کی سنہری گردوارہ سے متصل قدیم عید گاہ کو حضور نظام کے حکم پر بند کر دیا گیا۔ یہ ہی نہیں بلکہ وہاں ایک قبر کی جگہ پر غیر مسلموں نے اپنی زمین کا ادعا پیش کیا تو وہاں سے مسلمان بزرگ کی نعش کو قبر سے نکال کر دوسری جگہ دفن کیا گیا۔ اس مطلق العنان مسلم دور حکومت میں ہندوؤں کے مذہبی مقامات کا احترام اسی

طرح کیا جاتا تھا جس طرح مساجد کا۔

سرکاری عمارات کے پہلو میں تعمیر کے وقت اگر کوئی چھوٹی سی دیول (مندر) بھی آجائے تو نمایاں بدنمائی کے باوجود اس کو وہاں سے ہٹایا نہیں جاتا تھا۔ چنانچہ ہائی کورٹ (عدالت العالیہ) کی عالی شان پرشکوہ عمارت کے دونوں پہلوؤں میں چھوٹی سی دیولوں کو نہ صرف قائم رکھا گیا بلکہ اس کی سرکاری طور پر توسیع کی گئی۔ جب کہ ہندو مذہب کے لحاظ سے مقررہ رسم کے ذریعہ مندر کو دوسری جگہ منتقل کیا جاسکتا تھا مگر اقتدار و حکمرانی کے زریں اصولوں اور رواداری کی خاطر ایسا نہیں کیا گیا۔

حکومت کی طرف سے مسلمانوں کی مذہبی خدمات جیسے کہ قضاۃ و درگاہوں اور عاشور خانوں کے لیے جو معاشی سہولیات تھیں ان میں بھی کئی معاشیں ہندوؤں کے نام تھیں اس کے علاوہ کئی عاشور خانوں اور درگاہوں کے متولی بھی ہند و تھے۔ مسلمانوں کے آثار قدیمہ سے زیادہ ہندوؤں کے آثار قدیم کی نگہداشت پر رقم خرچ کی جاتی تھی۔ اور مساجد سے زیادہ مندروں کی تعمیر کی اجازت دی جاتی تھی۔ امور مذہبی سرکار عالی کی رپورٹ کے مطابق ۱۳۳۸ فصلی تا ۱۳۴۱ تک صرف ۳ سال کے اندر ۳۹۲ مَنادر اور ۱۹۳ مساجد تعمیر کیے گئے۔ مملکت اسلامیہ حیدرآباد میں جدید منادر کی تعداد پندرہ ہزار پانچ سو کے قریب تھی جن میں سینکڑوں مندروں کی اجازت آصف سابع حضور نظام کے شاہی دور حکومت میں دی گئی (جب کہ آج کے جمہوری اور سیکولر دور میں کتنی ہی مساجد کو مسمار اور بند کر دیا گیا اور کتنی مساجد کو بت خانوں اور گودام میں تبدیل کر دیا گیا۔ مسلمانوں کے مذہبی و معاشی اور ثقافتی حقوق کو پامال کیا گیا اور کیا جارہا ہے۔)

مملکت اسلامیہ آصفیہ کی اس غیر جمہوری اور غیر سیکولر طور پر مندروں اور ان کے پجاریوں کے لیے لاکھوں روپے کی جاگیرات اور عطیات تھے۔ اس کے علاوہ ہندو رعایا کے مذہبی واعظین اور پنڈتوں (مبلغین) کے وظائف کے لیے ہزاروں روپے کی معاشیں عطا کی گئیں۔

راجندر بابو کا اعتراف

انڈین نیشنل کانگریس کے سابق صدر اور ہندوستان کے پہلے صدر جمہوریہ ڈاکٹر راجندر پرشاد نے اپنی کتاب "ہندوستان کا مستقبل" مطبوعہ ۱۹۴۶ء میں لکھا ہے کہ:

"آج بھی حیدرآباد دکن میں ایک مشہور مسلمان بزرگ کی درگاہ کا متولی 'برہمنوں' کا ایک خاندان ہے، نظام نے اس درگاہ کے لیے ایک بڑی جاگیر دے رکھی ہے۔ موجودہ زمانہ میں بھی حیدرآباد میں سیتارام (باغ) کے مندر کے لیے ریاست کی طرف سے کثیر امداد مقرر ہے۔ ایک دوسرے مندر کے لیے بھی، جو مشہور ضلع عادل آباد میں واقع ہے، ایک جاگیر وقف ہے۔ جس کی سالانہ آمدنی ساٹھ ہزار روپے ہوتی ہے۔ نظام نے سکھوں کے گرودوارہ ناندیڑ کے لیے جو جاگیر دے رکھی ہے اس کی آمدنی سالانہ بیس ہزار روپے ہے۔"

یہ وہ ہیں حقائق جس سے شمالی ہند کے مسلم دشمن متعصب تنظیموں اور ہندو یونین کے شر انگیز پروپگنڈہ کی قلعی کھل جاتی ہے، جو مملکت اسلامیہ حیدرآباد اور اس کے فرمانروا کو بدنام کرنے اور مسلم اقتدار کو ختم کرنے کے لیے کیا گیا۔

ہند کے دور غلامی میں

آزاد حیدرآباد کے مسلم بادشاہ کی جانب سے ہندوستان کے دور غلامی میں جس طرح وہاں کے مسلمانوں کے تعلیمی و مذہبی اور تہذیبی اداروں کی خاطر خواہ مالی اعانت اور سرپرستی کی جاتی تھی اسی طرح وہاں کے ہندوؤں اور دیگر غیر مسلم مذاہب کے تعلیمی اداروں اور ان کے مذہبی عبادت گاہوں کو بھی گراں قدر مالی امداد دی جاتی تھی۔ چنانچہ ہندوستان کے کئی مندر کی امداد کے لیے "۲۶ ہزار ۴۹۱ روپے آٹھ آنے چھ پائی" کی رقم حیدرآباد گورنمنٹ کی جانب سے سالانہ مقرر تھی۔ "بنارس ہندو یونیورسٹی" اور "بنارس کے مشہور مندر" اور سکھوں کی مقدس عبات گاہ "سنہری گردوارہ" امرتسر کو اعلیٰ حضرت حضور نظام نے خطیر رقمی امداد اور بیش بہا قیمتی تحفے عطا کیے۔ برطانوی عہد کے بڑے بڑے شعراء، ادیب اور مصنفین کو بلالحاظ مذہب حکومت نظام کی جانب سے ماہانہ وظیفہ مقرر تھا۔ علاوہ ازیں عالم اسلام کے کئی ادارے اور وہاں کے عوام بھی حضور نظام جلالۃ الملک کی فیاضی سے مستفید ہوتے تھے۔

حیدرآباد میں سکھوں کے بچوں کی تعلیم کے لیے سرکاری وظیفہ مقرر تھا، علاوہ ازیں اگر کوئی سرکاری

ملازم سکھ لاولد فوت ہو جاتا تو اس کے قریبی رشتہ دار وارث کو تلاش کرکے (اگر وہ پنجاب میں بھی ہو تو) متوفی سکھ کی جگہ اس کا تقرر کیا جاتا۔ اگر وارث نابالغ ہو تو نصف تنخواہ بطور وظیفہ دی جاتی تھی اور بالغ ہونے پر تقرر کیا جاتا۔ اسی طرح عیسائی، پارسی، پست قوم اور دیگر تمام غیر مسلم رعایا حیدرآباد کی مسلم حکومت کی رواداری اور عدل و انصاف سے بہرہ مند ہوتی رہی۔ ملاحظہ ہو مشتے نمونہ!

ایک ذی اثر شخص نے ایک لاوارث پست قوم کی لڑکی کی عصمت ریزی تو ایک مسلمان پولیس کے جوان سے لے کر ایک مسلمان جج نے تک اس لاوارث لڑکی کی اس طرح حمایت کی کہ شاید اس کے ہم قوم وارث بھی نہ کرتے۔ چنانچہ معزز جج ہائی کورٹ نواب ناظر یار جنگ نے خاطی کے مسلمان یا ذی مرتبہ ہونے کا خیال کیے بغیر اس کو طویل قید با مشقت کی سزا دی۔ (آج کے جمہوری دور میں تقریباً روزانہ کتنی ہی معصوم لڑکیوں کی عصمت ریزی، سنتری سے لے کر منتری تک کرتے ہیں اور سزا سے بچے رہتے ہیں، سفارش، رشوت، عہدہ اور حکومت کا اثر کام کرتا ہے۔) مختصر یہ کہ دور حاضر میں "حیدرآباد دنیا کی وہ واحد مسلم سلطنت تھی جو مسلمانوں سے زیادہ اپنی غیر مسلم رعایا کے معاشی و مذہبی اور تمدنی مفاد کی حفاظت کرتی تھی۔"

ریاست حیدرآباد کی وسیع النظری

مسلمانوں نے، جو دکن میں سات سو سال سے زائد حکمران طبقہ کی حیثیت میں رہے ہیں، رواداری کے پیش نظر ان تمام ترمراعات پر کوئی تعرض نہیں کیا، کیوں کہ ہم مسلمانوں نے دکن کی ہندو رعایا کو کبھی الگ نہیں سمجھا۔ یہی وجہ ہے کہ دکن میں مسلمان اور ہندو حقیقی معنوں میں میل ملاپ اور بھائی چارگی (یکجہتی) کے ساتھ زندگی بسر کر رہے تھے۔ کسی ہندو کو مسلمان سے اور کسی مسلمان کو ہندوؤں سے ہندو یا مسلمان ہونے کی بنا پر کوئی شکایت کبھی نہیں ہوئی۔

☆ ☆ ☆

ماخوذ از کتاب: زوال حیدرآباد اور پولیس ایکشن۔ مصنف اور ناشر: محمد مظہر الدین (پانچواں ایڈیشن: ستمبر ۱۹۹۷ء)

The glorious past of the princely State of Asifia Hyderabad Deccan.
By: Mohammad Mazharuddin.

آصف جاہی سلطنت کی مختصر تاریخ

سید امتیاز پاشا قادری

مغل سلطنت کے مشہور فوجی جرنیل دکن کے صوبیدار چن قلیچ خان قمرالدین آصف جاہ نظام الملک نے اپنی خود مختاری کا اعلان کرتے ہوئے ۲۴ء۷ میں سلطنت آصفیہ کی بنیاد رکھی جو سقوط حیدرآباد ۱۹۴۸ء کے بعد ختم ہوگئی۔

اورنگ زیب کی وفات (۷۰ء۷) کے بعد ہندوستان میں بڑھتی ہوئی طوائف الملوکی اور سفید فام اقوام کے بڑھتے ہوئے غلبے کے لحاظ سے یہ دور نہایت ہی اہم ہے۔ نظام الملک اول اپنے چوبیس سالہ دور حکومت میں نادر شاہ درانی کے حملوں سے دلی سلطنت کے دفاع میں، مرہٹوں سے جنگوں میں اور اندرونی سازشوں کو کچلنے میں مصروف رہا۔ ایک بہترین جرنیل اور مدبر نظام الملک نے دکن کی سرحدوں کی حفاظت اور اندرونی نظم و نسق کی بہتری میں کئی خدمات انجام دیں۔ نظام الملک کے انتقال (۴۸ء۷) کے بعد جانشین ناصر جنگ اور نظام الملک کے نواسے مظفر جنگ میں کشمکش چھڑ گئی۔ ناصر جنگ نے ایسٹ انڈیا کمپنی کی مدد سے کرناٹک میں مظفر جنگ کو مغلوب کرلیا۔ اسی اثناء میں کرنول کے نواب ہمت خان نے ناصر جنگ کو قتل کردیا۔ فرانسیسی گورنر ڈوپلے نے مظفر جنگ کی حمایت کی اور جنرل بسی کی قیادت میں فوجی دستہ مظفر جنگ کی تائید کے لیے روانہ کیا۔ پانڈی چری سے واپس لوٹتے وقت کرنول اور کڈپہ کے نوابین نے لکی ریڈی پلی، رائے چوٹی کے مقام پر مظفر جنگ کو شکست دی اور اسے قتل کردیا۔ اسی طرح ۵۱ء۷ میں ناصر جنگ کے دوسرے بھائی صلابت جنگ نے فرانسیسیوں کی مدد سے آصف جاہی سلطنت کا تیسرا تاجدار بننے میں کامیابی حاصل کی۔

۱۷۶۱ء میں صلابت جنگ کے بھائی نظام علی خان نے بغاوت کے بعد اسے معزول کر دیا اور تخت پر قابض ہو گیا۔ نظام علی خان کا بیالیس سالہ دور حکومت (۱۷۶۱ تا ۱۸۰۳ء) سیاسی، اقتصادی اور فوجی اعتبار سے بہت اہم ہے۔ نظام علی خان نے مرہٹوں کی سرکوبی کیلئے پہلے فرانسیسیوں پر اور بعد میں انگریزوں پر انحصار کیا۔ فرانسیسیوں سے ناراض نظام علی خان نے انگریزوں کی طرف دوستی کا ہاتھ بڑھایا اور فرانسیسیوں کو دی ہوئی مراعات واپس لے لیں۔ میسور کی جنگوں میں انگریزوں کا ساتھ دیا اور سب سے اہم یہ کہ لارڈ ولزلی کے سبسیڈی معاہدے کے تحت ریاست انگریزوں کے عملی قبضے میں آگئی۔ اضلاع مفوضہ بھی انگریزوں کے حوالے کر دیئے گئے۔

نظام علی خان کے بعد سکندر جاہ (عہد حکومت ۱۸۰۳ تا ۱۸۲۹ء)، ناصر الدولہ (عہد حکومت ۱۸۲۹ء تا ۱۸۵۷ء)، افضل الدولہ (عہد حکومت ۱۸۵۷ء تا ۱۸۶۹ء)، میر محبوب علی خان (عہد حکومت ۱۸۶۹ تا ۱۹۱۱ء) نے آصف جاہی سلطنت کے وقار کو قائم رکھا۔ ان تمام حکمرانوں کے دور میں ریاست میں انگریزوں کا رسوخ دھیرے دھیرے بڑھتا رہا۔ سکندر جاہ کے عہد حکومت میں پالمر اینڈ کمپنی نے بھاری شرح سود پر حکومت کو قرض مہیا کیا جس کی وجہ سے مالیہ پر بہت برا اثر پڑا۔ آخر کار شمالی سرکار کے اضلاع انگریزوں کو تفویض کر دینے پڑے تا کہ قرضے کی پابجائی ہو سکے۔ ڈلہوزی کے گورنر جنرل بننے کے بعد ناصر الدولہ کے عہد حکومت میں برار، رائچور اور احمد نگر اضلاع بھی انگریز فوجوں کے مصارف کے بدلے میں تفویض کر دیئے گئے۔

سالار جنگ اول نے بحیثیت وزیر اعظم کئی اصلاحی اقدامات کیے جن کا خاطر خواہ اثر ہوا۔ افضل الدولہ اور میر محبوب علی خان کے عہد حکومت میں بھی سالار جنگ نے گراں قدر خدمات انجام دیں۔ محبوب علی خان کا عہد حکومت ایک حد تک پر امن کہا جا سکتا ہے۔ اس دور میں مال گذاری میں کئی اصلاحات نافذ کی گئیں۔ تجارتی اور صنعتی ترقی کے لیے کئی اقدامات کیے گئے۔

نظام عثمان علی خان (عہد حکومت ۱۹۱۱ تا ۱۹۴۸ء) سلطنت آصفیہ کے آخری حکمران تھے۔ عثمان علی خان کا دور حکومت جہاں حیدرآباد کی ترقی کا سنہری دور کہا جا سکتا ہے وہیں تلنگانہ جدوجہد، ملک کی

آزادی، ریاست حیدرآباد کا انڈین یونین میں انضمام ایسے نکات ہیں جن کی وجہ سے اس دور کو انقلابی دور بھی کہا جا سکتا ہے۔

تلنگانہ میں بغاوت اور بے چینی، زمینداری نظام کے ظلم و ستم کا بدیہی اور فطری نتیجہ تھا۔ حالانکہ اس دور میں ریاست حیدرآباد نے نمایاں صنعتی ترقی حاصل کی، نقل و حمل کے ذرائع بہتر ہوئے، تعلیمی اعتبار سے بھی بہت ترقی ہوئی لیکن جابرانہ زمینداری نظام نے اس حکومت کے رفاہی کاموں کو دھندلا دیا اور تاریخ میں اس کو ایک جابر اور ظالم دور کی حیثیت دے دی۔ ستمبر ۱۹۴۸ء میں سقوط حیدرآباد کے بعد سلطنت آصفیہ کا خاتمہ ہو گیا۔

غیر ملکی طاقتوں خصوصاً فرانسیسیوں اور انگریزوں نے اس دور میں ہر طرح سے مفاد پرستی کا مظاہرہ کیا۔ کبھی ایک بادشاہ تو کبھی دوسرے بادشاہ کی طرف دوستی کا ہاتھ بڑھا کر انہیں دھوکا دیتے رہے۔ فرانسیسیوں اور انگریزوں کی روایتی دشمنی کی آگ یہاں بھی بھڑکی اور ان دونوں سفید فام اقوام نے ہندوستان خصوصاً دکن کی سرزمین کو میدان جنگ میں تبدیل کر دیا۔ ہندوستانی حکمرانوں کی تائید کے پردے میں اور ان کے مددگاروں کے طور پر دراصل اپنی جنگیں لڑیں جن میں ہندوستان کا زیادہ نقصان ہوا۔ ان دونوں سفید فام اقوام نے اپنی آپسی دشمنی نکالنے کے لیے دکن کے مختلف حکمرانوں کو مہروں کے طور پر استعمال کیا اور ہندوستانیوں کی جان و مال کے زیاں سے اپنی دیرینہ نسلی دشمنی کا حساب چکتا کرتے رہے۔ انگریز فتح یاب رہے یا فرانسیسی، نقصان بہر صورت ہندوستان کا ہی ہوتا رہا۔ اس آپسی جنگ میں انگریزوں کو فوقیت حاصل ہوئی۔

میسور کی تین جنگوں کے بعد فرانسیسی عملی طور پر ریاست حیدرآباد سے خارج ہو گئے۔ ۱۸۰۰ء کے بعد تو انگریزوں نے مناسب نامناسب ہر اقدام کے ذریعے ریاست کو اپنا تابع فرمان بنا لیا۔ شمالی سرکار کے اضلاع، رائچور، عثمان آباد کے علاقے، اضلاع مفوضہ غرض کہ ریاست کا ایک بڑا حصہ راست انگریزوں کے تحت آ گیا۔ انگریز رزیڈینٹ نے ریاست کے داخلی معاملات میں بھی دخل اندازی روا رکھی۔ ریاست کی فوج کی تربیت اور تنظیم کے نام پر فوج پر اپنی گرفت مضبوط رکھی۔

ریاستی فوج کے علاوہ دارالحکومت میں اپنا فوجی رسالہ قائم کیا۔ ان تمام باتوں سے یہ اندازہ لگانا مشکل نہیں کہ سلطنت آصفیہ کے آخری دور میں انگریز عملاً بادشاہ گر کا کردار ادا کر رہے تھے اور حقیقی طاقت انگریزوں کے ہاتھ میں تھی۔

صوبہ آندھرا پردیش کا قیام:

ملک کی آزادی کے بعد ریاست حیدرآباد کا الحاق انڈین یونین میں ہو گیا، لیکن تلنگانہ علاقے کے مسئلے پر صورتحال واضح نہیں ہوئی۔ اسی دوران سرکار اور رائلسیما کے اضلاع پر مشتمل آندھرا اسٹیٹ بنانے اور مدراس پریسیڈنسی سے علیحدہ صوبہ کے قیام کی تحریک شروع ہوئی جو اکتوبر ۱۹۵۳ء میں آندھرا اسٹیٹ کے قیام پر منتج ہوئی۔ دھار کمیشن اور فضل علی کمیشن (۱۹۵۵ء) کی سفارشات کے بعد یکم نومبر ۱۹۵۶ء کو تلنگانہ، سرکار اور رائلسیما کے اضلاع پر مشتمل صوبہ آندھرا پردیش کا قیام عمل میں آ گیا۔

☆ ☆ ☆

ماخوذ از کتاب: اردو اور تلگو ترقی پسند شاعری: تقابلی اور تنقیدی مطالعہ۔ پی۔ ایچ۔ ڈی مقالہ از: سید امتیاز پاشا قادری۔ ایس۔ وی۔ یونیورسٹی، تروپتی، آندھرا پردیش۔ (شعبہ اردو، فروری ۲۰۰۸)

A glimpse of Asifjahi Dynasty. By: Syed Imtiaz Pasha Qadri.

حیدرآباد: ایک پس منظر

ضیاءالدین احمد شکیب

جنوبی ہند کا عظیم الشان شہر حیدرآباد، نئی نسلوں کے لیے نئے ہندوستان کی ریاست آندھرا پردیش کے صدر مقام کی حیثیت سے متعارف ہے * ۔ ریاست آندھرا پردیش کی تشکیل کیم نومبر 1956ء کو عمل میں آئی۔ گویا یہ کل ہی کی بات ہے۔ لیکن حیدرآباد ایک دن میں تعمیر نہیں ہوا۔

[* نوٹ: ۲؍جون ۲۰۱۴ء کو ریاست آندھرا پردیش کی تقسیم عمل میں آئی اور اب حیدرآباد، ریاست "تلنگانہ" کا صدر مقام ہے۔ (مرتب)]

موسیٰ ندی کے کنارے E '27 – °78اور N '18 – °15 پر یہ شہر آج سے پونے چار سو سال سے زائد عرصہ پہلے 1591ء میں دکن کے پانچویں قطب شاہی حکمران محمد قلی قطب شاہ نے بسایا تھا۔ اس شہر کے بسانے کا آغاز یہاں کی مشہور عمارت چار مینار کے سنگ بنیاد سے ہوا اور 1592ء میں یہ عمارت مکمل ہوئی۔

یہ ایک دلچسپ حقیقت ہے کہ قطب شاہی سلطنت کی حدود کم و بیش رہی تھیں جو موجودہ ریاست آندھرا پردیش (* سابقہ متحدہ ریاست آندھرا پردیش) کی ہیں۔ قطب شاہی سلطنت کی اصل آبادی اگرچہ تلنگی بولنے والوں کی تھی لیکن اس میں جنوبی ہند کے ساحلوں سے آئے ہوئے عرب، حبشی اور تغلق دور کے شمالی ہندوستان سے آئے ہوئے ترک اور ایرانی باشندے بھی تھے۔

قطب شاہی دور میں اس علاقہ کی آبادی کی ساخت میں ایسی غیر معمولی تبدیلیاں ہوئیں جس کے نتیجہ میں بالعموم اس علاقہ اور بالخصوص شہر حیدرآباد کی تہذیب پر غیر معمولی اثرات پڑے۔ بلکہ یہ کہنا بے جا نہ ہو گا کہ یہ زمانہ دراصل دکن میں ہندوستانی تہذیب کے ایک نئے اسلوب کی تشکیل کا زمانہ

تھا، جس کو اکثر ادیب اور مورخین دکنی تہذیب سے موسوم کرتے ہیں۔

واقعہ یہ ہے کہ دکنی تہذیب کی ساخت اس کے مزاج اور مفہوم کو سمجھے بغیر "حیدرآباد" کو سمجھنا مشکل ہوتا ہے بلکہ اس دور کے کسی لمحہ میں باہر کے کسی واقعہ یا کسی شخصیت کے حیدرآباد سے ربط و تعلق کو سمجھنا اور بھی مشکل کام ہے۔

مرزا غالب کا حیدرآباد سے جو تعلق رہا ہے یا مختلف ایام میں حیدرآباد اور حیدرآبادیوں کے تعلق سے ان کی رائے میں جو تبدیلیاں ہوئی ہیں اور خود حیدرآباد اور حیدرآبادیوں نے مرزا غالب کو مختلف مواقع پر جیسا سمجھا ہے اور ان سے اثر قبول کیا ہے، ان سب باتوں کو واضح طور پر سمجھنے کے لیے حیدرآبادی تہذیب اور اس کے مختلف ادوار کے بارے میں وہ ابتدائی واقفیت ضروری سی ہے جس کا تذکرہ ان سطور میں چھیڑا گیا ہے۔

دکن میں قطب شاہی سلطنت کا آغاز کم و بیش اس زمانے سے کچھ ہی پہلے ہوتا ہے جب شمالی ہند میں سلطنت مغلیہ کی بنیاد پڑتی ہے۔ اور یہ دونوں واقعات اس اہم تاریخی واقعہ کے بعد رونما ہوتے ہیں جس کو واسکوڈی گاما کی "دریافت ہند" سے موسوم کیا جاتا ہے۔

اس واقعہ نے نہ صرف ہندوستان اور یورپ کے درمیان مہم آزماؤں کے ذریعہ تعلقات کے دروازے کھول دیئے بلکہ عرب اور بالخصوص ایران سے جنوبی ہند کے بحری سفر کو آسان، تیز رفتار اور محفوظ بنا دیا۔

محمد قلی قطب شاہ کے دور میں سیاسی، تجارتی، مذہبی اور نسلی وجوہات تھیں بھی ایسی کہ جن کی وجہ سے قطب شاہی سلطنت کے تعلقات مغلوں کی بہ نسبت ایرانیوں سے زیادہ بڑھ رہے تھے۔ ان تعلقات کی وجہ سے ایرانی علماء، ماہرین نظم و نسق اور سپہ گری، معمار، شعراء، ادیب، اطباء، مصور اور موسیقار اس کثرت سے حیدرآباد میں آ بسے کہ حیدرآباد بعض معاصر اہل قلم کے بیان کے مطابق 'اصفہان' بن گیا تھا۔ اصفہان کے تعلق سے ایران میں یہ فقرہ زبان زد خاص و عام تھا کہ "اصفہان نصف جہان" اور اصفہان وہ مقام ہے جس کی محبت میں غالب نے نغمہ سرائی کی ہے:

"در نجف مردن خوش است و در صفاہاں زیستن"

اس طرح جنوبی ہند میں ایک طویل عرصہ کے بعد پھر ایک شہری تمدن کو فروغ حاصل ہوا اگرچہ بظاہر عجمی طرز کا تھا لیکن در حقیقت آندھرا کے علاقائی تمدن سے ایک خاص انداز میں مربوط تھا۔ جو بتدریج تہذیب کے مختلف مظاہر میں ایک گہرے امتزاج کی صورت اختیار کرتا جا رہا تھا۔ اس سے بڑھ کر یہ کہ اس امتزاج کے نتیجہ میں کئی ایسی تہذیبی ثقافتی اور لسانی حقیقتیں وجود میں آرہی تھیں جن کا سلسلہ آج بھی حیدرآبادی تہذیب کی شیرازہ بندی کرتا ہے۔

ان میں سے اس دور کی لسانی اور ادبی ترقی اس موقع پر قابل توجہ ہے۔ فارسی ادبیات کو اس زمانے میں فروغ ہوا اور جو ایرانی ادیب دکن آئے ان میں کئی ایسے ہیں جن کے علمی و ادبی مقام و منزلت کے مرزاغالب معترف ہیں۔

جلالائے طباطبائی اور طاہر وحید کو مرزانے مثال کے طور پر پیش کیا ہے۔ لیکن فارسی ادب سے زیادہ اردو زبان و ادب کی ترقی اس دور میں قابل لحاظ ہے۔ قطب شاہی سلطنت نے اردو کو جو علمی اور ادبی سرمایہ دیا ہے، بیجاپور کی عادل شاہی سلطنت کو چھوڑ کر ہندوستان کا کوئی دوسرا علاقہ اس کی نظیر نہیں پیش کر سکتا۔

محمد قلی قطب شاہ اردو کا پہلا صاحب دیوان شاعر سمجھا جاتا ہے۔ دکنی زبان نے علمی و ادبی طور پر قطب شاہی سلطنت کے آخری دور تک ترقی کی اور یہ زبان ایک ایسے مزاج کی حامل تھی جس میں عجمی، تازی اور ہندی عناصر کا ایک غیر معمولی امتزاج تھا۔ محمد قلی نے کسی نئے مذہب کی بنیاد تو نہیں رکھی لیکن اس نے محبت کو سب کا مذہب بنایا۔ قطب شاہی حکمران عوام میں اس قدر مقبول تھے کہ اس سلطنت کے خاتمہ کے بعد برسوں تک دکن کے شاعروں نے ان کی یاد میں نوحہ خوانی کی ہے۔

۱۶۸۷ء میں مغل شہنشاہیت کے پھیلاؤ نے قطب شاہی سلطنت کا خاتمہ کر دیا۔ اورنگ زیب نے حیدرآباد کو دارالجہاد قرار دے کر اس کی راجدھانی کی حیثیت ختم کر دی۔ اور حیدرآباد کا پایہ تخت اورنگ آباد منتقل ہو گیا۔ شہر حیدرآباد کی تہذیب نہ صرف تیزی کے ساتھ انحطاط کا شکار ہو گئی بلکہ

اس معتوب ضلع میں کسمپرسی اور گمنامی کے گرد و غبار میں دب کر رہ گئی۔ اس دور کے حیدرآباد کے اگر کچھ ادبی آثار ملتے ہیں تو وہ اس شہر کے مرثیے ہیں۔

تقریباً ایک صدی تک حیدرآباد کسی بھی حکومت کے پایہ تخت ہونے کے شرف سے محروم رہا۔ ان سیاسی حادثوں کا اثر شہر حیدرآباد پر یہ پڑا کہ یہاں کے باشندوں میں مغل تہذیب سے ایک طرح کی نفرت پیدا ہو گئی اور قطب شاہی تہذیب کی یاد ہی ان کے لیے باعث سکون تھی۔ چنانچہ مغل تہذیب سے انحراف اور قطب شاہی تہذیب سے وابستگی کے جذبے نے اس علاقہ کی زبان کو کافی متاثر کیا۔

۱۷۲۴ء میں آصفجاہی سلطنت قائم ہوئی، جو بشمول حیدرآباد چند دکنی صوبوں پر مشتمل تھی، اس سے ایک ایسا ماحول ضرور فراہم ہوا جس سے اہل حیدرآباد کی تخلیقی صلاحیتوں کو کسی حد تک ایک بار پھر ابھرنے کا موقع ملا۔ اس وقت تک ولی اور سراج کے زیر اثر حیدرآباد کی علمی اور ادبی زبان شمالی ہند کی اردو زبان سے کچھ نہ کچھ صحت مند اثرات قبول کر چکی تھی۔ تاہم یہ اثرات مکمل نہیں تھے۔

۱۷۶۲ء میں نظام علی خاں آصف جاہ ثانی کے عہد حکومت کا آغاز ہوتا ہے جس کے کچھ ہی عرصہ بعد پایہ تخت حیدرآباد منتقل ہو جاتا ہے اور اس شہر کو ایک نئی زندگی ملتی ہے اس کے چند برسوں بعد ہمیں عہد غالب کا حیدرآباد دکھائی دیتا ہے۔

☆ ☆ ☆

مآخوذ از کتاب: غالب اور حیدرآباد۔ تصنیف: ضیاءالدین احمد شکیب (اشاعت: فروری ۱۹۶۹)۔
Hyderabad, A Background. By: Ziauddin Shakeeb.

زوالِ حیدرآباد کی کہانی

ڈاکٹر علیم خان فلکی

تاریخی پس منظر

ریاستِ حیدرآباد دکن جس کا جغرافیائی نقشہ ہر دور میں بدلتا رہا، 7 ستمبر 1948ء تک، جب ہندوستانی فوجوں نے نظام کی حکومت کا خاتمہ کیا، اس وقت تک بھی ایک عظیم رقبہ پر پھیلا ہوا، یعنی 86 ہزار مربع میل پر مشتمل انگلستان اور اسکاٹ لینڈ کے مجموعی رقبے سے بھی زیادہ تھا۔ 1923ء میں خلافتِ عثمانیہ کے خاتمہ کے بعد اگرچیکہ اسلامی مملکتیں جو باقی تھیں سعودی عرب، افغانستان و ایران وغیرہ پر مشتمل تھیں لیکن خوشحالی و شان و شوکت کے لحاظ سے ریاستِ حیدرآباد کو جو بین الاقوامی مقام حاصل تھا اس کا ذکر آج بھی انگریز مصنفین کی تصانیف میں موجود ہے۔ لارڈ ماؤنٹ بیٹن نے اپنی سوانح حیات میں تذکرہ کیا ہے کہ دوسری جنگِ عظیم کے بعد جب انگلستان معاشی طور پر دیوالیہ ہو چکا تھا ایسے وقت میں نواب میر عثمان علی خان کے گراں قدر عطیات نے بڑی حد تک سہارا دیا۔ مکہ معظمہ اور مدینہ منورہ کے پانی اور بجلی کے خرچ بھی ریاستِ حیدرآباد نے اپنے ذمے لے رکھے تھے اور اس عظیم مقصد کے لیے "مدینہ بلڈنگ" کے نام سے شان دار عمارتیں، جو کہ آج بھی باقی ہیں مکہ اور مدینہ کے لیے وقف تھیں جن کے کرائے مکہ اور مدینہ کو بھیجے جاتے تھے، اس کے علاوہ حاجیوں کی رہائش کے لیے رباط کے نام سے نظام نے مکہ اور مدینہ میں حرمین سے قریب عمارتیں بنوا دی تھیں۔ ریاستِ حیدرآباد کی تاریخ 13ویں صدی کے آخر میں علاءالدین خلجی کی آمد سے شروع ہو کر بہمنی، شاہی اور آصفجاہی دور تک بیسویں صدی کے نصف تک پھیلی ہوئی ہے۔ موجودہ حیدرآباد تقریباً دو ہزار مربع میل پر مشتمل ایک شہر ہے جسکے باقی حصے ریاستِ آندھرا پردیش، کرناٹک اور مہاراشٹر ا

میں تقسیم ہو چکے ہیں۔

ریاست حیدرآباد کی خصوصیت تھی کہ یہ ہمیشہ امن و آشتی کا علمبردار، ہندو مسلم یکجہتی کا نمونہ اور علم و ادب نوازی کی ایک ایسی مثال تھا جس کو دنیا تمام کے علماؤ دانشور مفکرین و مورخین نے آکر اپنی خدمات سے مزید چار چاند لگائے۔

ریاستِ حیدرآباد کا قیام

جس وقت نادر شاہ کی فوجوں نے دہلی میں آخری مرد کو تک ختم کر دینے کا تہیہ کر لیا تھا ایک سفید ریش بزرگ فخر الدین خان نظام الملک جن کے داد خواجہ عابد نے اورنگ زیب سے اپنی شجاعت کے انعام میں قلیچ خان کا خطاب حاصل کیا تھا، نادر شاہ کے قدموں میں اپنی پگڑی رکھ کر انسانیت پر رحم کی درخواست کی تھی۔ نادر شاہ نے اس بزرگ کا احترام کرتے ہوئے اپنی فوجوں کو واپسی کا حکم دیا اور قمر الدین علی خان کے صوبہ دار کی حیثیت سے دکن میں آصفجاہی خاندانِ نظام کی بنیاد رکھی جس وقت ۴۸ء میں ان کا انتقال ہوا اس وقت ریاستِ حیدرآباد نربدا سے ترچنا پلی تک اور کوکن سے مدراس تک پھیلی ہوئی تھی۔

اس کے بعد انگریز اور فرانسیسی حکومتوں نے اپنے داخلے کی کوششیں شروع کر دیں اور ان ہی کی ریشہ دوانیوں کے نتیجے میں، بعد کے جانشینوں میں قتل و بغاوت کے ذریعے تخت کے لیے رسہ کشی جاری رہی۔ انگریز کو کامیابی حاصل ہوئی اور اس کی سازشوں نے ۱۹۴۸ء تک بھی خاتمہ ریاست تک اس کا پیچھا نہ چھوڑا اور ریاستِ حیدرآباد کی سرحدیں ہر دور میں سکڑتی رہیں۔

تاریخ کا تفصیلی جائزہ لینے پر جو تلخ حقیقتیں سامنے آتی ہیں وہ دورِ حاضر کے لیے بھی درسِ عبرت ہیں کہ کس طرح انگریز نے دو صدیوں تک وفاداریوں کے عہد و پیمان کے سلسلے بھی جاری رکھے۔ دوسری طرف سازشوں، بلیک میل اور بد عہدی کے ذریعے کروڑوں کا زر اور زمین لوٹتا رہا۔ جس عظیم دولت کو نظام انگریزوں کے گلے میں سنہری زنجیر سمجھ کر پہناتے رہے انگریز کی بے وفا فطرت کے آگے وہ ایک دھاگے سے زیادہ مضبوط نہ تھی جو ۱۷ ستمبر ۱۹۴۸ء کو ایک آن میں ٹوٹ گئی اور

نظام ہاتھ ملتے رہے۔ بے بسی کے آنسو پونچھنے والا بھی کوئی نہ ملا۔

Beginning of the End : آغازِ انجام

ریاست حیدرآباد کا بالآخر ہندوستان میں شامل ہونا ایک منطقی اور فطری امر تھا جس کے اسباب کئی تھے۔ مثلاً یہ کہ ہندوستان کے نقشے پر حیدرآباد کی ریاست ٹھیک دل کے مقام پر تھی جس کے چاروں طرف جمہوری آزاد ہندوستان کی سرحدیں تھیں۔ ایک کروڑ ۶۴ لاکھ کی آبادی والی اسٹیٹ میں حکمران مسلمان قوم جو کہ آبادی کے لحاظ سے صرف ۳۰ لاکھ (۱۸ فیصد) تھی، زیادہ دن اکثریتی فرقہ پر حکمران رہے، یہ خارج از امکان تھا۔ دوسرے یہ کہ انقلاباتِ زمانہ نے عوام کے ذہنوں میں ساری دنیا میں ہی ایک جمہوری شعور بیدار کر دیا تھا جس کے نتیجے میں عوام کی اتنی بڑی تعداد کا چاہے وہ مسلمان ہوں کہ ہندو، ایک بادشاہ کے زیرِ حکومت ساری عمر رہنا ممکن نہیں تھا۔ تیسرے یہ کہ کسی اسٹیٹ کی بقا کے لیے اس کے بین الاقوامی رابطے صرف بندر گاہوں یا ایر پورٹس پر منحصر ہوتے ہیں جو کہ موجود نہیں تھے نہ دفاعی ساز و سامان تھے (جس سے محرومی کا سہرا بھی انگریز کی شاطرانہ چالوں کے سر ہے) نہ فوج اور چوتھے یہ کہ انگریز سے آزادی حاصل کرنے کے لیے ہندوستانی عوام نے لاکھوں کی تعداد میں اپنی جان و مال کی قربانیاں دی تھیں۔ جنگِ آزادی کے طویل مرحلے میں مبتلا ہوئے بغیر انگریز سے آزادی حاصل کر لینا اور قربانیاں دینے والے ہندوستان کے مساوی ملک کا درجہ حاصل کر لینا نہ تو اصولی طور پر ممکن تھا اور نہ عملی طور پر۔ ان وجوہات کی بنا حیدرآباد کا ہندوستان میں شامل ہو جانا یا شامل کر لیا جانا ایک لازمی امر تھا جو بالآخر ہونا تھا لیکن اگر یہ کام عوامی شعور کو بیدار کر کے پُرامن طور پر سامنے آتا تو شاید تاریخ کا شاندار کارنامہ ہوتا لیکن بدقسمتی سے جن حالات میں سقوطِ حیدرآباد ہوا وہ نہ صرف مسلمانوں کی بدنصیبی کی تاریخ کا ایک المیہ ہے بلکہ خود ہندوستان کی تاریخ کا ایک بدنما داغ ہے جس کی ذمہ دار ایک طرف وہ ہندوستانی لیڈرشپ تھی جو تعصب اور نفرت کے ذریعے حیدرآباد کو بحیثیت ایک مسلم اسٹیٹ کے ختم کرنے کے درپے تھی تو دوسری طرف وہ مسلمان قیادت تھی جو تعصب کا جواب تعصب اور نفرت کا جواب نفرت سے

دینے کے جذباتی رویے پر کھڑی تھی، تیسری طرف سختی و عوام پرور نظام تھے جن کی سیاست نا عاقبت اندیشی اور خام خیالی پر مبنی تھی۔ بقول ابو الاعلیٰ مودودیؒ کے جنہوں نے سقوطِ حیدرآباد سے ۹ ماہ قبل قاسم رضوی کو ایک خط میں واضح طور پر لکھا تھا کہ "نظام کی حکومت ریت کی ایک دیوار ہے جس کا ڈھے جانا یقینی ہے ریئس اپنی جان و املاک بچا لے جائے گا اور عوام پس جائیں گے، ان حالات سے قبل ہر قسم کے تصادم کو روکا جائے اور ہر قیمت ہندوستان سے پر امن سمجھوتہ کر لیا جائے" (بحوالہ 'زوالِ حیدرآباد کی ان کہی داستان' از مشتاق احمد خان، لاہور) لیکن افسوس کہ یہ خط قاسم رضوی صاحب نے جوش میں پھاڑ دیا جو کہ اس وقت کی مسلمان قیادت کی سوچ، فکر و دانش کا رخ کے تعین میں ایک اہم ثبوت ہے۔ اگرچیکہ امت کو نواب بہادر یار جنگ کی صورت میں ایک بار پھر تاریخ کو دہرانے والا انسان مل گیا تھا مگر قدرت کو کچھ اور منظور تھا، ان کو زہر دے کر شہید کر دیا گیا۔ آخری صدرِ اعظم لائق علی خان اپنی کتاب 'دی ٹریجڈی آف حیدرآباد' میں لکھتے ہیں کہ : "نواب بہادر یار جنگ کی موت پر اگر کسی کو خوشی ہوئی تو وہ نظام تھے"۔

قائدِ ملت نواب بہادر یار جنگ کے انتقال کے بعد مسلمان قیادت کی امیدوں کا آخری چراغ گُل ہو گیا اور ملت کی کشتی مسلسل ڈوبتی رہی۔ نواب میر عثمان علی خان جن افراد کے درمیان تھے ان کی سوچ کا اندازہ اس بات سے لگایا جا سکتا ہے کہ ۱۳ ستمبر ۱۹۴۸ء کو ہندوستان کے پولیس ایکشن کے ساتھ ہی سب سے پہلے عثمان آباد میں ہزاروں مسلمانوں کے قتل کی خبر نظام تک پہنچی تو ان الفاظ میں کہ " سرکار قاتلانِ حسین پر اللہ کا عذاب نازل ہوا ہے"۔ (بحوالہ "زوالِ حیدرآباد"، مظہر علی خان، حیدرآباد)۔

مختصر یہ کہ مسلمان قیادت کا یہ ایک ایسا منظر تھا، دوسری طرف کانگریس پر ریاستِ حیدرآباد میں امتناع عائد تھا اس کی مد د سے اسٹیٹ کانگریس، ہندو مہاسبھا اور آریہ سماج تحریک نے شورش برپا کرنے کی خاطر، بیرونِ ریاست ہندوؤں پر مظالم کی فرضی داستانیں پیش کر کے ریاست کے خلاف قومی اور بین الاقوامی رائے ہموار کرنے میں لگی ہوئی تھیں۔ اگرچیکہ ان سازشوں کو ہندو مسلم عوام کا تعاون حاصل نہ ہو سکا لیکن حکومت کی خاموشی نے فرقہ واریت کے زہر کے پھیلنے میں مد د کی اور

رفتہ رفتہ فسادات ہونے لگے۔ لاتور کا فساد حیدرآباد کی تاریخ میں اہم فساد اور فرقہ پرستوں کے لیے پہلی بڑی کامیابی کی شکل میں سامنے آیا جس کے جواب میں مسلمانوں کی جانب سے ایک تنظیم "انجمن دفاع المسلمین" کے نام سے قائم کی گئی جس کا بعد میں مجلس اتحاد المسلمین نام پڑا۔ اس تنظیم کے دستور سازوں نے روزِ اول سے ہی حیدرآباد کے دردناک انجام کی بنیاد ڈالی۔ اس کے دستور کی سطر اول میں جو موقف پیش کیا گیا وہ یہ تھا کہ: " مسلمانانِ مملکتِ آصفیہ کی یہ حیثیت ہمیشہ برقرار رہے کہ فرمانروائے ملک کی ذات اور تخت ان ہی کی جماعت کے سیاسی اقتدار کا مظہر ہے۔ اس بنا پر مملکت کی ہر دستوری ترمیم میں فرمانروا کے اقتدارِ شاہانہ کی بقا و احترام مقدم رہے "۔ (بحوالہ: مولانا مظہر علی کامل، سابق صدر اتحاد المسلمین، روزنامہ جنگ ۱۴؍اگست ۱۹۸۲ء)۔ یہ نقطۂ نظر مسلمانوں کی سیاسی خودکشی کا آغاز بنا، اس لیے کہ۔۔۔۔

" مسلمان اقلیت میں تھے جو سیاسی برتری انہیں حاصل تھی وہ آبادی کی بنا پر نہیں بلکہ خاندانِ آصفیہ کی فرمانروائی اور اقتدار کی رہینِ منت تھی جس کے درپردہ انگریز کی مستقل غلامی کا اقرار بلکہ عہد تھا "۔

۱۹۳۹ء میں تلنگانہ کے علاقے میں کمیونسٹ تحریک نے جنم لیا جس کے قائدین میں مخدوم محی الدین جیسے رہنما و شاعر شامل تھے۔ ایک عرصہ تک یہ تنظیم کانگریس اور رضاکاروں کے درمیان ایک سمجھوتے کا راستہ نظر آئی لیکن بدقسمتی سے جلد ہی فرقہ پرست تنظیموں کا آلۂ کار بن کر رہ گئی اور بجائے حیدرآباد کی آزادی اور ہندوستان میں شمولیت کا پُر امن راستہ اختیار کرتی مسلمانوں کے خلاف ایک محاذ بن گئی۔ کانگریس کے صدر رامانند تیرتھ نے اس کی مال اور ہتھیار سے مدد کی۔ رضاکار قدیم اسلحہ جیسے بھر مار بندوقوں، لاٹھیوں اور تلواروں سے لیس تھے جب کہ فرقہ پرست کارندے جدید اسلحہ کے ساتھ تربیت یافتہ سابق فوجیوں پر مشتمل تھے۔ اگر چیکہ دونوں فریق ٹکراؤ کا راستہ اختیار کیے ہوئے تھے لیکن فرقہ پرست ہمیشہ ایسے نشانوں پر حملہ کرتے، قتل و غارت گری مچاتے جہاں رضاکار پہنچتے پہنچتے گھنٹوں دن لگا دیتے نتیجہ میں فرقہ پرست اپنا کام کر کے فرار ہو چکے ہوتے اور رضاکار اپنے خونیں انتقام میں ان باقی ماندہ ہندوؤں سے بدلہ چکاتے جو اس قضیہ میں بے گناہ ہوتے اور نتیجہ یہ ہوتا کہ ان بے گناہوں کے ساتھ جو کچھ پھر بدلہ کی شکل میں پیش آتا اس کی

ہندوستانی پریس میں تشہیر ہوتی اور ہندوستانی عوام اور فوج کے دلوں میں حیدرآباد کے ہندوؤں کی تائید میں انتقام کے شعلے بھڑک اٹھتے۔

حیدرآباد سے کانگریس دشمنی کے اصل اسباب

فی الحقیقت حیدرآباد اور ہندوستان دونوں کی قیادتیں اپنے اپنے مقاصد سے خلوص رکھتی تھیں حیدرآباد یہ چاہتا تھا کہ ایک باوقار سمجھوتے کے ذریعہ فیصلہ ہو اور ہندوستان یہ چاہتا تھا کہ حیدرآباد مشروط طور پر بغیر کسی مراعات کا مطالبہ کرنے، الحاق کرے۔ نہرو اور سردار پٹیل کی دور اندیش نگاہیں کسی اسٹیٹ کو مراعات دے کر حاصل کرنے کے وہ نتائج دیکھ رہی تھیں جو کہ آج کشمیر میں پیش آرہے ہیں۔ اس میں سردار پٹیل کی پالیسی میں صدیوں پرانی مرہٹوں کی مسلم دشمنی کا عنصر بھی نمایاں تھا جو کہ اورنگ زیب اور شیواجی سے شروع ہوتی ہے۔

دونوں جانب سے اپنی اپنی کوششوں کا سلسلہ جاری رہا۔ نظام آخری وقت تک بھی لارڈ ماؤنٹ بیاٹن سے حیدرآباد میں ملاقات چاہتے تھے۔ آخری صدرِ اعظم (وزیرِ اعظم کے لیے صدرِ اعظم کی اصطلاح رائج تھی) میر لائق علیکی مئی ۱۹۴۸ء میں دہلی میں جواہر لعل نہرو سے ملاقاتیں اور اس سے قبل کی مراسلت اور نظام کا جنرل چودھری سے اگریمنٹ، ان سب کے مطالعہ سے یہی بات سامنے آتی ہے کہ حکومتِ حیدرآباد باوقار سمجھوتے کے ذریعے مسئلہ کا حل چاہتی تھی کیونکہ فوجی اعتبار سے پہلے سے ہی بے بس و بے یار و مددگار تھی۔ دوسری طرف ہندوستان کی جانب سے مکمل معاشی Blockade ہو چکا تھا غذائی اجناس، دوائیں اور پوسٹ و ٹیلیگراف وغیرہ سب کچھ ہندوستانی بندرگاہوں پر روک دیا گیا تھا، حیدرآباد میں داخل ہونے والوں کے لیے ہندوستان کا ویزا حاصل کرنا ضروری ہو گیا تھا۔ ان حالات میں حیدرآباد کا آزادی کا مطالبہ کرنا اور منوانا خارج از امکان تھا۔

دوسری طرف جو مصلحت کار فرما تھی وہی آج الجیریا، مصر، بوسنیا اور پنجاب وغیرہ میں نمایاں ہے کہ کمزور کا صفایا کرنے کے لیے اس کو تصادم پر مجبور کر دیا جاتا ہے تاکہ ظالم ہونے کا الزام سر پر نہ آئے اس کے لیے پریس پروپگنڈہ بنیاد پرستی جیسی اصطلاحیں اور (Arms Embargo, TADA,

EITA) جیسے قوانین کے ذریعے مظلوم کو ظالم بنا کر قومی اور بین الاقوامی رائے کو ظالم کے حق میں ہموار کر دیا جاتا ہے یہی کچھ حیدرآباد میں ہوا۔ رضاکار تنظیم جو حقیقت میں فرقہ پرستی پر مبنی تھی لیکن فرقہ پرستی کے مقابلے میں وجود میں آئی تھی اس کو بہانہ بنایا گیا۔ یہ گروہ آزاد نوجوان پر مشتمل تھا جو حکومت سے کوئی تعلق نہ رکھتا تھا۔ اس کو بہانہ بنا کر پورے حیدرآباد کو رضاکار تنظیم کے طور پر پیش کیا گیا، اس کے قائدین کی شعلہ بیانی ہر دور میں بلند رہی جو کہ موافقین کے لیے جذباتیت کا سامان پیدا کرتی ہے اور مخالف کے لیے دھمکی کا خوف طاری کر دیتی ہے۔ اس وقت کے نازک حالات میں رضاکار قائدین کی تقریروں نے جلتی پر تیل چھڑکنے کا کام کیا۔ ۱۶ اپریل ۱۹۴۸ء کو ہندوستان ٹائمز میں ایک فتنہ انگیز خبر شائع ہوئی کہ قاسم رضوی نے لال قلعہ پر جھنڈا الہرانے کا عزم کیا ہے۔ اتحاد المسلمین نے تردید کی کہ اس قسم کی تقریر سرے سے ہوئی ہی نہیں لیکن تیر نکل چکا تھا جو اپنا کام کر گیا اور جواہر لعل نہرو کو پولیس ایکشن کا جواز مل گیا۔ ۲۴؍ اپریل کو آل انڈیا کانگریس اجلاس میں انہوں نے اپنی تقریر میں کہا کہ حیدرآباد ہندوستان کے سینے پر ایک ناسور ہے اور الٹی میٹم دیا کہ الحاق یا جنگ دونوں میں سے کسی ایک کے لیے حیدرآباد تیار ہو جائے۔ سردار پٹیل نے اتحاد المسلمین کو غیر قانونی قرار دینے کا مطالبہ کیا اور ایک آزاد اسمبلی کے قیام کے لیے بھی سفارش کی۔ ہندوستان کا سخت گیر رویہ اس وقت کے کشمیر کے حالات کو بغور مطالعہ کرنے پر سمجھ میں آ سکتا ہے۔ آزادی کے ایک سال کے اندر ہی ۱۹۴۸ء میں پاکستان سے جنگ چھڑ گئی۔ حیدرآباد کو مراعات دے کر سمجھوتہ کرنے میں اس کو بھی پاکستان کی وہی پشت پناہی حاصل تھی جس سے خود ہندوستان، پاکستان و کشمیر تینوں کو جو نقصانات ہوئے اور نصف صدی سے جاری ہیں، اسباب حیدرآباد کے خلاف سخت گیر سلوک کو justify کرتے ہیں۔

۱۹۴۸ تا ۱۹۴۷ ایک سال تک Stands till agreement کے ذریعے حیدرآباد پر ایکشن روکا گیا جس کی اہم وجہ یہ تھی کشمیری محاذ پر ہندوستانی فوجیں برسر پیکار تھیں اور حیدرآباد اور کشمیر دونوں کے کیسیز اقوام متحدہ کے ایجنڈے میں شامل تھے اس لیے مصلحت کا تقاضا یہی تھا کہ حیدرآباد کے مسئلے کو ابھی اور مضبوط ہونے تک کسی قسم کی جنگ یا ایکشن سے گریز کیا جائے۔ اس دوران نظام نے

ریاستِ نو پاکستان کو لاکھوں روپے کی مدد کی اور اور اس کے قیام میں اہم رول ادا کیا مگر بہر حال اتنی رقم تو وہ دے نہیں سکتے تھے جو انگریزوں پر لٹا چکے تھے، پر افسوس کہ نظام کی تقدیر میں یہی رہا کہ وہ جس پر اپنا مال لٹاتے وہ انہیں بچانے میں ناکام ہوتا۔ اس دوران نظام جن غلطیوں کا مسلسل ارتکاب کرتے رہے اس کا خمیازہ ناقابلِ اندازہ تھا۔ جزل ایدروس کا تقرر، مرزا اسمعیل کا وزیرِ اعظم کے عہدے کے لیے انتخاب جن کی آمد کے ساتھ ہی نواب علی یاور جنگ اور زین یار جنگ جیسے غیر حیدرآبادی متعصب انسانوں کی آمد شروع ہو گئی۔ نظام ایک طرف تو رضاکاروں سے حکومت کی برأت کا حکومتِ ہند کے سامنے اظہار کرتے رہے اور دوسری طرف ۶ مئی ۱۹۴۷ کو انہوں نے اپنی سالگرہ کے جشن میں جو کہ رضاکاروں کی طرف سے منایا گیا، ہزاروں رضاکار نوجوانوں کو پریڈ کرنے کی اجازت دی۔ یوں تصویروں کے ذریعہ ہندوستان ہی نہیں ساری دنیا میں تشہیر ہوئی کہ نظام اور رضاکار ایک ہی سکے کے دو رخ ہیں۔ حالانکہ اقتضائے حقیقت ایسی نہیں تھی بلکہ نظام تو ہندوسے زیادہ رضاکاروں سے مشکوک رہے۔

جب stand still اگریمنٹ پر ایمان داری سے عمل جاری نہ رہ سکا، ہندوستان مسلسل حیدرآباد پر اگریمنٹ کی خلاف ورزی کا الزام لگاتا رہا اور نظام ہندوستان پر الزام لگاتے رہے، حل کی نہ کوئی صورت تھی نہ کوئی ایسی شخصیت جو سمجھوتے کی راہ پیدا کر سکے۔ مہاتما گاندھی ایک قیمتی شخصیت تھے جو حیدرآبادی کانگریسی رہنماؤں کی امیدوں کا مرکز تھے لیکن بقول شخصے سردار پٹیل کی ایما پر ان کو بھی انسانیت دوستی کے نتیجے میں گولی مار دی گئی (بحوالہ: The top 10 assassinations، بلٹز ہفت روزہ، نومبر ۶ ۱۹۴۷ء)

حیدرآباد کی سخت ترین معاشی ناکہ بندی ہو چکی تھی ذرائع حمل و نقل کے ساتھ ہی تیل پٹرول اور پینے کے پانی کے لیے کلورین بند ہو گئے، شہر میں ہیضہ پھوٹ پڑا۔ دواؤں کا سلسلہ بہت پہلے ہی روک دیا گیا تھا۔

فوجی چھیڑ چھاڑ کے واقعات شروع ہو گئے، عثمان آباد کی چوکی پر حیدرآباد کی ایمیگریشن اور ہندوستانی فوجوں کی جنگ میں بے شمار سپاہی ہلاک ہوئے۔ راست حملے کی وجہ سے فرقہ وارانہ فسادات اور

پاکستان کے کو دپڑنے کا خطرہ تھا لیکن میجر جنرل چودھری کی My Secret Diary کے بموجب فروری ۱۹۴۸ء میں منصوبہ کو قطعیت دے دی گئی۔ فوجی کاروائی کا نام "آپریشن پولو" رکھا گیا۔ نظام کے خاندان کی تذلیل کے لیے یہ نام چنا گیا تھا۔ کیونکہ آصفجاہی شہزادے اور امرا، پولو کھیل کے نہ صرف شوقین تھے بلکہ ماہر بھی تھے۔ ہزاروں روپیوں کی شرطیں بھی لگائی جاتیں۔ جنرل چودھری اپنی ڈائری میں لکھتے ہیں کہ: " ۱۱؍ ستمبر ۱۹۴۸ء کو محمد علی جناح کا انتقال کر جانا افسروں اور جوانوں کے لیے ایک فالِ نیک ثابت ہوا۔ گاندھی جی پہلے ہی راستہ سے ہٹ چکے تھے۔ اب جناح بھی نہ رہے حملے کی زبردست تیاریاں شروع ہو گئیں۔ ادھر لارڈ ماؤنٹ بیاٹن نظام کو یقین دلا رہے تھے کہ نہرو حکومت ان کی اچھی طرح حفاظت کرے گی جبکہ نظام کی حیدرآبادی ناکہ بندی کے خاتمہ کی درخواست مسلسل حیلے بہانوں سے ٹالی جارہی تھی۔ ۱۳ ستمبر کو ۴؛۳۰ بجے حیدرآباد میں ۲۲ سمتوں سے ہندوستانی فوج داخل ہوئی اور شولاپور کی طرف سے اور دوسرے بیرہ واڑی کی طرف سے سخت ترین حملے رہے۔ حیدرآبادی فوجیں مسلسل پسپا ہوتی رہیں جس کے اکثر کمانڈر مسلمان تھے۔ چار دن تک مسلسل ہزارہا مسلمانوں کے مرنے کی اطلاعات آتی رہیں۔ ورنگل، بیدر اور اورنگ آباد پر اندھا دھند بمباری کے ذریعے لاکھوں انسان خاک میں مل گئے یا پھر بے گھر ہو گئے۔ ۱۷؍ ستمبر کو اقوامِ متحدہ کی سیکیورٹی کونسل میں یہ معاملہ پیش آنے والا تھا اور آیا بھی لیکن ہندوستان نے اس کو نظام حکومت میں چند فرقہ پرست افراد کے خلاف ایک پولیس ایکشن کا نام دے کر مزید وقت لے لیا۔ عجیب پولیس ایکشن تھا جنرل چودھری کی ڈائری کی تفصیلات کے بموجب پولیس کی نفری حسبِ ذیل تھی۔

۱) ایک بکتر بند بر گیڈ جس میں پونا ہارس تیسری کویلری اور ستر ویں ڈوگرا رجمنٹ کی نویں بٹالین شامل تھی۔

۲) تین انفانٹری بٹالین کی تین رجمنٹیں۔

۳) فیلڈ آرٹیلری کی تین رجمنٹ۔

۴) Anti tank رجمنٹ۔

۵) ۱۸ویں کویلری کا ایک ٹروپ۔

۶) بکتر بند ڈویژن معہ ایک بکتر بند بریگیڈ۔

۷) ۱۷۰ اشرمن ٹینک۔

دوسری طرف جو فوج سامنے تھی اس کو ختم کرنے کے لیے چار گھنٹے کافی تھے۔ لیکن چار دن میں ہتھیار ڈال چکی تھی۔ Stand Still Agreement کی وجہ سے امریکہ اور سعودی عرب وغیرہ تمام ممالک حیدرآباد کے معاملے پر آگے بڑھنے سے انکار کر چکے تھے۔

۱۷ ستمبر کو جنرل چودھری نے حیدرآباد کے فتح ہو جانے کی دہلی کو اطلاع دے دی۔ نظام کی معیت میں ریڈیو اسٹیشن پہنچ کر انہوں نے نظام سے ایک ہی لکھا ہوا اعلان پڑھوایا کہ وہ مستعفی ہو چکے ہیں۔ ۱۷ اور ۱۸ ستمبر کی شب وحشیوں کے لیے گویا عید کی رات تھی کہ جہاں کوئی مسلمان نظر آتا ختم کر دیا جاتا۔ کمیونسٹوں، آریہ سماج اور ہندو مہاسبھا کے کارندوں نے فوجیوں کو ایک ایک مسلمان کے گھر اور مال کی نشاندہی کروائی۔ جی بھر کر لوٹا۔ عورتیں بے عصمت ہوئیں۔ لاکھوں بچے یتیم ہوئے۔ کئی دن تک یہ سلسلہ جاری رہا جس کی تفصیل سروجنی نائڈو اور مہاتما گاندھی کے نواسے گاندھی جیسے ایماندار کانگریسیوں نے بیان کی ہے۔ کہیں ان کی رپورٹیں آج بھی منوں بھر فائلوں کے نیچے پڑی ہونگی جس کے اوپر ہزارہا بھاگلپور و بمبئی جیسے فسادات کی رپورٹیں ہیں۔

جنرل چودھری نے لائق علی وزارت کی برطرفی اور لائق علی سمیت تمام وزرا، قاسم رضوی، قائدین مجلس اتحاد المسلمین رضاکاران کی گرفتاری کا حکم دے دیا۔ پرنس آف برار جن کو لائق علی کے بعد وزارت کی تشکیل کا خواب دکھایا گیا تھا، نشہ میں مخمور جنرل چودھری کے سامنے وزارت کی تشکیل کی دعوت کے انتظار میں جھک کر کھڑے تھے۔

آج کا حیدرآباد

ریاستِ حیدرآباد ختم ہو گئی لیکن پولیس ایکشن آج بھی جاری ہے۔ TADA کے نام پر ہزاروں

مسلمان نوجوان قید و بند کی صعوبتوں سے دو چار ہیں۔ کانگریس کی مسلم دشمنی کا حال یہ ہے کہ فرقہ پرست شیوسینا و آر ایس ایس جیسی تنظیموں کے سرغنے مکمل آزادی کے ساتھ گھوم رہے ہیں۔ کئی ایک کو حکومت کی جانب سے سیکیورٹی حاصل ہے۔ دوسری طرف وہ نوجوان جو رشوت، چور بازاری، شراب بندی وغیرہ جیسی لعنتوں کے خاتمے کے لیے حکومت کے قوتِ بازو بن سکتے تھے کیونکہ فکرِ آخرت کا تصور ان کا سرمایۂ ایمان تھا وہی نوجوان یا تو جیل کی سلاخوں کے پیچھے ہیں یا پھر مختلف ناانصافیوں کا شکار ہو کر معاشی بد حالی سے دو چار ہیں۔

حیدرآباد و اطراف و اکناف میں ہر سال فسادات کا سلسلہ جاری رہتا ہے۔ حیدرآباد میں تین فسادات بڑے پیمانے پر، نظام آباد میں ایک، اورنگ آباد میں دو، بیدر ظہیر آباد وغیرہ تمام علاقوں میں ایک ایک دو دو بڑے فسادات ہو چکے ہیں۔ تمام فسادات کی وہی رپورٹ ہے، وہی اسباب و نتائج ہیں جو یکساں طور پر پولیس ایکشن کی کہانی دہراتے ہیں۔

حل

مسلمان اقلیت میں ہیں! تاریخ میں ایسا کوئی ثبوت نہیں ملتا جہاں اقلیت نے اکثریت کے سر کاٹ کر حکومت یا امن حاصل کیا ہو۔ تصادم سے پرہیز کرتے ہوئے عوامی ربط افہام و تفہیم کے راستہ پر مسلمانوں کو گامزن ہونا چاہیے۔ یہ یقیناً بد قسمتی ہے کہ حالات مسلمانوں کو ہتھیار اٹھانے پر مجبور کر رہے ہیں کہیں جذبات سے اور کہیں عقل سے کام لینے کی ضرورت ہے۔

توحید کے سچے پیغامبر کے سامنے ہر بڑے مشرک کی تلوار جھک جاتی ہے۔ مسلمان اگر دعوت کے راستہ کو اپنائیں تو حضرت عمرؓ جیسے سردارانِ قریش کی تاریخ آج بھی پلٹ سکتی ہے۔ مسلمانوں کے پاس سوائے قرآن اور قرآنی تعلیمات پر مبنی کردار کے اور کوئی ایسا ہتھیار نہیں جس کے بل بوتے پر وہ کوئی جنگ جیت سکیں۔ اگر وہ کوئی ایسی اجتماعیت اختیار کریں کہ :

۱) جس کا مقصد دعوتِ دین ہو۔

۲) جس کا سرمایہ علم و تربیت ہو اور افراد با کردار ہوں۔

۳) جس کا دائرۂ کار علاقے، مسلک اور زبان سے بالاتر ہو کر پوری انسانیت اور کم سے کم پورا ہندوستان ہو۔

۴) جس کا عملی ڈھانچہ پورے ہندوستان میں موجود ہو۔

۵) جس میں تمام معاملاتِ زندگی کو دین کا حصہ سمجھا جاتا ہو۔

۶) جس میں شورائیت کا نظام ہو شخصیت پرستی شرک و بدعات سے اجتناب ہو۔

ایسی اجتماعیت نہ صرف وقت کا تقاضہ ہے بلکہ دین کے فرائض میں داخل ہے۔ اگر موجودہ تمام جماعتوں میں ان معیارات پر پوری یا کم سے کم ایک حد تک اترنے والی اگر کوئی جماعت موجود ہو تو مسلمان اس میں شریک ہو جائیں۔ اگر کل مسلمان آبادی کا صرف ۱۰ فیصد حصہ بھی ایسی جماعت میں شامل ہو جاتا ہے تو آج بھی مسلمانوں کی تاریخ ایک بار پھر دہرائی جاسکتی ہے۔

ولا تھنوا ولا تحزنوا وانتم الاعلون ان کنتم مومنین (آل عمران آیت ۳۹)۔

☆ ☆ ☆

شائع شدہ: تعمیر نیوز ویب پورٹل۔ ۴ر جنوری ۲۰۱۳ء

The Story of Fall of Hyderabad Deccan. By: Aleem Khan Falaki.

کیا سقوط حیدرآباد کی یاد میں یومِ نجات منانا درست ہے؟

ڈاکٹر حسن الدین احمد

اپنا تو اصول یہ رہا کہ:

جو کہو سچ کہو، جو لکھو سچ لکھو، مشعلِ آدمیت کو بجھنے نہ دو

اپنے جس ہاتھ میں تھامتے ہو قلم، تم کو اس ہاتھ کے آبرو کی قسم

اگر سیاسی عینک لگا کر فرقہ وارانہ رنگ میں دیکھا جائے تو ۷ار ستمبر شاہی دور سے نجات حاصل کرنے کا دن ہے۔ اور جو کوئی اس دن کو، ایک بہتر حکومت کو فوجی قوت کے ذریعہ ختم کرنے کا دن قرار دیتا ہے اسی کو فرقہ پرست قرار دیا جاتا ہے۔ ستم کو انصاف اور ظلم کو مصلحت قرار دینے کی سیاست اور بدترین تعصب و تنگ نظری کی وجہ سے حقیقی واقعات کو عبرتناک حد تک مسخ کر دیا گیا ہے۔ حقائق پر دبیز پردے پڑ چکے ہیں اور واقعات کو اس نوبت پر لا دیا گیا ہے کہ سچ اور اصولی باتیں بھی اجنبی سی لگتی ہیں۔

اہل حیدرآباد کی اکثریت کے سامنے میر عثمان علی خان کے عہد کو غلط انداز میں پیش کر کے ایک سنگین جرم کا ارتکاب کیا گیا ہے۔ عوام کے سامنے حقائق کو بلا کم و کاست پیش کرنا عوام کے حقیقی مفاد میں ہوتا ہے۔ میر عثمان علی خان کا دور اس لائق ہے کہ اس تعلق سے عوام کو حقائق سے واقف کرایا جائے۔ کچھ دانشوروں اور اہلِ قلم نے تاریخ کو کریدنے کی کوشش ضرور کی لیکن ان میں اکثریت ان کی تھی جو واقعات کے چشم دید گواہ نہ تھے۔ انہوں نے واقعات کا تجزیہ ان تحریرات، بیانات اور صحافت کی روشنی میں کیا جو سراسر یکطرفہ تھے۔ مثلاً ریذیڈنٹس کے مراسلات وغیرہ کی روشنی میں۔ راقم الحروف حضور نظام سے خاندانی وابستگی کے باوجود شاہی دور میں بھی شاہ پرست (Royalist)

نہیں رہا اور جمہوریت کو شاہی حکومت کے مقابلہ میں بہتر طرز حکومت قرار دیتا ہے، لیکن گردش ایام کی اس ستم ظریفی کو کیا کہیے کہ آج ۷ ار ستمبر کو موجودہ جمہوریت اور ایک مثالی شاہی حکومت کا تقابل پیش نظر ہے۔

آج کی جمہوریت کی حد تک، جس کو برصغیر ہی نہیں بلکہ تمام دنیا میں عوام بھگت رہے ہیں عیاں راچہ بیاں کا معاملہ ہے۔ اس کے مقابلہ میں حیدرآباد کی شاہی حکومت میں دانشوروں کا ایک پریشر گروپ تھا جس کے نتیجہ میں عوام کی فلاح اور بہبود کے ایسے شاندار کام ہوئے جو تاریخ پر نقش ہیں۔ میر عثمان علی خان کے دور میں روڈ ٹرانسپورٹ کو (Nationalise) کیا گیا، برطانوی ہند میں یہ عمل بعد کو ہوا۔

حیدرآباد میں ہریجنوں کے حالات کی بہتری کے لیے اقدامات کیے گئے۔ جب برطانوی ہند میں ۱۹۳۱ء میں ہریجنوں کا عظیم الشان اجتماع ہوا تو ایک ریزولیوشن میں ریاست حیدرآباد کا شکریہ ادا کیا گیا کہ وہ ہریجنوں کی تعلیمی بستی کو دور کرنے کے لیے پوری دلچسپی کا اظہار کر رہی ہے جس کی مثال ہندوستان میں کہیں اور موجود نہیں۔

میر عثمان علی خان کے دور میں پینے کے پانی کی سربراہی (جس کا معقول انتظام آج بھی نہیں)، عدلیہ اور عاملہ کی علیحدگی (برطانوی ہند میں اس کا عمل بعد کو ہوا)، بے گار کی مسدودی، غار ہائے اجنتہ کی معقول دیکھ بھال، گو کھلے کی یادگار کے طور پر ان کے نام سے اسکالرشپ کی اجرائی، بیسیوں کاموں میں سے چند ہیں۔

علوم و فنون کی ترقی کے لحاظ سے میر عثمان علی خان کا دور ایک درخشاں دور تھا، جس میں بلا لحاظ مذہب، صاحبان علم و عمل کا خوشگوار اجتماع تھا۔ اسی مبارک دور میں اردو ذریعہ تعلیم کی یونیورسٹی کا قیام عمل میں آیا، اس انقلابی تجربہ کی تفصیل کے لیے خود علیحدہ مضمون کی ضرورت ہے۔

آصف جاہی پرچم پر روٹی کا نشان تھا جو اس بات کی طمانیت کے لیے تھا کہ اس پرچم کے زیر سایہ رہنے والی رعایا کو روٹی مہیا کرنے کی ذمہ داری حکومت کی ہوگی۔ راقم الحروف کے علم میں دنیا کے

کسی پرچم پر روٹی کا نشان نہیں۔ کسی کمیونسٹ ملک نے بھی اپنے پرچم پر روٹی کا نشان نہیں رکھا۔ یہ انفرادی خصوصیت صرف اور صرف آصف جاہی پرچم کو حاصل رہی:

رزق کا تجھ پر ہے نشان

تو ہے دلوں پر حکمران

اونچی فضا میں رہ بلند

حیدرآباد کے ماضی کو یاد کر کے آج کے حیدرآباد بلکہ سارے برصغیر پر نظر ڈالی جائے تو یہ سوال ذہن میں ابھرتا ہے کہ قدرت نے آخر اس عظیم اور مثالی معاشرہ کو کیوں ختم کیا؟ اور وجوہات کے منجملہ قدرت کا وہ الگ قانون ہے جس کا اظہار ایک انگریز شاعر نے یوں کیا ہے ع

Old order changeth yielding place to new

God fulfils himself in many a way

Lest one good custom should corrupt the world

یہ تو قانون قدرت کی بات ہوئی لیکن یہ بھی قدرت ہی کا قانون ہے کہ دنیا عالم اسباب ہے۔ سقوط حیدرآباد کے پس پردہ ایسے عوامل اور اسباب کار فرما ہے جن کا نتیجہ پورا ملک بھگت رہا ہے اور جو عوامل سقوط حیدرآباد کے ذمہ دار رہے۔

افسوس ناک اتحاد ثلاثہ (یعنی تاج برطانیہ کے نمائندہ وائسر ائے، کانگریس اور مسلم لیگ) کے ایک اہم فریق کی حیثیت سے پنڈت نہرو اور سردار پٹیل نے "دو قومی نظریہ" کو قبول کر لیا۔ ایک خیال یہ ہے کہ ان قائدین کو حصول اقتدار کی جلدی تھی۔ دوسرا خیال یہ ہے کہ ان کو قومی قائدین کے دوسرے دور (Generation) سے اندیشے تھے (جو بعد میں درست بھی ثابت ہوئے) اس لیے ہر دو قائدین چاہتے تھے کہ جلد اور بہر قیمت اقتدار حاصل کر کے ملک کو صحیح سمت پر گامزن کر دیں۔ مختصر یہ کہ انہوں نے دو قومی نظریہ کو قبول کر لیا۔

ریاست حیدرآباد نے دو قومی نظریہ کو قبول نہیں کیا۔ حیدرآباد میں صرف دو ہی نہیں تمام قومیں سوا دو سو سال امن اور شانتی سے زندگی بسر کر رہی تھیں۔

پارسی، ہندو، مسلمان یا مسیحی کوئی ہو

ہے دکن کو ہر کوئی اپنی ولایت جانتا

(مولانا حالی)

اب رہی مسلم حکمران کی بات تو اگر برطانیہ میں آج بھی شاہی حکومت بر قرار رہ سکتی ہے (جس کے سربراہ کے لیے مذہباً چرچ آف انگلینڈ سے وابستگی ضروری ہے) تو حیدرآباد میں کیوں نہیں رہ سکتی تھی؟

حیدرآباد بتدریج جمہوریت کی طرف قدم قدم بڑھا رہا تھا۔ حیدرآباد میں بادشاہ وقت کو مشورہ دینے کے لیے وزراء کی کونسل تھی جس کا رویہ تھا کہ وہ شاہی فرمان کو "واجب التعظیم" قرار دیتی تھی، اس کو بہر صورت "واجب التعمیل" نہیں سمجھتی تھی اور خود میر عثمان علی خاں کا یہ رویہ تھا کہ وہ حزب الاختلاف کا رول ادا کرتے تھے۔ یہاں لفظ "سیکولرزم" کے وجود میں آنے سے بہت پہلے ہی سیکولرزم پر کامیاب عمل آوری ہو رہی تھی۔

حیدرآباد کے سلاطین اور مسلم امراء نے اس ریاست کو کبھی بھی مذہبی ریاست (Theocratic State) تصور نہیں کیا۔ یہ حکمت عملی ریاست کی منفرد خوبی بھی تھی اور ضرورت بھی۔ اسی پر استحکام سلطنت کی بنیاد تھی۔ نواب میر عثمان علی خان اس حکمت عملی پر مضبوطی سے قائم رہے۔ انہوں نے اعلان فرمایا:

"میری حکومت میں مختلف مذاہب کے لوگ بستے ہیں، ان کے اور ان کے معابد کی نگرانی اور تحفظ میرے آئین سلطنت کا وتیرہ رہا ہے"۔

اس ریاست کے ساتھ جو دانستہ نا انصافیاں اور غیر اصولی حرکات ہوئیں وہ ایک سے زائد ہیں۔ ملک کی آزادی کی جدوجہد کے آخری مراحل میں برطانوی ہند کے ایسے صوبوں کے مسلمان جن کا

ہندوستان میں رہنا طئے تھا اور جنہوں نے تحریک پاکستان کی زیادہ تائید کی تھی، مستقبل کے تعلق سے غیر یقینی صورت حال سے دوچار تھے اور اس سے زیادہ غیر یقینی صورت دوسری ریاستوں کے مسلمانوں کی بھی تھی۔ ان کو ہندوستان سے متوقع الحاق میں خطرات محسوس ہورہے تھے۔ غیر یقینی صورت حال اس وجہ سے بھی تھی کہ ملک کی تقسیم کی بات چیت ہورہی تھی اور دیسی ریاستوں کے مستقبل کا فیصلہ کرنے والوں میں خود ان کو نمائندگی نہیں دی گئی۔ لیکن ایسا محسوس کرنا حق بہ جانب ہوگا کہ عیار برطانوی سامراج عمداً آخر وقت تک غیر یقینی صورت حال کو برقرار رکھنا چاہتا تھا۔ حیدرآباد بھی نہایت مضبوط دستوری موقف کے باوجود اس غیر یقینی صورتحال سے دوچار تھا۔

۱: جب آزادی کی اور ملک کے بٹوارہ کی باتیں ہورہی تھیں تو حیدرآباد کی خصوصی اور مسلمہ دستوری حیثیت کو یک لخت نظر انداز کردیا گیا۔ حیدرآباد کے تمام معاہدات راست تاج برطانیہ سے تھے اور حیدرآباد کی حیثیت تمام دوسری دیسی ریاستوں سے بالکل مختلف تھی۔ ملک کے بٹوارہ کے ایک اہم فریق یعنی تاج برطانیہ کے نمائندہ نے تمام معاہدوں کو پس پشت ڈالتے ہوئے، اس کی مسلمہ حیثیت کو تسلیم نہ کرتے ہوئے ایسی حرکت کی جس سے عالم انسانیت سوگوار اور دنیائے اخلاق سرنگوں رہے گی۔ وائسرائے بہادر نے ریاست حیدرآباد کو تمام دیسی ریاستوں کی صف میں کھڑا کردیا۔ یہ تھی پہلی صریح ناانصافی۔

۲: دیسی ریاستوں کے مستقبل کا فیصلہ ہورہا تھا۔ جن کی حکومت برصغیر کے ایک ثلث علاقہ پر تھی۔ یہ عجیب ستم ظریفی رہی کہ ان کی قسمت کے فیصلہ کرنے والوں میں خود ان کی نمائندگی کو ضروری نہیں سمجھا گیا۔ یہ تھی دوسری ناانصافی۔

۳: ملک کا بٹوارہ (درست یا غیر درست طور پر) مذہبی بنیادوں پر کیا گیا تو اصول اور یکسانیت کا تقاضا تھا کہ دیسی ریاستوں کی حد تک بھی اسی امر کو پیش نظر رکھا جاتا کہ جس ریاست میں اہل ہنود کی اکثریت ہو ان کا الحاق ہندوستان سے اور جہاں مسلمانوں کی اکثریت ہو ان کا الحاق پاکستان سے کردیا

جائے۔ لیکن دیسی ریاستوں کی حد تک یہ تصفیہ ہوا کہ وہ حسب ذیل تین میں سے کسی ایک صورت کو اختیار کریں:

(۱) آزاد رہیں۔ (۲) ہندوستان میں شریک ہوں یا (۳) پاکستان میں۔

تب حیدرآباد کے حکمران نے (جن کی حکومت انگریزوں کی آمد سے پہلے سے موجود تھی)، پہلے اختیار(Option) کو معقول بنیادوں پر قبول کیا۔

دونوں نوزائیدہ مملکتیں یعنی ہندوستان اور پاکستان برطانوی پارلیمنٹ کے تصفیہ کے بموجب ابھی ابھی وجود میں آئی تھیں، جن کا مستقبل (اس وقت) غیر یقینی تھا اور ان کے وجود میں آتے ہی سرحدوں پر بدترین کشت و خون کا سلسلہ شروع ہو گیا تھا۔ اس قتل و غارت گری کے ذہنی اور نفسیاتی اثرات کی وجہ سے حیدرآباد کی حکومت اور یہاں کے تمام مسلمان اور غیر مسلموں کی بڑی تعداد ہندوستان سے الحاق کے لیے قطعاً تیار نہ تھی۔ اس کا ثبوت یوں فراہم ہوا کہ حکومت ہند نے گفت و شنید کے دوران ایک وقت پر استصواب عامہ کی شرط رکھی تو حکومت حیدرآباد نے اس کو قبول کر لیا لیکن حکومت ہند نے اپنی ہی تجویز کو نظر انداز کر دیا۔ اس کے باوجود حضور نظام نے یہ بھی ارادہ ظاہر کیا کہ مناسب وقت پر وہ ہندوستان سے (پاکستان سے نہیں) الحاق کریں گے۔ اسی بنا پر ہم مرتبہ مملکتوں کی حیثیت سے دونوں کے درمیان گفت و شنید شروع ہو گئی اور راضی نامہ اجرائی کار (Stand still Agreement) بھی طے پایا۔ ایسا کوئی معاہدہ پاکستان سے نہیں ہوا۔ حضور نظام کی رعایا کی اکثریت غیر مسلم تھی لیکن وہ ہندوستان میں شرکت کے حق میں نہ تھی۔

اصل بات تھی کہ حیدرآباد کو وقت کی ضرورت تھی اور فریق ثانی کو "نئے فقیر کو بھیک کی جلدی" کے مصداق حیدرآباد کو بشمول تمام دیسی ریاستوں کے، جلد از جلد ضم بلکہ ہضم کر لینے کی خواہش تھی۔ حکومتی سطح پر تو سنجیدہ انداز میں بات چیت ہو رہی تھی لیکن پارٹی کی سطح پر اس جلدی کا اظہار نہایت بھونڈے اور نا مناسب طریقہ پر ہوا۔ جس کل ہند کانگریس نے برطانوی حکومت کا مقابلہ گاندھی جی کی قیادت میں عدم تشدد کی بنیاد پر کیا تھا، آزادی حاصل ہونے کے بعد اسی کانگریس نے

سردار پٹیل کی سرکردگی اور آر ایس ایس کے اشاروں پر حیدرآباد کے خلاف دہشت تحریک شروع کی۔ حیدرآباد کی تمام سرحدوں پر کانگریس اور کمیونسٹ پارٹی نے مل کر کیمپ قائم کیے جہاں سے ریاست کے سرحدی مواضعات کے، معصوم مسلم شہریوں پر قاتلانہ حملے ہوتے۔ حکومت حیدرآباد کی جانب سے احتجاج کیے گئے تو حکومت ہند نے کیمپس کی موجودگی کا انکار کیا لیکن پولیس ایکشن کے بعد کانگریسی اور کمیونسٹ قائدین نے ان کیمپس کی موجودگی اور ان کی کامیابی کے بلند بانگ دعوے کیے۔ حیدرآباد کے خلاف آریا سماج اور ہندو مہاسبھا کی جانب سے جھوٹا پروپیگنڈا کر کے ستیہ گرہ تحریک شروع کی گئی۔ آریہ سماج اور ہندو مہاسبھا کے درمیان عقائدی اور اصولی اختلافات تھے۔ آر ایس ایس نے حیدرآباد کی مخالفت میں کلیدی رول ادا کرتے ہوئے دونوں کو متحد کیا۔

اس اچانک صورت حال کا مقابلہ کرنا ریاست کی فوج اور پولیس کے لیے بہت مشکل تھا۔ ایسے میں مجلس اتحاد المسلمین نے اپنے Volunteers کی خدمات پیش کیں جس کو ناگہانی صورت حال میں ناگزیر سمجھ کر قبول کرنا پڑا۔ غیر سماجی عناصر اور سیاسی پارٹیوں کے کارکنوں نے خاکی وردی پہن کر رضاکاروں کا بھیس اختیار کر لیا۔ نتیجتاً جو لوٹ مار کے واقعات ہوئے، ان کا الزام رضاکاروں پر ڈال کر خوب تشہیر کی گئی۔

گیارہ ماہ کے عرصہ میں شعیب اللہ خان کے قتل کو چھوڑ کر (جس کی خود ایک دلچسپ داستان ہے) قتل و خون ریزی کا شائد ہی کوئی واقعہ پیش آیا۔ اگر قتل و خوں ریزی ہوئی تھی تو مجرموں کے خلاف کوئی کارروائی کیوں نہیں کی گئی صرف جناب قاسم رضوی اور سرکاری عہدہ داروں کے خلاف کارروائیاں کی گئیں۔ قاسم رضوی کے خلاف بھی تین مقدمے دائر کیے گئے۔ النڈ شریف قتل کے مقدمہ سے حکومت، ثبوت کی عدم موجودگی کی وجہ سے دستبردار ہوگئی۔ شعیب اللہ قتل کے مقدمہ میں عدالت العالیہ نے مرافعہ میں سزا کو منسوخ کر دیا۔ جس سے ظاہر ہوگیا کہ پولیس ایکشن سے قبل جو پروپیگنڈا کیا گیا تھا اس کو ثابت نہ کیا جا سکا۔

ہندوستان کے ایک حصہ کی حیثیت سے اگر ریاست کی علحدہ حیثیت برقرار رہتی جیسا کہ پنڈت نہرو اور مولانا ابوالکلام آزاد کی عین خواہش تھی یا کم از کم الحاق کے لیے عجلت کے ساتھ فوجی کارروائی نہ

کرکے حیدرآباد کو مناسب وقت ملتا تو صرف اہل حیدرآباد بلکہ ملک کے لیے بہت بہتر ہوتا۔

حیدرآباد کی تہذیب و ثقافت میں وہ خزانے موجود تھے جن کی "برطانیہ زدہ" ہندوستان کو ضرورت تھی۔ یہ ایک قومی فرض ہے اور قرض بھی کہ دور عثمانی کے اعلیٰ اقدار اور قابل تقلید کارناموں کو ہم وطنوں تک پہنچایا جائے اور نئی نسل کے لیے ایسا مواد مہیا کیا جائے جو اس کے لیے نشان راہ کا کام دے۔

☆ ☆ ☆

ماخوذ از کتاب: لفظ لفظ آرزو (مصنف: ڈاکٹر حسن الدین احمد۔ سن اشاعت: 2010ء)

The Fall of Hyderabad, its consequences and realities.
By: Dr. Hasanuddin Ahmad

ہم! جنہیں حرفِ دعا یاد نہیں
۔حیدرآباد کی تہذیب تمدن اور یادیں

علامہ اعجاز فرخ

آپ شاید اس بات سے اتفاق کریں گے کہ ماضی کو حال میں سفر کروا کر اس سے آپ بیتی کہلوانا صرف مشکل ہی نہیں بلکہ ناممکن ہے۔ شاید اس لیے بھی کہ حال تیز رفتار ہے۔ ماضی سے گریزاں بھی ہے اسے صرف ایک داستان پارینہ کی حیثیت دے کر ، بہت ہوا تو خوبصورت چرمی جلد میں محفوظ کر کے آبنوسی الماری میں یوں سجار کھ سکتا ہے کہ شیشے کے پیچھے سے یہ خوبصورت جلد تو نظر آئے لیکن ماضی کو مہر بہ لب بھی رکھنا چاہتا ہے کہ اس کی گویائی کہیں انقلاب کا پیش خیمہ نہ بن جائے۔ ایسے میں اگر کسی کو ماضی کے لمحات کو تازہ کرنے کا شوق نہیں بلکہ سودا سمایا ہو تو اس کے لیے ایسی عالی ہمتی اور جواں مردی بھی چاہیے کہ وہ نہ صرف صدیوں کا فرزند بننے کا حوصلہ رکھتا ہو بلکہ صدیوں کے اس سفر میں آبلہ پائی کو اپنا مقدر بھی جانے۔ غار میں صدیوں سے گہری نیند کے بعد جب تھوڑی سی مدت بیداری کی ملی اور ان جاگنے والوں نے اپنے ہی شہر کو دیکھا تو نہ شہر نے ان کو پہچانا نہ انہوں نے شہر کو۔ گویا شہر نہیں بلکہ دہر بدل گیا تھا۔ پلکوں سے آشوب سنبھالا نہ دعا کی ہمیں اب قیامت تک کی نیند دے دے کہ اب تو اپنا آپ بھی نہ سنبھالا جائے ہے۔ وہ نیک اور مخلص لوگ تھے ان کی دعا عرش رسا تھی۔ ہاتھ تو ہمارے بھی اسی طرح اٹھے ہوئے ہیں اور خواہش بھی یہی ہے، لیکن قبولیت دعا اس لیے بھی نہیں ہوتی کہ ہمیں نہ رسم وفا یاد ہے اور نہ حرفِ دعا یاد۔

حیدرآباد اگر فرشتوں کا شہر ہو تا تو شاید اس کی کوئی آپ بیتی بھی نہ ہوتی۔ بھلا جہاں تموج نہ ہو، ہلچل بھی

نہ ہو، جنھیں پہلے پہل دل کے دھڑکنے کی صدا یاد نہ ہو ان کے کوائف کیا اور ان کی آپ بیتی کیا۔ صحرا کی خاموشی، دریا کی روانی، سمندروں کی گہرائی، بکھری ہوئی کہکشاں کا حسن، قوس قزح کے رنگ، نسیم سحر کی سبک خرامی، نکہت باد بہاری، کلی کی خاموشی کا تکلم، گلوں کی مہک کے ساتھ کانٹے کی کسک، حسن و عشق کا ملن، رقابت کی جلن، زمانے کا چلن، قدرت کے ان دیکھے ہاتھوں سے اس پوری کائنات کو اگر کہیں پوشیدہ رکھ دیا تھا تو وہ حیدرآباد تھا۔ خبر نہیں کہ یہ کوئی دیومالائی کہانی ہے یا الف لیلوی داستان، سنتے ہیں کہ اس شہر پُرفسوں میں کوئی شہزادی ہوا کرتی تھی۔ نہ ہوئے، باغ و بہار اور فسانۂ عجائب کے لکھنے والے کہ اس شہزادی کی سراپا نگاری کرتے تو ان گنت رنگ، راگ، راگنیاں حصار باندھے ہوتیں۔ میں ٹھہرا ازبان کا پھوہڑ مجھ سے تو نہ زلف کا سنورنا لکھا جائے ہے نہ لٹ کا الجھنا۔ نہ جوڑے کا کھلنا نہ ریشم کے ڈھیر کا ہالہ کرنا، جیسے گھٹاؤں کے بیچ یکایک چاند کا روشن ہو جانا۔ نہ ابروؤں کی کٹیلی کمانوں کا تناؤ نہ ناوک فگنی کا انداز، نہ کچے دودھ میں کھلے سیندور جیسی رنگت کی تشبیہ، نہ یاقوتی ہونٹوں کی تراش، نہ عقیق یمن جیسی سرخیِ لب اور نہ اس کے پروے میں عدن کی موتیوں جیسی لڑیاں کہ کبھی کھل کھلا کر ہنس پڑے تو جھرنوں کا ترنم خاموش ہو جائے کہ راگنی کا بہاؤ خیال کے نازک پیرہن میں بے چین نہ ہو۔ خوشبو، رنگ گلاب اور مرمر کے تناسب کی مجھے کب خبر ہے کہ پھول سی بانہوں کا تذکرہ ہو۔ کچھ یاد سا پڑتا ہے کہ لڑکپن اور جوانی کے جھٹپٹے کے بیچ آخر شب اور صبح کے اجالے کی آمد کے درمیان کسی نے چپکے سے جگا دیا تھا۔ کوئی تھا تو نہیں لیکن ایک ہلکی سی خوشبو جسے ہوا جرانہ سکی، وجود میں محسوس ہو رہی تھی۔ دل نے کہا شمیم پیرہنِ یار۔

دروغ بر گردن راوی حسب روایت ایک شہزادہ جو مالک ہفت اقلیم تھا، بہادری اور جوانمردی کا جس کے شہرہ چار دانگ عالم میں تھا۔ شوق شکار میں نکلا۔ پانی ختم ہو چکا تھا۔ تلاش میں سرگرداں تھا کہ سامنے جسن مجسم کو دیکھ کر پیاس بھلا بیٹھا۔ چاہ سامنے ہو تو پیاس یوں ہی مٹ جاتی ہے۔ کسی کو پانے کی جستجو میں پانی کی حقیقت کیا ہے۔ شہزادی کو دیکھا۔ بس دیکھا کیا، حسن مکمل روبرو ہو تو عشق کو چپ لگ جاتی ہے۔ حسن کی پلکیں بوجھل بوجھل ہو کر جھک جائیں تو اسی کو نظروں میں سمیٹ لینا

کہتے ہیں۔ وہ مڑی، بادِصبا ادب سے پیچھے پیچھے چلی۔ جاتے جاتے رکی، مڑ کر پھر سے شہزادے کو مبہوت دیکھ کر ہلکے سے مسکرائی پھر غائب ہوگئی۔ کوئی کہتا ہے یہ ملن بس لمحے بھر کا تھا، کوئی کہتا ہے وصل کا تو لمحہ ہی ایک ہوتا ہے اور صدیوں پر بھاری ہوتا ہے۔ صدیوں تڑپاتا ہے۔ حسن اور عشق کا ملن ہو اور رقابت کی جلن نہ ہو تو پھر داستان میں کیا رہ جاتا ہے۔ سنتے ہیں شہزادی کو کسی طلسم کدے میں قید کرکے اس کی آنکھوں میں سوئیاں چبھو دی گئی تھیں۔ امبر بیل کے اس گھنے جنگل میں شہزادی کو پانے کی شرط ہی یہ تھی کہ شہزادہ اپنی تلوار سے ساری مزاحمتوں کو ہٹا کر۔ امبر بیل کے حصار کو کاٹ کر۔ شہزادی کی آنکھوں کی سوئیاں نکال دے تو شہزادی آزاد ہو کر اس کی بانہوں میں سما جائے گی۔

شہزادے نے محافظوں سے بڑی خون ریز جنگ کی۔ پہرہ داروں کو قتل کیا۔ خاردار راہوں میں پیر زخمی بھی ہوئے۔ امر بیلوں کو کاٹ کر راستہ بنانے میں کبھی بازو شل بھی ہو جاتے تھے لیکن پانے کی جستجو کبھی تھکنے نہیں دیتی۔ جب آخری امبر بیل کو کاٹ کر اس نے طلسم کدے کا دروازہ کھولا تو شہزادی کو کھڑی پا کر وہ بے ساختہ اسکی آنکھوں سے سوئیاں نکال پھینکنے کے لیے آگے بڑھا۔ لیکن سوئیاں تو کب کی زنگ آلود ہو چکی تھیں۔ شہزادی تو جی سے گذر گئی لیکن کھلی آنکھوں میں انتظار چھوڑ گئی۔ اس کے بعد شہزادے پر کیا گذری اس بیان اور شرح بیان کی ضرورت کب باقی رہ جاتی ہے۔

راوی بیان کرتا ہے اس حیدرآبادی شہزادی کا نام "تہذیب" تھا اور شہزادہ "تمدن" تھا۔ آپ کو شاید یہ خیال گذرے کہ میں میر محبوب علی خاں کے دور سے سن ۱۹۴۸ تک اور ۱۹۴۸ سے ۲۰۱۴ تک کی تاریخ کا تذکرہ کر رہا ہوں۔ میں تو صرف یہ کہہ رہا تھا کہ وہ ابدی نیند ہمارے مقدر میں کہاں۔ ہم جنہیں رسم وفا یاد نہیں، ہم جنہیں حرف دعا یاد نہیں۔

حیدرآباد میں معیار معاشرت الگ الگ تھے، امیری اور غریبی کا تو چولی دامن کا ساتھ ہے لیکن تہذیب ہر طبقے میں قدر مشترک تھی۔ محلوں اور محل سراؤں کا تو پوچھنا کیا۔ حاجب، خدمتگار، فراش، جاروب کش، حقہ بردار، سائس، کوچوان، چوبدار، رکاب دار، عصا بردار، مالی، مالن، کاماٹی،

کاماٹن، ماما، مغلانی، اصیل کنیز، لونڈی، باندی، جسولینان، قلماقنیاں، خاکروب، حقہ بردار، سقہ، جسے بہشتی بھی کہا جاتا تھا، تو ہمہ وقتی دیوڑھیوں کے ملازم تھے۔ شرفاء کے گھر اتنے ملازم نہ سہی لیکن طرز بود و باش میں سلیقہ وہی تھا۔ اور تو اور غریب بھی کسی سے پیچھے نہ تھے۔ وہاں دالان، پیش دالان اور بچھے ہوئے تخت، قالین کا فرش، سفید دو گھوڑے کی بوسکی کی ملائم چاندنی، پختہ چھت، چھت سے آویزاں فانوس اور فرشی جھاڑ تو یہاں لال مٹی کے لیپے ہوئے دالان میں شطرنجی اور چہلواری کی چاندنی کا فرش، دیوار سے گاؤ تکیہ اور پاندان تو تمام طبقوں میں مشترک تھے۔ امراء اور رئیسوں کی بیگمات کے وقار اور مرتبہ کا اندازہ صرف ان کے پاندان سے لگایا جاتا تھا۔ امراء کے گھروں میں ڈھائی سیری کریم نگر کی مہین جالی کے دو منزلہ پاندان، بالائی منزل میں مہین تراشی ہوئی چھالیہ کی پرتیں، کچھ مشک، کچھ زعفران اور کچھ عنبر میں بسائی ہوئی سونے اور چاندی کے ورق میں لپٹی ہوئی الائچی، لونگ، جوز، جوتری، زعفران، سونف، تراشا ہوا کھوپرا، حسب ذوق زردہ و قوام، بریلی کا کتھا اور کانپوری کتھے کی بڑی اور پیپڑی اور چونا خالص عرق گلاب میں بجھایا ہوا اور مہین ململ سے چھانا ہوا۔ پان بنانے کے انداز میں بھی ایک خاص سلیقہ ہوا کرتا تھا۔ زانو پر بچھی ہوئی سرخ صافی، خاصدان سے کلی دار پان کو چن کر پہلے باریک قینچی سے یوں تراش لیا جاتا تھا کہ کنارے یکساں ہو جائیں یہی تراش تو بیگم صاحبہ کی خاص ہنر مندی تھی جو ان کی مہارت کا ثبوت تھی۔ پھر پان کی نس علحدہ کر لی جاتی اور پان پر پان جوڑ کر حسب موسم سلائی سے چونا لگایا جاتا تھا کہ جاڑوں میں زعفران اور گرما میں گلاب یا کیوڑے میں کھلی کلی کا چونا ہو۔ بعض گھرانوں میں خشک کتھا اور بعض میں شیر بادام میں پکایا ہوا کتھا استعمال ہوتا تھا۔ چھالیہ، چکنی، سپاری، نرملی، جوز، جوتری، الائچی اور جو پسندیدہ ہو تو گلقند کے اضافہ بعد گلوری کو موڑ کر چاندی لپٹا لونگ ٹانک دیا جاتا تھا اور اس پر حسب مراتب چاندی یا سونے کا ورق لپیٹ کر چاندی کی طشتری میں سرخ مخمل اور اسپر گلوری رکھ کر پیش کی جاتی تھی۔ قبول کرنے والا سر و قد اٹھ کر تعظیم بجا لاتا اور پان قبول کر کے سلام کے عوض ڈھیروں دعاؤں کی سوغات بھی پاتا تھا۔ ادھر اگالدان ابھی استعمال ہوا ہی تھا کہ کنیز نے فوراً اگالدان بدل دیا۔ اگالدان بھی پاندان ہی کی طرح مرصع ہوا کرتے تھے۔ سقوط حیدرآباد کے بعد جب پڑوسی

درآئے تو وہ اگالدان کے استعمال سے ناآشنا تھے۔ دفاتر معتمدی جسے آج سکریٹریٹ کہا جاتا ہے، عدالت العالیہ جیسے ہائیکورٹ کہتے ہیں وہاں ہر اجلاس پر اگالدان ہوا کرتے تھے۔ ایسے میں نئے عہدیداروں نے اگالدانوں کا بطور گلدان استعمال کیا۔ عدالت میں چونکہ جج کی کرسی اونچی ہوا کرتی تھی اس لیے اس کے پہلو میں اگالدان بھی اونچے تھے۔ یہی اگالدان بعض عہدیداروں کے دیوان خانوں میں استقبالیہ گلدان کی صورت خوب سجائے گئے۔

پان اور پاندان حیدرآبادی تہذیب کا ایک اہم باب ہے۔ کوئی مہمان جب گھر آئے تو اسکی تواضع استقبالیہ پان اور عطرسے کی جاتی تھی۔ حسب موقع تواضع کے بعد بوقت رخصت بھی پان پیش کیا جاتا اور ساتھ میں عطر کی سوغات بھی دی جاتی تھی۔ بیگم صاحبہ کے دو منزلہ پاندان کی بالائی کشتی کے نیچے ایک اور منزل ہوا کرتی تھی جس کے مختلف خانوں میں چاندی کے مختلف سکے اور ایک خانہ میں چھوٹی اشرفیاں بھی ہوا کرتی تھیں۔ ان کے درمیان بیگم صاحبہ اپنی پسندیدہ انگشتریاں بھی رکھ چھوڑا کرتیں کہ دن، تاریخ یالباس کی مناسبت سے بدل سکیں۔ عزیز رشتے داروں میں کوئی مہمان آتا اور لڑکیاں بالیاں بیگم صاحبہ کے سلام کو حاضر ہوتیں تو سلام، آداب، تسلیم، بندگی کے عوض دعاؤں کی سوغات تو ہوتی ہی تھی۔ لیکن مٹھی بھر سکے نکال کر مغلانی کو آواز بھی دے دیا کرتی تھیں اور ساتھ ہی یہ بھی کہ لو ان بچوں کا صدقہ ہے۔ فقیروں ناداروں میں خیرات کروا دینا۔

نواب وقار الامراء، خورشید جاہ، آسمان جاہ کی بیگمات کے پاندان کا تو تذکرہ کیا ہے۔ لیکن جب چوکڑے اور بگھیاں نہ ہوا کرتی تھیں بلکہ سواریوں میں پالکی کا استعمال ہوتا تھا اس دور کبھی بیگم صاحبہ خاندان میں کہیں مہمان تشریف لے جایا کرتیں تو ایک پالکی میں خود بدولت اور دوسری پالکی میں کنیز بیگم صاحبہ کا پاندان لیے ساتھ ہوتی تھیں۔ دونوں پالکیوں کا احترام کیا جاتا تھا کہ پاندان بھی تو بیگم صاحبہ کا تھا۔ کسی بیگم کے مرتبے کا اندازہ ان کے پاندان کے خرچ سے کیا جاتا تھا۔ جتنے بڑے رئیس کی بیگم ہوں اتنا ہی ان کے پاندان کا خرچ بھی ہوا کرتا تھا۔

شام کے خاصہ کے بعد بیگم صاحبہ کے ہاتھ کا پان نہ ہوا تو سمجھ لیجیے کہ صاحب کی زندگی میں کوئی کمی

ہو گئی۔ بھلے ہی زندگی میں سر پر دوپٹے کا فیروزی آنچل ڈالے ، کھلتے ہوئے شہابی رنگ ، ناز وادا سے اٹھلا کر روبرو بیٹھے کتنی ہی نازک انگلیوں نے پان پیش کیے ہوں گے اور انعام بھی پائے ہوں گے لیکن باہر کی موج اور ہے بیگم کی نوج اور۔ کبھی یوں بھی ہوا کہ سہ پہر کے بعد بیگم صاحبہ غسل فرما کر حمام سے بر آمد ہوا کرتیں۔ بانس کی ٹوکری کے نیچے انگاروں پر عود واگر کے دھوئیں سے بالوں کو خشک کر کے اپنی الماری سے "باسی دلہن" عطر کا چھایا انگوٹھی کے نیچے دبائے پان بنا کر چاندی کی مرصع ڈبیہ میں کنیز کے ذریعہ مردانہ میں نواب صاحب تک پان بھجوا دیا کرتی تھیں تو منہ چڑھی کنیز واپس آ کر نواب صاحب کی کھینچ کر کی ہوئی سانس اور ہونٹوں پہ ہلکے سے تبسم کا تذکرہ بیگم صاحبہ سے الفاظ میں تھوڑی ادا کرتی تھی بس زیر لب تبسم ہوا کرتا تھا۔ تب بیگم صاحبہ مغلانی کو آواز دے کر کہتی تھیں "اے بوا نگیٹھی کا انتظام کرو ، بہت دن ہو گئے نواب صاحب نے میرے ہاتھ کے سفید قورمہ کی فرمائش کی تھی"۔ مغلانی بھی کئی برساتیں دیکھ چکی ہوتی تھی۔ مسکرا کر "جی ابھی" کہہ کر سارا انتظام فوراً کر دیا کرتی تھی۔ مزاج شناس اور تبسم شناسی میں یہی تو ربط باہم ہے۔

دور گذر گئے زمانے گذر گئے اس دور میں بیٹے جوان تو کجا شادی شدہ بھی ہو جاتے بلکہ کئی بچوں کے باپ بھی ہو جاتے تو مجال نہ تھی کہ بزرگوں کے آگے پان کھائے منہ لال کیے چلے آئیں۔ یہ تو سب ہم عمر اور ہم مرتبہ لوگوں کے درمیان کے شوق تھے۔ دادا کے آگے پوتے جوان ہو جاتے لیکن بیٹا باپ سے نظریں ملا کر بات نہیں کیا کرتا تھا بلکہ ماں باپ کے آگے ہمیشہ نظریں جھکی ہوتی تھیں۔ ہر سواری پر پردہ عام تھا۔ پاندان عام تھے۔ بزرگوں کا احترام عام تھا۔ وسیع اور عریض صحن عام تھے۔ دالان، پیش دالان، دیوان خانوں کی تہذیب منفرد تھی۔

آج معلوم نہیں خدا کی زمین تنگ پڑ گئی ہے یا ہمہ منزل عمارتوں کی بلندی پر پہنچ کر انسان خدا بلند کہلانا چاہتا ہے۔ صرف عمارتیں بلند ہوتی جا رہی ہیں۔ انسان کے قد کا مجھے پتہ نہیں۔ لیکن سنتا ہوں کہ آج کل ماں باپ کی گھروں میں جگہ نہیں۔ ماں کسی بیٹے کے گھر ہوتی ہے تو باپ کسی بیٹے کے گھر۔ جس بیٹے کے گھر ماں ہوتی ہے وہاں ملازمہ بر خواست کر دی جاتی ہے۔ جس بیٹے کے گھر باپ ہوتا ہے

وہاں بچوں کو اسکول لے جانے والا اور بازار سے سودا سلف لانے والا نوکر نکال دیا جاتا ہے۔ آج کے دور کی تہذیب یہی ہے۔ آج اسی کو تمدن کہتے ہیں۔ پادری چرچ کو بلا رہا ہے۔ مبلغ دعوت تبلیغ دے رہا ہے۔ ناصح نصیحتوں میں مصروف ہے۔ ہمارے تو اب دعا کے لیے ہاتھ بھی نہیں اٹھتے۔

ہم جنھیں رسم وفا یاد نہیں

ہم جنھیں حرف دعا یاد نہیں

☆ ☆ ☆

شائع شدہ: تعمیر نیوز ویب پورٹل۔ 6؍ اپریل ۲۰۱۴ء

The culture & memories of Hyderabad Deccan. By: Allama Aijaz Farruq

یادِ ماضی: آرٹس کالج جامعہ عثمانیہ
–شعبہ جات اور اساتذہ

اودیش رانی

آرٹس کالج میں مراٹھی اور انگریزی شعبے دوسری منزل پر تھے جبکہ فارسی، ہندی اور عربی کے شعبے پہلی منزل پر تھے۔ اردو شعبے کی بغل میں ہندی شعبہ تھا۔ یہاں چار اساتذہ تھے، ایک بڑے پانڈے جی اور دوسرے چھوٹے پانڈے جی، محترمہ گیان آستھانہ اور کھنڈیلوال صاحب۔

بڑے پانڈے جی کو صوفی اور سنتوں کے ادب سے پیار تھا۔ اسی زمانے میں سالار جنگ کے کتب خانے کو آرٹس کالج کے سیلر [cellar] میں، جہاں اگزیبیشن برانچ تھی، لا کر رکھ دیا گیا تھا، دوسرے معنوں میں کتب پھینک دی گئی تھیں۔ اس پر بڑے پانڈے جی کو بہت دکھ ہوا تھا، انہوں نے بہت محنت کی اور ان کتابوں کو عثمانیہ یونیورسٹی کی لائبریری میں پہنچایا۔ پھر اسی دور میں ان کی نظر ملک محمد جائسی کی ایک کتاب "چتر ریکھا" پر پڑی۔ ملک محمد جائسی صوفی منش شاعر تھے، اپنی کتابیں فارسی رسم الخط میں لکھا کرتے تھے۔ چنانچہ ان کی مشہور کتاب "پدماوت" بھی فارسی رسم الخط میں لکھی گئی تھی۔

بڑے پانڈے جی نے 'چتر ریکھا' کو بڑے اہتمام سے ہندی میں چھاپا۔ بڑے پانڈے جی شیروانی، سفید دھوتی اور شیروانی کے کپڑے سے بنی گاندھی ٹوپی پہنتے تھے۔ کبھی کبھی صدری اور کرتے میں بھی ملبوس ہوا کرتے تھے۔ پیشانی پر لال ٹیکہ بھی لگاتے تھے، بہت تیز چلتے تھے، پمپ شو پہنا کرتے تھے۔ بڑے اور چھوٹے پانڈے جی دونوں تلسی داس کے عاشق تھے۔ ہندی کے طلبان کی کلاس میں تلسی

بانی کے لیے ہی آیا کرتے تھے۔ وظیفے کے بعد بڑے پانڈے جی نے ایک انسٹی ٹیوٹ بھی یونیورسٹی کے احاطے میں قائم کیا تھا۔ یہاں پر اب بھی تلسی داس پر چھوٹے موٹے سمینار ہوا کرتے ہیں۔ چھوٹے پانڈے جی بھی صدری کرتا، دھوتی پہنتے اور کبھی کبھی ٹوپی پہنا کرتے تھے۔ بڑی ملائم گفتگو کرتے تھے۔ اس شعبے میں ڈاکٹر گیان استھانہ تھیں، بوٹا سا قد اور چشمہ لگاتی تھیں۔ بڑی ہی پیاری پیاری اور میٹھی میٹھی بولی بولتی تھیں، اور لوگ انہیں دیکھتے ہی کہتے تھے کہ کائستھ ہیں۔

ہندی کے لکھنے والوں میں جے پر شاد تھے، جن کو لوگ چھایا وادی کہتے تھے۔ ان کی پڑھائی کے وقت میں بھی ان کی کلاس میں بیٹھ جایا کرتی تھی۔ کھنڈیلوال جی بڑی ہی خوبصورت شخصیت کے مالک تھے۔ پاجامہ، کرتا اور صدری پہنا کرتے تھے۔ پتا نہیں کیوں اپنی نظریں ہمیشہ نیچی رکھتے تھے۔ یہ چاروں اساتذہ دوسری یونیورسٹیوں سے آئے تھے مگر کئی عثمانین انہوں نے تیار کیے۔

اس کے بعد ہی شعبہ لنگویسٹک تھا، جس کے صدر کرشنا مورتی صاحب تھے جن کا بیشتر وقت شعبہ اردو میں گزرتا۔ کبھی کبھی ان کی بات چیت سننے سے ہی کچھ نہ کچھ علم حاصل ہو جایا کرتا تھا۔ کرشنا مورتی صاحب بعد میں حیدرآباد سنٹرل یونیورسٹی کے وائس چانسلر بھی ہوئے۔

اس کے بعد فارسی کا شعبہ تھا۔ جہاں شریف النسا صاحبہ صدر تھیں۔ اس شعبے اور اساتذہ کے بارے میں بہت کم معلومات تھیں کیونکہ یہ لوگ کب آتے اور جاتے تھے، اس کا کچھ پتا ہی نہیں چلتا تھا۔ اس کے بعد عربی کا کمرہ تھا۔ ایک صاحب عبدالستار تھے جو شیروانی اور پاجامہ پہنتے تھے اور سر پر ٹوپی کے ساتھ ایک رومال بھی ہوا کرتا تھا۔ اب یہ پتا نہیں کہ وہ کس طرح کے استاد تھے مگر ضرور اچھے استاد رہے ہوں گے کیونکہ اکثر ان کے ساتھ دو تین طالب علم ہوا کرتے تھے۔

انگریزی، مراٹھی اور تلگو کے شعبے اوپری منزل پر تھے۔ انگریزی میں ڈاکٹر کمار، سراج الدین صاحب، تقی علی مرزا اور جوشی صاحب تھے۔ ہم کو سراج الدین صاحب انگریزی پڑھاتے تھے۔ وہ بڑے اچھے استاد تھے۔ چونکہ ہم لوگ اردو ذریعہ تعلیم سے آئے تھے، اسلیے اکثر چھوٹے موٹے جملوں کے ذریعے اردو میں سمجھایا کرتے تھے۔ ویسے کمار صاحب اور سراج الدین صاحب دونوں ہی اردو کے عاشقوں میں سے تھے۔ کمار صاحب تو فیض کا کلام ایسا سناتے تھے کہ انجان حضرات سمجھتے کہ

یہ ان ہی کا کلام ہے۔ مگر کمار صاحب خود بھی اردو میں شاعری کرتے تھے، ابھی کچھ دن قبل ڈاکٹر کمار کا انتقال ہوا ہے۔

تقی علی مرزا پستہ قد تھے اور اکثر ٹائی لگا کر آتے تھے۔ وہ بھی بہت اچھے استاد تھے۔ تیسرے استاد جوشی صاحب تھے، جن کے چشمے کے موٹے موٹے شیشوں سے معلوم ہوتا تھا کہ وہ دیدہ ریزی سے پڑھے ہیں، اس پر فارغ البال بھی تھے۔ سیدھے سادے آدمی تھے، شیکسپئر کی کتب پڑھاتے تھے۔ اس جماعت میں طلبا کی تعداد بہت ہوتی تھی کیونکہ سائنس کے طلبا بھی شامل ہو جایا کرتے تھے۔ جوشی صاحب کے بعد ان کی دختر اترا جوشی بھی انگریزی کی استاد رہیں۔

انگریزی شعبے کی مقبول ترین شخصیت ایسی تھی جنہیں انگریزی بالکل نہیں آتی تھی۔ وہ تھے غلام رسول، جو ایسی چائے بناتے تھے کہ وہ سب کی چاہ ہوتی تھی۔ اس آرٹس کالج میں جہاں دور دور تک کچھ نہیں ملتا تھا، ان کی چار آنے کی چائے زندگی میں لطف بھر دیا کرتی تھی۔ وہ کھڑکی سے یہ کاروبار کیا کرتے تھے۔ سب کو پتا تھا مگر کوئی بھی شکایت نہ کرتا بلکہ سب یہ خیال کرتے تھے کہ یہ کام کر کے غلام رسول ثواب کمار ہے ہیں۔ شاید ہی آرٹس کالج کا کوئی طالب علم یا استاد یہ چائے پیے بغیر زندگی کا سفر طے کیا ہو۔

تلگو شعبے کے اساتذہ تو شاید ہی کبھی دکھائی دیئے ہوں مگر ایک طالب علم جنہیں سی۔ نارائن ریڈی کہتے ہیں بہت ہی فعال شخصیت تھے۔ وہ نہ صرف اچھے شاعر تھے بلکہ اچھے منتظم بھی تھے۔ وہ بعد میں آندھرا پردیش اوپن یونیورسٹی کے وائس چانسلر، پھر تلگو یونیورسٹی کے بانی وائس چانسلر بنے۔ وہ ایک بہت ہی نامور شخصیت تھی اور جامعہ عثمانیہ کو ان پر ہمیشہ فخر رہے گا۔

ایک شعبہ سنسکرت کا اور ایک مراٹھی کا تھا۔ سنسکرت کے شعبے سے میرا تعلق کم ہی رہا، مگر مراٹھی شعبے سے ایک عجیب سا تعلق رہا ہے۔ اس کے صدر ڈاکٹر کلکرنی ہوا کرتے تھے، ایک مرتبہ میرے والد نے ان تک ایک کتاب پہنچانے کے لیے کہا۔ میں کتاب لے کر ڈاکٹر کلکرنی کے کمرے میں پہنچی، اتفاق سے وہ کمرے کے سامنے ہی کھڑے تھے مگر میں نے تو ہندی، تلگو، فارسی اور عربی کے ایسے اساتذہ کو دیکھ رکھا تھا جو ہندوستانی لباس زیب تن کرتے تھے لیکن کلکرنی صاحب تو سفید شارک

اسکن کے سوٹ اور کالی ٹائی پہنے ہوئے تھے، اس پر سیاہ چشمہ اور پمپ شو بھی تھا۔ انہوں نے انگریزی میں پوچھا کہ ہم کس کو ڈھونڈ رہے ہیں؟ ہم نے سوچا کہ انگریزی کے یہ نئے لکچرار صاحب بھلا کلکرنی صاحب کو کیا جانتے ہوں گے؟ لہذا کتاب والد صاحب کو واپس کرتے ہوئے کہا کہ مراٹھی شعبے میں کوئی کلکرنی نہیں ہیں۔ دوسرے دن والد صاحب کتاب کے ساتھ ہمیں لے کر کلکرنی صاحب کے پاس گئے تو وہ ہلکے زرد رنگ کے شارک اسکن سوٹ میں ٹائی لگائے ہوئے بیٹھے تھے، ہم نے والد صاحب کو بتایا کہ یہ صاحب تو کل بھی موجود تھے۔ بعد میں معلوم ہوا کہ یہی کلکرنی جی ہیں۔

شعبہ معاشیات میں سب سے دلچسپ استاد تھے، مظہر حسن گیلانی صاحب۔۔۔ تقریباً پچاس طلبا کی جماعت سنبھالتے تھے اور زرعی معاشیات میں ماہر تھے۔ ان کا خاص جملہ ہوتا "جب یو گو ٹو بازار" پتا نہیں وہ کیوں اردو انگلش میں پڑھاتے تھے مگر ہر طالب علم سے واقف تھے۔ اتفاق سے ہمارے زمانے میں صرف دو لڑکیاں ہی معاشیات کی طلبا تھیں۔ سامنے بیٹھتی تھیں مگر گیلانی صاحب حاضری لیتے تو خاص طور ر دیکھتے تھے کہ ہم اپنی نشست پر براجمان ہیں یا نہیں؟ دوسرے استاد تھے نوجوان کے ٹی رام کرشنا جو صنعتی معاشیات یعنی industrial economics پڑھاتے تھے۔ تیسرے استاد تھے اے ناگ راج جو مارکٹ اکنامی پڑھاتے تھے۔ یہ پر اکثر بھی تھے، افسوس کہ جہاں سو اساتذہ طلبا کا کردار بنا رہے تھے وہیں یہ صاحب کچھ طلبا کو غلط راستے پر ڈال رہے تھے۔ اس وجہ سے ان کو 56 انچ کا سینہ دکھانے کا شوق تھا، بشرٹ اور پتلون اور سینڈل پہنے رہتے، پتا نہیں تاریخ ان کو کیسے یاد رکھے گی؟ اس شعبے کے سامنے سوشیالوجی یعنی سماجیات کا شعبہ تھا۔ اس کے صدر جعفر حسن صاحب تھے یہ اردو رسم الخط کی تبدیلی اور ایسی تمام اردو آوازوں کو ایک ہی شکل دینے کے قائل تھے، مثلاً "ع" کی جگہ الگ لکھا جائے، بچے ان کو ج۔ا۔ف۔ ر یعنی جافر کہتے تھے۔ جعفر صاحب سرخ و سفید رنگ کے مالک تھے۔ شیروانی پاجامہ اور شیروانی کے کپڑے کی بنی ٹوپی پہنا کرتے تھے۔ شعبے میں وہ سب سے بڑے تھے۔ مس کا ناگ بھی سوشیالوجی شعبے سے وابستہ تھیں۔ یہ بھی خوبصورت خاتون تھیں اور اکثر پارسی خواتین کی طرح ساڑی پہن کر ہی آتی تھیں جو بمبئی کشیدہ کاری کی

باردروالی ہوتی تھی۔ مدیر اج صاحب چوڑی دار پاجامہ اور صدری میں یعنی نہرو جیکٹ میں ملبوس ہوتے تھے۔ طلباء میں بہت مقبول تھے، اتفاق سے یہ سبھی اساتذہ مجرد تھے۔ ہمارے ایک ساتھی نے اس شعبے کا نام مجرد سماج رکھا تھا۔ اس شعبے کے مقبول استاد تھے حسن عسکری صاحب جو سوٹ میں ملبوس ہوتے، سیاہ چشمہ لگاتے تھے، اسی لیے ان کو طلبا ابن ہڈ کہتے تھے۔ عسکری صاحب اپنی ذات میں ایک انجمن تھے، ایک اور خاتون استاد کا تقرر ہوا، وہ تھیں فاطمہ آپا یعنی فاطمہ شجاعت آپا، چھوٹی سی اور پر وقار شخصیت تھیں۔ ان سے ملاقات تو لیڈیز روم میں بھی ہو جاتی تھی۔ فاطمہ آپا واحد استاد تھیں جو طلبا کے ساتھ بیٹھ کر کھانا کھا لیتیں اور ہماری پڑھائی کے بارے میں مشورے بھی دیتی تھیں۔

شعبہ سیاسیات میں صدر پی وی راج گوپال تھے بہت سیدھے سادے مگر بہترین استاد تھے۔ ہنس مکھ اور کئی اساتذہ کے استاد، ہم کو پولیٹیکل تھاٹ یعنی مختلف سیاسی نظریات پڑھاتے تھے۔ جیسے ہیگل، گارڈنر، میکاولی یا پھر فیڈرک اینگلس، کارل مارکس اور گاندھی جی کے نظریے۔ رشید الدین صاحب سیاسیات کی مبادیات پڑھاتے تھے۔ کسی قدر ہکلاتے تھے، مگر جب کلاس میں پڑھاتے تھے تو یہ کمزوری بالکل ہی غائب ہو جاتی تھی۔ نہایت ہی تعلیم یافتہ خاندان سے تعلق رکھتے تھے۔ بشیر الدین صاحب اور وحید الدین صاحب سبھی تعلیمی شعبے سے وابستہ تھے۔ رشید صاحب بعد میں پارلیمنٹ ممبر بنے اور پھر یو این جے سے وابستہ ہو گئے۔ عبید الحق صاحب سیاسیات کی تاریخ بتاتے تھے۔ بعد میں عبید صاحب سنگاپور یونیورسٹی سے وابستہ ہو گئے اور ہندوستان چھوڑ دیا۔ ایک اور استاد تھے ہاشمی صاحب ہمیشہ سوٹ میں رہتے تھے اور دراز قد تھے۔ ہم کو وہ دستور ہند پڑھاتے تھے اور ایک ایک آرٹیکل کا ذکر بڑی وضاحت سے کیا کرتے تھے۔ پتہ نہیں وہ کہاں چلے گئے؟ ان کی جگہ گیلانی صاحب تشریف لائے وہ پاکستان سے آئے ہوئے سندھی تھے۔ سندھی ادب پر بڑی گرفت تھی، کچھ ہی دنوں میں وہ بھی ایڈمنسٹریٹیو سرویس سے وابستہ ہو گئے۔ ان سے بعد میں ملاقاتیں ہوئی تھیں، جب ان کو بتایا کہ میں ان کی شاگرد رہوں تو بہت خوش ہوئے اور ان کے بعد جلد ہی شری میتی گیتا ریڈی آئیں مگر جلد ہی ان کی شادی ہوئی اور وہ لکتہ کو لکتہ چلی گئیں۔ دستور ہند پڑھانے کے کئی استاد آئے اور ہم کبھی اس پر حاوی نہ ہو سکے، شاید بہت کم لوگ اس موضوع سے واقف ہیں۔ پولیٹیکل سائنس شعبے

سے پبلک ایڈمنسٹریشن شعبہ بھی جڑا ہوا تھا۔ عبدالمطلب صاحب، ڈاکٹر رام ریڈی اس شعبے کے استاد تھے۔ عبدالمطلب صاحب فربہ اندام تھے، بہت دھیرے دھیرے بولتے تھے اور سچ پوچھئے تو بی۔اے کے طالب علموں کے استاد نہیں تھے بلکہ بہت بڑے عالم تھے۔ تحقیق کے میدان میں وہ آگے تھے، ہمیشہ سوٹ میں آتے تھے۔ وہ آخر وقت تک پرانے شہر میں رہے جب کہ اکثر لوگ پرانے شہر کو چھوڑنے کا ارادہ کرکے نئے شہر کو چلے گئے۔

ڈاکٹر رام ریڈی انہی دنوں انگلینڈ سے ڈگری لے کر آئے تھے، وہ سب کے ہر دلعزیز لیکچرر بن گئے مگر وہ جلد ہی ورنگل چلے گئے لیکن دوبارہ کالج کے پرنسپل ہو کر آئے۔ ان کی تہذیب اور اخلاق کا اندازہ اس بات سے ہوتا ہے کہ جب وہ پرنسپل تھے تب بھی وہ اپنے اجلاس سے اٹھ کر پی وی راج گوپالن سے ملنے جاتے تھے کیوں کہ راج گوپالن ان کے استاد تھے۔ وہ عثمانیہ یونیورسٹی کے وائس چانسلر بھی بنے، جب وہ وائس چانسلر بن کر نظام کالج کے دورے پر آئے تو وہاں ایک چپراسی کو جو کبھی آرٹس کالج میں کام کرتا تھا، اس کی پیسے مانگنے اور پینے کی عادت نے اسے نظام کالج پہنچا دیا مگر، چور چوری سے جاتا ہے ہیر اپھیری سے نہیں۔

جب رام ریڈی صاحب نظام کالج پہنچنے والے تھے تو اس کے ساتھیوں نے بتایا کہ ایسی کوئی حرکت نہ کرنا جو بد تمیزی کہلائے۔ بہر حال، ریڈی صاحب پہنچے تو اس نے لا پروائی سے کہا: یہ وائس چانسلر ہیں اور پھر بڑی پھرتی اور ادب سے ان کو سلوٹ مار ا اور ہاتھ بڑھا کر کہا: صاحب! وائس چانسلر بن گئے، چائے کے لیے دس روپئے تو دیجیے۔ رام ریڈی صاحب نے مسکرا کر اسے دس روپئے دیئے۔ ریڈی صاحب نے ایسے طلبا کے لیے جو آگے پڑھنے سے قاصر تھے، فاصلاتی پروگرام شروع کیا اور پھر وہ یونیورسٹی گرانٹس کمیشن کے صدر بھی بنے۔ ہندوستان کے وہ واحد ماہر تعلیم ہیں جن کے حصے میں آخری سرکاری رسومات آئیں۔

☆☆☆

شائع شدہ: تعمیر نیوز ویب پورٹل۔ ۸؍ ستمبر ۲۰۱۷ء

The Academician & Departments of Arts College Osmania University.
By: Udesh Rani

حیدرآباد دکن کی عزاداری

سید علی اصغر صاحب بلگرامی حیدرآبادی

ریاست حیدرآباد دکن میں عزاداری کا بانی قطب شاہیہ کا پہلا تاجدار سلطان قلی ہمدانی تھا جو ابتدائی سلاطین بہمینیۂ دکن کی جانب سے سمت تلنگانہ کا طرفدار (صوبہ دار) اور سلطان محمود شاہ بہمنی (۸۸۷ھ : ۹۲۴ھ) کی وفات کے بعد ۹۲۴ھ سے ۹۵۰ھ تک سرحد گولکنڈہ سے دریائے شورت تک کے علاقہ کا خود مختار بادشاہ رہا تھا۔ اگرچہ سلطان قلی شاہان صفویہ ایران کا ہم عصر تھا۔ لیکن شاہ اسماعیل صفوی کے ایران میں مذہب امامیہ کی ترویج سے قبل ہی دکن کے علاقہ تلنگانہ میں خطبۂ اثنا عشری ۹۱۸ھ سے اس بادشاہ نے رائج کر دیا تھا چنانچہ 'تاریخ مرغوب القلوب' میں 'صدر جہاں' نے سلطان قلی کی زبانی حسب ذیل عبارت نقل کی ہے:

"الحال قریب شصت سال باشد کہ شب و روز باکفران غزا نمودہ بہ توفیق اللہ تعالیٰ از سرحد ورنگل تا بندر مچھلی پٹن و راجبندری قریب شصت ہفتاد قلعہ رفیعہ بضرب شمشیر آبدار بتصرف اولیائے دولت ابد پیوند در آوردہ ام و ایں فتوحات از برکت آنست کہ روزیکہ ابتدائی تسخیر ممالک کفار نمودہ ہم باخود نذر شرعی کردم کہ اگر حق تعالیٰ مارا بخدمت توتی الملک من تشاء مشرف گرداند خطبہ والارتبہ دوازہ امام علیہم السلام در تمام قلمرو و خود اجرا نمودہ مذہب حق اثنا عشرہ دریں مملکت رواج دہم۔ و قوع ایں حال قبل از ظہور شاہ اسماعیل و رواج مذہب جعفری در مملکت ایران است تاکسے را بخاطر نرسد کہ من تقلید آن شاہ غفران پناہ کردہ ام بلکہ در زمان سلطنت سلطان یعقوب صفحہ خاطر را بمہر مہر ائمہ اثنا عشر ملوک گردانیدہ ام و مذہب شیعہ و مذہب آبا و اجداد عظام ماست۔"

پہلے سلطنت قطب شاہی کا پایہ تخت قلعہ گولکنڈہ (محمد نگر) میں تھا جہاں سلطان قلی (۸۴۹–۹۵۰ھ) نے پہلا عاشورہ خانہ بنوایا تھا اس کے بعد سلطان ابراہیم قطب شاہ (۹۵۷ – ۹۸۸ھ) نے لنگر دوازدہ امام گولکنڈہ میں بنوایا جس میں غرباء کو کھانا تقسیم ہوتا تھا۔

کوہ مولی علیؓ: سلطان ابراہیم قطب شاہ کے عہد سے ۷؍ رجب کو عرس کوہ مولی علی کا آغاز ہوا۔ جہاں ہر پنجشنبہ اور شب جمعہ کو باوجود شہر حیدرآباد سے نو میل دور ہونے کے، مجالس عزا منعقد ہوا کرتی ہیں۔ تزک قطب شاہی میں اس پہاڑ کا واقعہ اس طرح مندرج ہے کہ:

ایک شب کو یاقوت حبشی خواجہ سرائے سلطان ابراہیم قطب شاہ نے جب کہ وہ نواح کوہ مولی کے ایک باغ میں مقیم تھا، یہ خواب دیکھا کہ ایک عرب سبز لباس پہنے ہوئے اس سے کہہ رہا ہے کہ تجھے جناب امیرؑ نے یاد کیا ہے۔ یاقوت اس عرب کے ساتھ ایک پہاڑ پر جاکر جناب امیرؑ کے سامنے کھڑا کر دیا گیا۔ صبح کو جب اسی پہاڑ پر گیا تو جس مقام پر اس نے جناب امیرؑ کو تشریف فرما دیکھا تھا وہاں دست مبارک کا نقش موجود تھا۔ یاقوت نے پتھر کے اس حصہ کو تراشوا کر ایک رواق تعمیر کرا کر اس کے طاق میں اس کو نصب کر ادیا اور ستر ہویں رجب کو حضرت کی نیاز کرائی۔

اسی طرح ہر سال عرس ہونے لگا۔ اس واقعہ کی شہرت ہوئی تو سلطان ابراہیم قطب شاہ نے زیارت کرکے مسجد و عمارات تعمیر کرائیں۔ شاہان آصفی ہی کے دور میں ہندو مسلم امرائے ملک نے بالائے کوہ اور دامن کوہ میں متعدد عمارتیں بنوائیں اور یہاں کی رونق میں اضافہ ہوتا رہا۔ حضرت آصفجاہ ثانی غفران آب نے اس پہاڑ کے مصارف عود و گل و نقار خانہ و خادمین کے لیے ایک موضع بعنوان جاگیر مقرر فرمایا۔

اعلیٰحضرت آصفجاہ سابع نے بصرف زر کشیر پہاڑ پر زائرین کی سہولت کے لیے نفیس سیڑھیاں بنوائیں اور برقی روشنی کا انتظام فرمایا اور باوصف پیرانہ سالی ہر سال ۱۳؍ رجب کو یہ نفیس پہاڑ پر زیارت کو تشریف لاتے ہیں۔

کوہ امام ضامنؑ: یہ پہاڑ شہر سے ۱۱؍ میل کے فاصلہ پر واقع اور امام رضا علیہ السلام سے منسوب ہے یہاں کے مصارف کے لیے شاہان آصفیہ نے انعامی اراضیات عطا کی ہیں۔

عاشور خانہ شاہی: سلطان محمد قلی قطب شاہ (۹۸۸ھ - ۱۰۳۰ھ) نے گولکنڈہ کی آبادی گنجان ہو جانے کی وجہ سے شہر حیدرآباد کو متعدد شاہی محلات، عمارات، مساجد و حمام بنوا کر آباد کیا۔ چار مینار

جو وسط شہر میں ہے اس کی تعمیر کی تاریخ یا حافظ (۱۰۰۰ھ) ہے۔

دولت خانہ شاہی کے متصل سلطان محمد قلی قطب شاہ نے ۱۰۰۳ھ میں بصرفہ ساٹھ ہزار روپیہ عاشور خانہ تعمیر کرایا تھا۔ اس کی چھت اور دیواروں پر سبز و سیاہ مخمل کے پردے آویزاں رہتے تھے اور امام باڑہ میں (۱۴) طلائی علم مرصع بجواہر استادہ ہوا کرتے تھے۔

قطب شاہی عہد میں عشرہ محرم میں عوام کو دو وقتہ کھانا تقسیم ہوتا تھا اور بارہ شربت روزانہ پلایا جاتا تھا اور سالانہ عشرہ محرم میں بارہ ہزار ہون (سکہ طلائی) جس کو (زر عاشوری) کہتے تھے بطور خیرات تقسیم ہوا کرتے تھے۔ سلطان عبداللہ قطب شاہ (۱۰۳۵ھ – ۱۰۸۳ھ) نے اس عاشور خانہ کی دیواروں پر کار کاشی کرایا تھا جو ہنوز محفوظ حالت میں ہے۔ دور قطب شاہی میں محرم کا چاند دیکھ کر بادشاہ اور درباری بارہ روز تک سیاہ لباس میں ملبوس ہوا کرتے تھے اور بازار میں گوشت اور پان کی فروخت بالاعلان نہیں ہوا کرتی تھی اور نوبت نوازی بھی موقوف رہا کرتی تھی۔ نواب آصف جاہ نے اس عاشور خانہ کے مصارف کے لیے بارہ ہزار روپیہ سالانہ کی جاگیر مقرر فرمائی تھی۔ عشرہ محرم میں یہاں علم اب بھی استادہ ہوتے ہیں اور زائرین کا ہجوم رہتا ہے۔

عاشور خانہ حسینی علم : سلطان محمد قلی قطب شاہ کے عہد میں علی آقا نامی ایک علم دیار عرب سے لے کر آئے تھے۔ یہ علم دو رخی سیف کی وضع کا ہے جس میں بجائے زبان علم کے امام جعفر صادقؑ کی سیف دستی نصب ہے۔ سلطان وقت نے بڑی عقیدت سے اس کا استقبال کرکے جس مکان میں اس وقت یہ علم استادہ ہوتا ہے وہ علی آقا کو عطا کرکے اس علم کی خدمت گزاری بھی انہی کے سپرد کی اور مصارف عشرہ کے لیے ماہوار مقرر کر دی چنانچہ انہی کے ورثا یہاں کے خادم ہیں۔

عاشور خانہ الاوہ یتیمان : محلہ دبیر پورہ میں یہ عاشور خانہ واقع ہے جہاں عشرہ محرم میں علم استادہ ہوا کرتے ہیں۔

الاوہ بی بی : حیات بخشی بیگم مادر سلطان عبداللہ قطب شاہ نے اس علم کو محرم میں استادہ کرنا شروع کیا تھا اور روز عاشورہ اس علم کو ہاتھی پر سوار کرکے ماتمی گروہوں کے ساتھ شہر میں گشت کرا کر بوقت

عصر موسیٰ ندی میں اس کو ٹھنڈا کیا جاتا ہے۔

الاوۂ سرِ طوق: عمارت دارالشفا کے ایک حجرہ میں یہ غیر معمولی بڑا علم سال بھر استادہ رہا کرتا ہے۔ اس کو عہد قطب شاہ میں آقا محسن ایرانی دمشق سے لائے تھے، اس علم کے وسط میں امام زین العابدینؑ کے طوق سلاسل کا ایک ٹکڑا نصب ہے۔ اعلیٰحضرت آصف جاہ سابع نے عمارت دارالشفا کے وسط میں ایک جدید عمارت تعمیر کرا دی ہے جس میں اب یہ علم استادہ رہتا ہے۔

نعل صاحب: عہد سلطان ابراہیم قطب شاہ میں بیجاپور سے یہ علم لایا گیا تھا اس میں امام حسینؑ کے خود کا ہلال جو بشکل نعل ہے اس کا ایک ٹکڑا نصب ہے۔ پہلے یہ قلعہ گولکنڈہ میں بزمانہ محرم استادہ کیا جاتا تھا۔ نواب آصف جاہ ثانی کے عہد سے پتھر گٹی کے پاس سرکاری عمارت میں استادہ ہوا کرتا ہے۔ اس پر صندل چڑھا ہوا ہے۔ شب عاشور اس علم کی سواری تزک و احتشام کے ساتھ شہر میں گشت کرائی جاتی ہے۔

پنجۂ شاہ: اسی نام کے محلہ میں یہ پنجہ جو غیر معمولی طور پر بڑا ہے استادہ ہوا کرتا ہے اور عاشورہ کے دن شہر میں اس کو گشت کرایا جاتا ہے۔

درگاہ حضرت عباسؑ: نواب سالار جنگ مرحوم کی ڈیوڑھی کے ایک حصہ میں یہ علم جس پر صندل چڑھا ہوا ہے استادہ ہوا کرتا ہے۔ ہر پنجشنبہ و جمعہ کو عقیدت مند کثرت سے زیارت کو آیا کرتے ہیں۔ بروز عاشور صبح کے وقت اس کو ڈیوڑھی کے صحن میں گشت کرایا جاتا ہے۔

عزاخانۂ زہراؑ ۱۳۶۱ھ: میں اعلیٰحضرت آصف جاہ سابع نے یہ عالیشان عاشور خانہ تعمیر کرایا ہے جس میں طلائی علم استادہ ہوا کرتے ہیں اور اعلیٰحضرت بڑی عقیدت کے ساتھ یہاں کی مجالس عشرہ میں شرکت فرماتے ہیں۔

شہر حیدرآباد کی مجالس عشرہ میں اہل تسنن و برادران ہنود بھی عقیدت کے ساتھ شریک ہوا کرتے ہیں۔ چنانچہ چند سال قبل تک راجہ رادر نبھا کی ڈیوڑھی میں اہتمام کے ساتھ علم استادہ ہوا کرتے

تھے۔ فی زمانہ نواب عنایت جنگ بہادر کے حسنیہ، نواب شمشیر جنگ مرحوم کی ڈیوڑھی، مسجد جعفری اور مسجد اثنا عشری میں عشرہ محرم اور نواب تراب یار جنگ بہادر کی ڈیوڑھی میں عشرۂ صفر خاص اہتمام کے ساتھ ہوا کرتا ہے۔ اس کے علاوہ محلہ دارالشفا و ایرانی گلی و بازار نور خاں و حسینی محلہ میں متعدد مجالس مردانہ اور یادگار حسینی کی عمارت میں زنانہ مجالس منعقد ہوا کرتی ہیں۔

☆ ☆ ☆

مأخوذ از رسالہ: سرفراز (لکھنؤ) - تاریخ عزاداری نمبر (مارچ 1969)۔ مدیر: مصطفیٰ حسن رضوی

The Muharram mournings in erstwhile Hyderabad State.
By: Syed Ali Asghar Bilgrami

حیدرآباد: اردو صحافت اور ادب

ڈاکٹر سید فاضل حسین پرویز

اردو صحافت اور ادب کو ایک دوسرے کے لیے لازم و ملزوم قرار دیا جائے تو غلط نہ ہوگا۔ اردو صحافت نے ادب کو فروغ دیا اور ادب نے اردو صحافت کو جلا بخشی۔ بیشتر صحافی اپنے دور کے نامور ادیب اور شاعر بھی رہے۔ ان نامور صحافیوں نے شعر و ادب کے میدان میں بھی اپنے آپ کو منوایا۔ تقسیم وطن کے وقت "ادبی دنیا"، "نیا ادب"، "ادب لطیف" کی بڑی دھوم تھی۔ ڈاکٹر ہمایوں اشرف کے بموجب آزادی کے بعد ادب و صحافت کو نئی زندگی بخشنے والے چند نام یہ ہیں:

رہنمائے دکن، ہند سماچار، بلٹز، آئینہ، انقلاب، اردو ٹائمز، سالار، نیشمن، آزاد ہند، ملاپ، پرتاپ، صداقت، سیاست، اخبار مشرق، ساتھی، ہماری زبان، قومی تنظیم، منصف، صحافت، اعتماد، اردو ادب، نوائے ادب، معیار، تہذیب، صبح نو، شاعر، صنم، آج کل، شاہراہ، کتاب نما، شب خون، الفاظ، کتاب، روح ادب، افکار، سیارہ، اشارہ، سیپ، طلوع افکار، روبی، شمع، بیسویں صدی، خاتون مشرق، گلابی کرن، پاکیزہ آنچل، دوشیزہ، خاتون، آج کی خاتون، ہما، شبستاں، فلمی تصویر، چہار رنگ، ہزار رنگ، کہکشاں، شگوفہ، فنون، نقوش، روح اردو، مباحثہ، مریخ، سوغات، ایوان اردو، ہماری زبان، قومی زبان۔

ادب نے صحافت کو فروغ دیا یا صحافت نے ادب کا تحفظ کیا؟ یہ سوال اپنی جگہ۔ مگر یہ ایک حقیقت ہے کہ ادب اور صحافت کا رشتہ تب سے ہے جب سے دونوں کا وجود ہوا۔ دونوں ایک دوسرے کے لیے لازم و ملزوم رہے ہیں۔ ماہرین لسانیات کا کہنا ہے کہ جس طرح سے آپس میں آوازوں سے پیامات کی ترسیل، جو کسی قواعد و ضوابط سے بے نیاز ہوتی ہے، وہ "بولی" کہلاتی ہے۔ مگر جب یہی

تحریر میں آتی ہے تو وہ "زبان" کہلاتی ہے، جس میں ادب پیش کیا جاتا ہے۔ مختلف اصنافِ سخن کے الگ الگ نام دیئے گئے ہیں، مگر جب یہ کسی وسیلہ سے عوام الناس تک پہنچائے جاتے ہیں تو وہ ادبی صحافت کہلاتے ہیں۔

ہر دور میں ادب اپنے اپنے اندازوں میں عوام میں مقبول رہا ہے چاہے وہ مذہبی تصانیف ہوں یا ڈرامے کا انداز، شاعری، نثر یا کچھ اور۔ دورِ قدیم سے ہی کسی نہ کسی طرح سے اسے پیش کیا جاتا رہا ہے۔ جہاں تک اردو ادب اور صحافت کا تعلق ہے، اصنافِ سخن صحافت کا لازمی حصہ رہے۔ شعرائے کرام کا کلام، مضامین، مشاہیر کے خطوط، اخبارات، رسائل و جرائد شائع کرتے رہے ہیں۔ ادب نے صحافت کو وقار عطا کیا اور صحافت نے ادب کو شہرت بام تک پہنچایا۔ یوں تو کلاسیکی ادب اور ترقی پسند ادب کا جھگڑا چلتا رہا، مگر ہر دو نے اردو کی لاج رکھی اور صحافت کے اقدار کے استحکام میں اہم رول ادا کیا۔ تاریخ گواہ ہے کہ جن اخبارات و رسائل نے ادب کو اپنا ایک حصہ بنایا ان کی عمر طویل رہی اور قارئین کے ہر طبقہ میں ان کی پذیرائی ہوتی رہی۔ جن اخبارات و رسائل کی صحافتی زبان میں ادب کی آمیزش کی گئی، وہ ہاتھوں ہاتھ لیے گئے۔

جہاں تک حیدرآباد کا تعلق ہے، یہ معیاری ادیب و شعرا اور صحافیوں کی سرزمین ہے جن کی شاعری اور نثری تخلیقات کو تقریباً سبھی اردو اخبارات اپنے صفحات کی زینت بناتے ہیں۔ اگرچہ کہ یہاں سے کسی دور میں معیاری ادبی رسائل اور جرائد شائع ہوتے رہے، جن میں خواجہ حمید الدین شاہد کا ماہنامہ "سب رس" جو ایوان اردو سے اب ڈاکٹر بیگ احساس کی زیر ادارت شائع ہو رہا ہے اور ادبی حلقوں میں اس کی اہمیت ہے۔

خواجہ حمید الدین شاہد پڑوسی ملک کو ہجرت کر گئے اور پھر وہاں سے بھی انہوں نے "سب رس" (کراچی) ۱۹۷۷-۱۹۹۶ء نکالا۔

ناصر کرنولی کا "پونم" ایک باوقار ادبی جریدہ تھا اور انہوں نے ۱۹۶۷ء میں طنز و مزاح نگاروں کی پہلی کل ہند کانفرنس کے موقع پر ۲۰۰ صفحات کا خصوصی شمارہ شائع کیا تھا۔

طنز و مزاح نگاروں کی یہ پہلی کانفرنس تھی جس کے عہدہ داروں میں جناب مجتبیٰ حسین (معتمد)، جناب حمایت اللہ (نائب صدر)، جناب حفیظ قیصر (نائب معتمد)، جناب مصطفیٰ کمال (آفس سکریٹری)، جناب ناصر کرنولی (کنوینر سمپوزیم)، جناب صلاح الدین نیر (کنوینر رابطہ کمیٹی)، جناب رحیم خاں (خازن)، جناب محمد قمر الدین خاں (کنوینر والینٹرس کمیٹی) اور جناب زاہد علی خاں (کنوینر مالیہ کمیٹی) شامل تھے۔ اسی کانفرنس کے بعد حیدرآباد طنز و مزاح کی راجدھانی تسلیم کیا گیا۔

سلیمان اریب، جن کا تعلق حضری قبیلہ سے تھا، ایک ممتاز شاعر اور ادیب تھے۔ انہوں نے ماہنامہ "صبا" کے ذریعہ ترقی پسند تحریک کو تقویت دی۔ ۱۹۷۲ میں ان کا انتقال ہوا۔ لگ بھگ بیس (۲۰) برس تک ان کا جریدہ "صبا" ادبی حلقوں میں مقبولیت حاصل کرتا رہا۔ اگرچہ کہ اس کی اشاعت مسدود ہوئے چار دہائیاں ہو گئیں مگر آج بھی اسے یاد کیا جاتا ہے۔

اعظم راہی کی زیر ادارت "پیکر" نے بھی عالمی دنیا میں اپنی پہچان بنائی ہے۔ خود اعظم راہی ممتاز جدید لب و لہجہ کے شاعر کی حیثیت سے اپنی منفرد شناخت کے حامل رہے۔ انہوں نے مختلف اخبارات کے ادبی ایڈیشن کے ایڈیٹر کی حیثیت سے ذمہ داری نبھائی اور ان اخبارات کی شہرت میں چار چاند لگائے۔ انہوں نے حیدرآباد اور کناڈا سے بیک وقت "فراست" بھی جاری کیا اور جناب ساجد اعظم کی شراکت میں غیر میقاتی ادبی و ثقافتی خبرنامہ "تیشہ" بھی شائع کر رہے ہیں۔

محترمہ صالحہ الطاف کو ماہنامہ "خاتون دکن" کی ادارت و اشاعت کا اعزاز حاصل رہا۔ جس کی مجلس ادارت میں ان کی چار بہنیں اختر سلطانہ، صبیحہ سعید، صابرہ سعید اور عذرا سعید شامل تھیں۔ جناب صلاح الدین نیر کی خود نوشت "سلسلہ پھولوں کا" میں صالحہ الطاف سے متعلق مضمون شامل ہے۔ خود صلاح الدین نیر نے اس رسالے کی ادارتی ذمہ داری قبول کی اور اسے عملی دنیا میں صحیح انداز میں روشناس کروایا اور اس کے کئی خصوصی ایڈیشن شائع کیے۔

صلاح الدین نیر برصغیر کے ممتاز شعرا میں شامل ہیں، وہ لگ بھگ چار دہائیوں تک روزنامہ "سیاست" کے ادبی ایڈیشن کے روح رواں رہے۔ ۱۹۸۳ سے ماہنامہ "خوشبو کا سفر" شائع کر رہے

ہیں جس میں اردو اداروں کی بد عنوانیوں، شاعر و ادیبوں، اسکالرس کے سیاہ کارناموں کا پردہ فاش کیا جاتا ہے۔

پروفیسر مغنی تبسم اردو دنیا کی قابل احترام ہستی رہے۔ شاعر، ادیب اور نقاد کی حیثیت سے ان کا اپنا مقام ہے۔ شعر و حکمت جیسا ضخیم ادبی ششماہی جریدہ ان کے اعلیٰ ادبی ذوق، حسن انتخاب اور فن ادارت میں مہارت کا عکاس ہے۔ اس کے مرتبین میں ممتاز شاعر شہریار کا نام بھی شامل رہا مگر یہ حقیقت ہے کہ مغنی صاحب ہی اس کے لیے زیادہ وقت دیا کرتے تھے۔

مرحوم جناب مظطر مجاز ماہر اقبالیات بھی تھے اور ممتاز شاعر بھی۔ ایک طویل عرصہ تک انہوں نے روزنامہ "منصف" کے ادبی ایڈیشن کے انچارج کی حیثیت سے خدمات انجام دیں اور اس ایڈیشن کو اردو دنیا میں بے حد مقبول بنایا۔ ڈاکٹر فاروق شکیل اب منصف کے ادبی ایڈیشن کے انچارج ہیں اور انہوں نے مقامی اور ابھرتے شعرا کو موقع دیا ہے۔ نوجوان قلمکاروں کی تخلیقات شائع ہو رہی ہیں۔

روزنامہ "سیاست" کا ادبی ایڈیشن معیاری اور باوقار سمجھا جاتا ہے۔ ملک و بیرون ملک کے شعرا و ادیب اپنی نگارشات روانہ کرتے ہیں۔ ڈاکٹر صابر سیوانی ایک طویل عرصہ تک سیاست کے ادبی ایڈیشن کے انچارج رہے۔ ان دنوں یہ ذمہ داری کسی اور کو سونپی گئی ہے۔

روزنامہ "اعتماد" کا ادبی ایڈیشن بھی معیاری ہے۔ ممتاز شاعر جناب محسن جلگانوی اس کے انچارج ایڈیٹر ہیں۔ 'اوراقِ ادب' ادبی حلقوں میں کافی مقبول ہے۔ نثر و نظم کا انتخاب، کتابوں پر تبصرہ اور ادبی مضامین لازوال ہوتے ہیں۔

ممتاز قلمکار اور مبصر ڈاکٹر م۔ق۔ سلیم برسوں سے "شعاعِ اردو" شائع کر رہے ہیں، چار دہائیوں سے ہندوستان کے مختلف اخبارات میں ان کے تبصرے شائع ہوتے ہیں۔ روزنامہ "صحافی دکن" کے ادبی ایڈیشن کے انچارج ہیں۔ اپنی برسوں کی صلاحیتوں کا وہ بھرپور استعمال کر رہے ہیں۔

جناب عبدالباری جمیل نظام آبادی ٣٧۹١ سے "گونج" شائع کر رہے ہیں جو ایک ادبی ماہنامہ میں تبدیل ہو گیا ہے۔ انہوں نے کچھ عرصہ پہلے ادبی اور صحافتی شخصیات پر ایک فوٹو البم بھی شائع کیا تھا۔

جناب عبدالقدیر مقدر "تمہید" کے ایڈیٹر ہیں جو علمی، ادبی اور دینی رسالہ ہے۔ نو (۹) سال سے پابندی سے شائع ہو رہا ہے۔ اسے ایک معیاری اور ادبی حلقوں میں قابل قدر و قابل قبول بنانے کے لیے کافی جدوجہد کر رہے ہیں۔

اقبال شیدائی "پروانہ دکن" کے مدیر ہیں، وسائل سے نمٹتے ہوئے وہ صحافت کے سفر کو جاری رکھے ہوئے ہیں۔

مجتبیٰ فہیم کی زیر ادارت ماہنامہ "رنگ و بو" ادبی حلقوں میں پسند کیا جاتا ہے۔ ممتاز شاعر، ادیب نقاد اور مبصر پروفیسر مناظر عاشق ہر گانوی اس میں ہندوستانی صحافت پر باقاعدگی سے کالم لکھتے ہیں۔ مولانا آزاد نیشنل اردو یونیورسٹی کے ڈائرکٹوریٹ آف ٹرانسلیشن اینڈ پبلیکیشنز کے زیر اہتمام پروفیسر محمد ظفرالدین کی ادارت میں ششماہی تحقیقی جریدہ "ادب و ثقافت" شائع ہو رہا ہے۔ جو علمی اور ادبی حلقوں میں باوقار اور موتمر جریدہ تسلیم کیا جاتا ہے۔ اس کی مجلس ادارت میں پروفیسر شمیم حنفی، پروفیسر عبدالستار دلوی، پروفیسر شارب رودولوی، پروفیسر اشرف رفیع، پروفیسر عتیق اللہ، پروفیسر م ن سعید، پروفیسر بیگ احساس، پروفیسر وہاب قیصر، پروفیسر نسیم الدین فریس، پروفیسر محمد فاروق بخشی اور جناب انیس اعظمی شامل ہیں۔ مولانا آزاد یونیورسٹی سے "الکلام" بھی شائع ہو رہا ہے۔ ڈاکٹر محبوب فرید ایک جانے پہچانے ادیب اور محقق ہیں۔ فروری ۲۰۱۳ میں دینی، علمی ادبی، سائنسی و طبی رسالہ ماہنامہ "شاداب انڈیا" ان کی ادارت میں شروع ہوا۔ اس سے پہلے یہ جناب قمر صابری کی ادارت میں ماہنامہ "شاداب" کے نام سے شائع ہوتا تھا۔ ڈاکٹر محبوب فرید نے شاداب انڈیا کو ایک معیاری جریدہ میں تبدیل کیا۔ مضامین کا انتخاب قابل ستائش ہے۔

ڈاکٹر جاوید کمال کسی تعارف کے محتاج نہیں۔ ادبی اور ثقافتی حلقوں میں گذشتہ چار دہائیوں سے اپنی صلاحیتوں کا لوہا منوا رہے ہیں۔ ایک ڈرامہ نگار بھی ہیں اور اچھے فنکار اور بہترین صدا کار بھی۔ انہوں نے اردو کی تاریخ کو ڈرامہ کی شکل میں پیش کیا۔ انہوں نے ایک معیاری سہ ماہی ادبی جریدہ "ریختہ نامہ" کی اشاعت کا آغاز کیا ہے جس نے بہت ہی کم عرصہ میں پذیرائی حاصل کرلی۔

اردو اکیڈمی تلنگانہ کا ترجمان ماہنامہ "قومی زبان" اس لحاظ سے اہمیت کا حامل ہے کہ اس میں شائع

ہونے والے مضامین کو معیاری تسلیم کیا جاتا ہے۔ اردو اکیڈمی کا سکریٹری اس کا ایڈیٹر ہوتا ہے۔ چندر سری واستو (حسن علی)، اعجاز قریشی، پروفیسر ایس۔اے۔ شکور جیسے سکریٹریوں نے متحدہ آندھرا پردیش اور تلنگانہ اردو اکیڈمی کے اس ترجمان کے معیار پر توجہ دی ہے۔ موجودہ چیرمین رحیم الدین انصاری بھی اس کے معیار میں اضافہ کے لیے پر عزم ہیں۔

حکومت تلنگانہ کے محکمہ اطلاعات و تعلقات عامہ کے زیر اہتمام شائع ہونے والے ماہنامہ "تلنگانہ" اپنی بہترین طباعت اور معیاری مضامین کے انتخاب کی بدولت علمی اور ادبی حلقوں کی خصوصی توجہ کا مرکز ہے۔ سید حبیب الدین قادری اس کے ایڈیٹر ہیں۔ انوار العلوم کالج سے گریجویشن، حیدرآباد یونیورسٹی سے ایم۔اے، ایم۔فل کیا، بھونس کالج آف جرنلزم سے صحافت میں پی۔جی۔ ڈپلوما امتیاز کے ساتھ حاصل کیا۔ چار گولڈ میڈل، تین سلور میڈل اور تین نقد انعام حاصل کیے۔ ۲۰۰۷ میں محکمہ اطلاعات و تعلقات عامہ سے وابستہ ہوئے، متحدہ آندھرا پردیش کے ایڈیٹر رہے، پھر نئی ریاست کی تشکیل کے بعد ماہنامہ "تلنگانہ" کو ملک کے معیاری اردو جرائد میں شامل کروانے میں کامیاب رہے ہیں۔ آل انڈیا ریڈیو سے پچیس (۲۵) برس سے وابستہ رہے۔ شعری ذوق بھی رکھتے ہیں۔

ممتاز عالم دین و مبلغ مولانا محمد محامد ہلال اعظمی کی ادارت میں علمی و ادبی رسالہ "صدائے شبلی" پورے آب و تاب کے ساتھ شائع ہو رہا ہے۔

جناب اسد ثنائی ہر سال ایک ضخیم جریدہ "الانصار" شائع کرتے ہیں جو بلاشبہ صحت مند فکری رجحانات کا ترجمان ہوتا ہے۔ وہ مختلف شخصیات پر خصوصی نمبر بھی شائع کرتے ہیں۔ شیخ الاسلام نمبر شائع ہو چکا ہے، ڈاکٹر مظفر مجاز اور ڈاکٹر محمد علی اثر پر خصوصی شمارے منظر عام پر آنے والے ہیں۔

اردو صحافت اور ادب کا ذکر مکرم نیاز اور جناب سردار علی کے ذکر کے بغیر ادھورا رہ جاتا ہے۔ نامور شاعر جناب رؤف خلش کے فرزند مکرم نیاز اپنی ذات میں ایک انجمن، ادب و صحافت کا ایک چلتا پھرتا انسائیکلوپیڈیا ہیں۔ انہوں نے مشہور زمانہ کارٹونس کو اردو میں پیش کیا، یہ سلسلہ بے حد مقبول ہوا۔ انہوں نے اپنی ویب سائٹ "تعمیر" پر اردو ادب کا خزانہ محفوظ کر دیا ہے۔ بچوں کے وہ جانے پہچانے

ادیب ہیں اور ایک بہترین نقاد بھی، اردو دنیا میں وہ کافی جانے پہچانے ہیں۔

جناب سردار علی وطن سے دور کناڈا میں ہیں اور وہاں سے "شعر و سخن ڈاٹ کام" کے ذریعے اردو کی جو خدمات انجام دے رہے ہیں اسے الفاظ میں بیان نہیں کیا جا سکتا۔ رسائل، جرائد ہوں یا نگارشات، شعر و سخن ڈاٹ کام پر موجود رہتی ہیں۔

اور بھی بہت سے نام ہیں، کسی اور مضمون میں ان کا ذکر ہو گا۔

☆ ☆ ☆

ماخوذ: ہفت روزہ "گواہ" حیدرآباد، شمارہ؛۱۸، تاریخ ۲۴-اکتوبر-۲۰۱۹

Hyderabad, Urdu journalism and literature.
By: Dr. Syed Fazil Hussain Pervez.

حیدرآباد کے کھانے اور دسترخوان

اقبال جہاں قدیر

حیدرآباد میں کھانے کے مختلف اوقات ہیں۔ صبح کا ناشتہ جو چھ بجے صبح سے دس بجے تک ہوا کرتا تھا۔ چائے کا استعمال پچھلے زمانے میں حیدرآباد میں نہیں تھا۔ لیکن بعد کو اس کا رواج ہو گیا۔ دوپہر کا کھانا گیارہ بجے سے دو تین بجے تک ہوا کرتا۔ رات کا کھانا شام چھ بجے سے رات کے گیارہ بجے تک ہوا کرتا تھا۔

حیدرآباد میں چاول کا استعمال زیادہ ہے، اس کے ساتھ گیہوں کی روٹی بھی استعمال کی جاتی ہے۔ یہاں کی آب و ہوا کے لحاظ سے کھٹاس کا استعمال ضروری ہے۔ نمک مرچ اور ترشائی بھی اچھی مقدار میں سالنوں کے پکانے میں ڈالی جاتی ہے۔ کھٹے سالن مٹی کی ہانڈی میں پکائے جاتے تھے۔ پانی کی صراحیاں، اور گھڑے اور مٹی کے دوسرے برتن کثرت سے استعمال میں لائے جاتے تھے۔ تانبے کے برتن دیگچیاں، تھال، لگن، گنگال وغیرہ تو قلعی کرائے جاتے اور پکوان اور کھانے کے برتن بھی چینی کے ساتھ ساتھ تانبے ہی کے ہوتے تھے۔

باورچی خانہ، جو رہنے سہنے کے کمروں اور دالان سے کافی دور آنگن میں بنایا جاتا تھا۔ ہر گھر مٹی کے چولھے ہوتے اور گھر سے دھواں نہ اٹھے تو بد شگونی سمجھتے تھے۔ پکوان لکڑی اور کوئلوں پر ہوتا تھا۔ صبح ہوتے ہی ہر کام سے پہلے گھر کو جھاڑو دی جاتی تھی، ہندو خواتین گھر کے اندر کے ساتھ ساتھ دہلیز پر بٹو لگاتے اور گھر کے سامنے چھڑکاؤ کرتے اور خاص ڈیزائن کے مگوٹھے بناتی تھیں، نہا دھو کر خواتین عبادت کرتیں اور پکوان کے لیے باورچی خانے میں پہنچ جاتیں۔

حیدرآباد میں جو غذائیں استعمال کی جاتی ہیں وہ بہت لذیذ اور مرغوب ہوتی ہیں۔ گھروں میں پکانے کے ساتھ ساتھ یہاں کے لوگ بازاروں سے تیار کی ہوئی غذائیں استعمال کر لیتے ہیں۔ حلوائی کی

دکانوں سے مٹھائیاں خرید کر کھاتے ہیں۔ اس کے علاوہ راستوں پر بیوپاریوں سے سیو دال، چڑوا، مرچی بھجیے، پکوڑی، لقمی اور مختلف تلن کی چیزیں مل جاتی ہیں۔

قطب شاہی دور سے آصفجاہی دور تک دستر خوان میں وسعت پیدا ہو گئی تھی۔ خصوصاً گوشت کے پکوان میں ایرانی، ترکی، افغانی پکانوں کا کافی اضافہ ہوا۔ ملکوں کے امتزاج کے ساتھ ساتھ غذاؤں کا ایک معیار آصفجاہی دور سے ہی قائم ہو چکا تھا۔

حیدرآباد کے خاص خاص کھانے: حیدرآباد میں دستر خوان سرخ رنگ کے ہوتے اور فرش پر بچھائے جاتے۔

۱۔ ناشتہ میں اکثر کھچڑی، قیمہ، پاپڑ، انڈے، تلا ہوا گوشت اور براٹھے، روغنی روٹی، ڈبل روٹی ان میں سے کچھ نہ کچھ ضرور ہوتا۔ نہاری، کھڑی دال یا میٹھی دال ناشتہ میں پکائی جاتی تھیں۔ گرم گرم کھچڑی ناشتے میں گھی، قیمہ اور اچار کے ساتھ کھاتے ہیں۔ اس پر پاپڑ تو سونے پر سہاگہ کا کام کرتے ہیں۔

۲۔ قدیم زمانے میں یہاں کا عام ناشتہ بازاری نہاری رہا ہے جو امیر اور غریب سب کی مرغوب غذا ہے۔ اکثر گھروں میں راتب مقرر تھا، چار پیسے کی نہاری دو پیسے کے کلچے، ایک شخص ایک آنہ میں ناشتہ کر لیتا تھا۔ دکن میں نہاری سرا، پائے اور زبان کی ہوتی ہے۔

۳۔ چاکنہ حیدرآباد کی خاص غذا ہے۔ اپنا ایک مخصوص ذائقہ رکھتا ہے، اس میں بکرے کا سر، کلیجی، دل، اوجھڑی اور سر ڈال کر پکاتے ہیں۔ مرچی کی زیادتی اور لونگ کے پھول کے استعمال سے اس کا ذائقہ اور بڑھ جاتا ہے اور زبان کا چٹخارہ بھی۔ جوار کی روٹی کے ساتھ کھانے میں بڑا مزہ دیتا ہے۔

۴۔ پورن پوری: حیدرآباد کے سوا اور کہیں نہیں بنتی۔ پرانے زمانے میں شاہی رکاب دار کی پورن پوری بہت مشہور تھی۔ سرخی مائل تقریباً ڈیڑھ انچ موٹی مانڈے ملے دس گیارہ پتہ، اس قدر ملائم

ہوتی ہے کہ بلا ٹوٹے آسانی سے نکل آتی ہے، پورن کا پکانا، میدے کا گوندھنا، ماندھے کا بیلنا، ان سب کو سیکھنے کا بہت تناسب ہوتا ہے۔ حلوائی کے مل مل کا شاہی قلا قند اور بالائی یہاں بہت شوق سے کھائی جاتی ہے جوزی حلوہ تو بہت ذائقہ دار ہوتا ہے۔

۵۔ بگھارے بیگن: حیدرآباد میں کھٹے کا بہت استعمال ہوتا ہے، یہاں مرچی بھی زیادہ کھائی جاتی ہے۔ یہ سالن اکثر بریانی کے ساتھ دعوتوں میں دستر خوان کی زینت بنتا ہے۔ اودے اودے بیگن چن لیے جاتے ہیں، مسالہ اور املی (پکی) کا کھٹا، نمک اور مرچ، ہلدی اور میٹھے تیل کی مناسبت سے اس سالن کی لذت بڑھ جاتی ہے۔ مٹی کی ہنڈیا میں پکایا جائے تو سالن میں سوندھا پن آ جاتا ہے۔ سارے بیگن کو کاٹ کر نمک پانی میں ڈال دیتے ہیں، ورنہ بیگل کسالے ہو جاتے ہیں۔ مسالوں میں تل، زیرہ، بوجوار، کھوپرا، مونگ پھلی اور پیاز کی ڈلیوں کو گرم راکھ میں رکھ کر بھونا جاتا ہے۔ جب وہ گرم ہو جاتی ہے تو راکھ سے نکال کر پیاز کو بھی باریک پیس لیتے ہیں۔ زیرہ اور لہسن کے بگھار تیار کر لیتے ہیں۔ پھر بیگن کے بیچ میں ایک لکیر نمک کا کنکر رکھ کر مرچ مسالوں کو بھر دیا جاتا ہے۔ ہانڈی میں ڈال کر خوب بھونتے ہیں۔ بعد کو املی کا کھٹا ڈالتے ہیں، کریا پات، ہری مرچ اور کو تھمر وغیرہ ڈالتے ہیں، اچھی طرح دم دیتے ہیں انگار پر دم ہوئے سالن میں تیل اوپر تو بہت آ جاتا ہے تب ہی سالن میں ذائقہ آ جاتا ہے۔

۶۔ شیر خرما: یوں تو حیدرآباد میں ہمہ اقسام کے میٹھے پکتے ہیں لیکن حیدرآباد کا شیر خرما خاص ذائقہ رکھتا ہے یہاں پر اس میٹھے کے پکانے کا طریقہ بھی الگ ہے۔ شیر خرما کا جز سیویاں ہوتی ہیں۔ یہ اصل دودھ سے بنایا جاتا ہے۔ باریک سیویوں کو، جسے یہاں 'چٹے کی سیویاں' کہتے ہیں، گھی میں سرخ مائل رنگ تک تل کر اس میں دودھ ڈالا جاتا ہے، بقدر ضرورت شکر ڈال دی جاتی ہے، کھجوریں بھی شامل کی جاتی ہیں۔ بادام، کاجو، پستے کی سلائیوں اور چرنجی صاف کر کے تل لیتے ہیں اور شیر خرما میں ان سب کو ڈالا جاتا ہے۔ شیر خرما تو عید الفطر کی خاص ڈش ہے۔ اس کے رکھنے اور کھانے پینے کے

لیے خاص بلوریں کٹورے ہوتے ہیں۔ نہاری ہوئی سیویوں پر گھی، شکر، رنگینی چوبا اور مغزیات ڈال کر سجایا جاتا ہے۔ یہ شیر خرما اور سیویاں عید الفطر کے روز بطور حصہ ایک دوسرے کے گھر بھیجتے ہیں۔ اور اس سے مہمانوں کی ضیافت کی جاتی ہے۔

۷۔ بریانی: حیدرآباد میں چاول کا استعمال کثرت سے ہوتا ہے، کھانے میں سادے چاول، بگھارا کھانا، کھچڑی، قبولی، تہاری، ترکاری کا کھانا۔۔۔ جیسے روزانہ کچھ نہ کچھ پکتے ہی ہیں۔ لیکن حیدرآباد کی بریانی بہت مشہور ہے۔ اپنا ایک خاص ذائقہ رکھتی ہے، اور سب ہی حیدرآبادی جو گوشت کھاتے ہیں، بریانی بڑے چاؤ سے کھاتے ہیں اور اس کو بڑی اہمیت دیتے ہیں۔ بریانی تقریباً ہر بڑی دعوت کا لوازمہ ہوتی ہے۔ بریانی جو اکثر دعوتوں میں ہوتی ہے وہ دو گوشتہ ہوتی ہے۔ بریانی مرغ اور مچھلی اور کوفتوں کی بھی بنائی جاتی ہے۔ انڈوں اور ٹھانوں کو بھی ڈالا جاتا ہے۔ بریانی کا چاول عام چاول سے الگ ہوتا ہے اس میں خوشبو ہوتی ہے جیسے کہ امرتسر کے چاول کالا بھات، کھچڑی چاول وغیرہ۔ بریانی کے لوازمہ میں لقمی، کباب، مرغ، سادہ آلو کا قورمہ، شیر مال، دہی کی چٹنی وغیرہ بھگارے بیگن یا مرچ مسالے دار سالن ضرور ہوتا ہے۔ اور اس کے ساتھ ایک دو میٹھے۔ زمانہ قدیم ہی سے شیر خرما یا کدو کی کھیر، گل فردوس، ڈبل کا میٹھا یا قربانی کا میٹھا۔۔۔ ان میں سے ایک کچھ نہ کچھ ضرور ہوتا ہے۔ دعوتوں کا پکوان باورچی کرتے ہیں، شاہی باورچی ایسے پکوان بہت عمدہ طریقہ پر پکاتے ہیں۔

۸۔ دالچہ: حیدرآباد کا یہ سالن بھی خاص ہے۔ دالچہ اکثر کدو کا ہوتا ہے، کبھی کبھی بیگن یا ٹماٹر کا بھی دالچہ یہاں پکتا ہے۔ دالچہ اکثر بگھارے کھانے کے ساتھ نیازوں اور چھوٹی موٹی تقاریب یا پھر اکثر غربا کے شادی بیاہ کے موقوں پر بھی بگھارا کھانا، دالچہ، آلو میٹھی گوشت یا قورمہ پکواتے ہیں اور اس کے ساتھ جو میٹھے چاول پکائے جاتے ہیں، دکن میں اس کو 'میٹھا کھانا' کہتے ہیں۔ اکثر غریب لوگ چھوٹی بڑی تقریبوں میں ضرور پکواتے ہیں۔ دالچہ میں گوشت ہڈی دار، نمک، مرچ، املی چنے کی دال، گرم مسالہ ہر ایک مسالہ ڈال کر پکاتے ہیں، دار چینی اور گرم مسالا صرف یہاں دالچے میں ڈالا جاتا ہے، ورنہ

اکثر کھٹے سالنوں میں خوشبودار مسالہ صرف مسالوں کے سالنوں میں ڈالے جاتے۔

۹۔ تل کی چٹنی: یہ حیدرآباد کی خاص چٹنی ہے جو ناشتہ میں کھچڑی کے ساتھ کھائی جاتی ہے، تل کو بھونتے اور صاف دھولیتے ہیں۔ ہری مرچ کو تھمیر پودینے اور املی کے ساتھ پیس لیا جاتا ہے، چٹنی پینے کے بعد پیاز کتر کر ملاتے دیتے ہیں، بڑی ذائقہ دار ہوتی ہے اس کے کھانے سے صفرا کم ہوتا ہے۔

۱۰۔ مچھلی کا سالن: دکن میں مچھلی کثرت سے ہوتی ہے کیونکہ یہاں بیشمار ندیاں، تالاب، کنٹے وغیرہ ہیں، مچھلی بہ آسانی دستیاب ہوتی ہے، فش مارکٹ سکندرآباد اور بیگم بازار کی مشہور ہے۔ اور یہاں بہت لوگ خریدنے آتے ہیں، حیدرآباد میں جہاں گڑ بڑ زیادہ ہوتی ہے تو کہتے ہیں کہ کیا یہ مچھلی مارکٹ ہے، مچھلی تلی ہوئی اور سالن کے ساتھ بھی ملتی ہے۔ نمایشوں اور میلوں میں بھی تلی ہوئی مچھلی بکتی ہے۔ لوگ بڑے شوق سے خرید کھاتے ہیں، مچھلی کھٹے میں مسالوں کے ساتھ پکی ہو تو کچھ دن بھی رہ سکتی ہے۔ اکثر سالن بھی ہانڈی ہی میں پکایا جاتا ہے۔

حیدرآباد میں ماہر پکوان مچھلی کے کانٹوں کو الگ کر کے پکاتے ہیں۔ تا کہ پکاتے وقت کانٹوں کے چھبنے سے خصوصاً بچے محفوظ رہیں۔ یہاں روہو، وٹہل مچھلی، کرتا معروف پاملیٹ مچھلی بھی بہت ملتی ہے۔ لیکن لوگ مرل مچھلی، جس کا ذائقہ بہت اچھا ہوتا ہے، استعمال کرتے ہیں۔ دریائی جھنگوں کا سالن بھی خاص خاص لوگوں کے پاس پکتا ہے، مچھلی موسم سرما میں اور بارش میں کثرت سے کھائی جاتی ہے۔ بہت گرم اور صحت بخش ہونے کی وجہ سے مچھلی یہاں کی مرغوب غذا ہے۔

۱۱۔ بمبل مچھلی: دکھنیوں کی خاص غذا ہے، دکن کے لوگ کبھی انگاروں پر بھون کر ویسے ہی کھالیتے ہیں۔ پیاز کے سالن میں بمبل مچھلی یا سوکھے جھینگے ڈال کر جواری کی روٹی کے ساتھ کھایا کرتے ہیں جو سستی اور دیر پا ہونے کی وجہ سے گھروں میں جمع رکھی جاتی ہے۔ کبھی کبھار پالک اور بیگن کے ساتھ پکاتے ہیں جو کہ مزہ دار سالن ہوتا ہے۔ اسے تل کر بھی کھاتے ہیں۔

۱۲۔ دہی کی کڑھی: دہی کی کڑھی بھی حیدرآبادی بڑے شوق سے پکاتے ہیں اور کھاتے ہیں۔ دہی کو ہلدی مرچی نمک اور زیرے کی باریک پسی ہوئی پکنی ملا کر باریک ململ کے کپڑے سے چھان لیتے ہیں، اور اس میں ہر مسالا، کریاپات ڈال کر اباتے ہیں، چنے کی دال کے بیسن کے بھجیے تل کر اس میں ملاتے ہیں۔ یہ بھجیے بیسن میں ہری مرچوں، تھوڑی سی سرخ مرچ، ہلدی، زیرہ پساہوا اور پیاز کو باریک کتر کر بناتے ہیں پھر کڑھائی پر تل لیے جاتے ہیں۔ سوکھی مرچ، لہسن کی چھلی ہوئی پوتھیاں، زیرہ، کریاپات کو میٹھے تیل میں تل کر جب سرخ ہو جائے، بگھارا جاتا ہے۔ اکثر یہ سالن سیر و تفریح کو جاتے وقت یا سفر کرتے وقت ساتھ لے جاتے ہیں۔ ویسے بھی جس گھر میں دہی کی کڑی کی جائے تو محلے والوں کو ایک ایک کٹورا دہی کی کڑی بطور تحفہ ضرور بھیجی جاتی ہے۔

۱۳۔ چاول کی کڑھی: حیدرآباد کی خاص چیز ہے، یہ تو صرف حیدرآباد ہی میں پکائی جاتی ہے، کسی دوسری جگہ پکائی نہیں جاتی۔ یہ مزے میں سوندھی اور لذیذ ہوتی ہے۔ خشکے اور پسندوں کے سالن کے ساتھ جس میں گوشت کی یخنی بنائی جاتی ہے، دہی اور مسالوں کو ڈال کر بناتے ہیں، کھائیں تو کھانے کا لطف اور بڑھ جاتا ہے۔

چاول کی کنکلیاں بھگو کر، زیرہ، بوجوار اور لہسن کے ساتھ پیس لیتے ہیں اور املی کا کھٹا نکال کر، اس میں مرچ نمک، ہلدی اور ہر مسالہ ڈال کر دھیمی آنچ پر ہنڈی میں پکاتے ہیں اور مسلسل ہلایا جاتا ہے، بعد کو سرخ مرچ، زیرے اور لہسن کا بگھار دیتے ہیں۔ یہ ذائقہ دار چاول کی کڑی، خشکہ یا جوار کی روٹی، بیگن میتھی کے سالن کے ساتھ بڑے شوق سے کھائی جاتی ہے۔

۱۴۔ چگر: حیدرآباد کی خاص ترکاری ہے۔ دراصل چگر املی کی کونپلوں کو کہتے ہیں، دکن کے جنگلات میں یا پھر شہر کے باغات میں املی کے درخت کثرت سے اگتے ہیں، یہ ترش ہوتا ہے، گوشت کے ساتھ یا بمبل مچھلی جھنگوں کے ساتھ یا چگر بیگن یا چگر مرغ بھی پکایا جاتا ہے۔ روٹی یا خشکے دونوں ہی کے ساتھ مزا دیتا ہے۔

۱۵۔ مرغ کا سالن: یہ پرندہ دکن کے پولٹری فارمس میں دستیاب ہوتا ہے، ویسے ہی گاؤں اور شہر کے اکثر گھروں میں زمانہ قدیم میں مرغیاں اور بکریاں ضرور پالی جاتی تھیں۔

مرغ کا سالن، قورمہ، دالچہ، بریانی وغیرہ حیدرآباد میں لوگ بڑے شوق سے کھاتے ہیں، جب کوئی مہمان آئے تو مرغ کے سالن اور بگھارے کھانے سے مہمان کی ضیافت کرنا لازمی بات ہے۔ بڑے ہی شوق سے یہاں کے لوگ مرغ کا سالن کھاتے ہیں۔ اکثر شیر مال یا تندوری روٹی کے ساتھ مرغ کا سالن کھایا جاتا ہے۔

۱۶۔ امباڑے کی بھاجی: حیدرآباد کی ترکاریوں میں پالک، سویا، میتھی، قرنفے، چکے کی بھاجیاں شامل ہیں۔ لیکن امباڑے کی بھاجی خصوصیت رکھتی ہے، غربا کے گھروں میں اکثر اور امراء کے گھروں میں وقتاً فوقتاً پکائی جاتی ہے اور جواری کی روٹی کے ساتھ یا چاول کے ساتھ کھانے کا ذائقہ بڑھاتی ہے، اس کا اچار بھی بنایا جاتا ہے۔ گوشت یا چنے کی دال کے ساتھ بھی پکائی جاتی ہے۔

۱۷۔ کھٹی دال: حیدرآباد کے ہر گھر میں تقریباً روزانہ پکائی جاتی ہے، کڑھی اور دال "بچے والی ہانڈیاں" کہلاتی ہیں۔ دکن کا محاورہ ہے "دال بچے پال" یہ مزیدار اور سستا سالن ہے۔ ارڑھ، مونگ اور چنے کی دال ریاست بھر میں کافی پیدا ہوتی ہے لیکن مسور کی دال حیدرآباد میں پکتی ہے۔ یہ دال گلا کر، اس میں کھٹا، مرچی نمک، ہر امسالہ اور کری پات ڈالتے اور بگھارتے ہیں۔ دال گلاتے وقت اگر نمک ڈال دیا جائے تو دال گلتی نہیں۔ دال کو گھوٹنی سے، جو لکڑی کی بنی ہوتی ہے، گھونٹتے ہیں۔ کھٹا ڈال کر خوب پکا کر ہی بگھارا جاتا ہے کھٹا پکنے کے دوران ہی نمک ڈالا جاتا ہے۔

حیدرآباد میں جو پکوان ہوتے ہیں ان میں مختلف ممالک کے پکوان شامل کر دیئے گئے ہیں، جیسے ترکی، عربی، انگریزی پکوان وغیرہ۔ یہاں صرف مخصوص دکن کھانوں کا ہم نے ذکر کیا ہے۔ دستر خوان کی بدولت مل جل کر کھانے پینے کا رواج ہوا۔ اور مہمانداری کی رسم جاری ہوئی۔ آج کے زمانے

کے حیدرآباد میں مہمانداری اور میزبانی کے رسوم اور کھانوں کا معیار بالکل بدل گیا ہے۔ سماجی ثقافتی میلوں کے زمانے میں دعوتیں محلوں، دیوڑھیوں، گھروں اور باغوں میں ہوتی تھیں لیکن اب بنگلوں اور ہوٹلوں میں پر تکلف ایٹ ہوم اور ڈنر ہوتے ہیں، اس سے ہٹ کر قدیم طرز کے ولیمے، دعوتِ عام اور عیدوں کی دعوتیں بھی ہوتی ہیں لیکن اب انہیں کوئی خاطر میں نہیں لاتا۔ اس دور کی دعوتوں میں بڑی حد تک نمائش یا غرض کار فرما ہوتی ہے۔ شادی کا دستر خوان عموماً سرخ رنگ کا ہوتا ہے۔ نوشاہ کے دستر خوان کو خصوصیت سے سجایا جاتا ہے، پچھلے زمانے میں اس پر زر دوزی کا کام ہوا کرتا تھا۔ کھانے کے لوازمات پر ورق ضرور لگایا جاتا تھا۔ کاج کارن کے کھانوں اور خصوصاً دولہا اور دلہن کے دستر خوانوں، خواتین کے دستر خوان پر بھی کھانے جو لگائے جاتے تھے چاندی کے ورق سے انہیں سنوارا جاتا تھا۔ پان کے بیڑوں اور میوے سے بھرے خوان پر ورق کا استعمال کثرت سے ہوتا تھا۔ اب یہ رواج چند ہی گھروں کی حد تک رہ گیا ہے۔

دولہا کے دستر خوان پر ایک آدھ میٹھے کا اضافہ کر دیا جاتا ہے۔ دولہے کے بیٹھنے کے لیے فرش پر بیچ میں مسند بچھائی جاتی ہے اور چھت پر منڈپ۔ شادی میں اور دعوتوں میں جو دستر خوان بچھائے جاتے ہیں ان پر ایک ہی بیٹھک میں پچاس پچاس سو سو آدمیوں کھانا کھا سکتے ہیں۔ بعد ازاں چوکیوں پر بھی کھانا کھلائے جانے لگا اور بوفے بھی اکثر رکھے جانے لگے ہیں، لیکن مسلمان کھڑے ہو کر اس طرح کھانا پسند نہیں کرتے۔

مختصر یہ ہے کہ دستر خوان تہذیبی زندگی کا اہم جز بن گیا ہے۔ میزبانی اور مہمان نوازی حیدرآباد کا طرہ امتیاز تھی۔ اب بھی امیر اور غریب سب ہی مہمان نوازی کرتے ہیں، اور کمال رکھتے ہیں۔ پکوان بھی حیدرآباد میں ہنر کا درجہ رکھتا ہے۔

☆ ☆ ☆

ماخوذ از کتاب: "حیدرآباد کی مشترکہ تہذیب"، تالیف: اقبال جہاں قدیر (سن اشاعت: فروری ۱۹۸۵)
The traditional dishes of Hyderabad. By: Iqbal jahan Qadeer

دکن کی یادیں، دکن کے پھل

نعیم جاوید

پردیس میں جب جب ہم اپنے من چاہے سالن کھاتے ہیں تو کتنے ہی منظر چٹخارے لیتے ہوئے ہمارے ذوقِ انتخاب سے سرگوشیاں کرنے لگتے ہیں۔ ذوق خوش خوری، پُرخوری، تادیر خوری میں ایک شعر کی صحت کی پرواہ کیے بغیر اعلان کرنا چاہوں گا:

خاموش نہ بیٹھے گا دستر پہ جنوں میرا

یا اپنا گریباں چاک یا دامنِ میزباں چاک

جب جب دکن کے سوندھے سوندھے سالنوں کی مہک یادوں کے وسیع دستر خوان سے اٹھنے لگتی ہے تب کہیں یاد کی روشن سطح پر ہانڈی میں طویل انتظار کے بعد پکنے والا سوندھا سالن اچانک عقیدے کا حصہ بن جاتا تھا۔ تب ہر چیز محترم بلکہ مقدس سمجھی جاتی تھی۔ دراصل ہر علاقے کا پکوان نہ صرف چٹخارے کا موضوع ہے بلکہ متعلقہ خطہ کا تہذیبی نمائندہ بلکہ مقامی جمالیات کا حسین مرقع ہوتا ہے۔ ہمارے علاقوں کا ٹمیالہ سانولا رنگ، مہکتے ہوئے دستر، راستے میں دم بھر کو ستانے کے لیے چبوترے، خوشبوؤں کو حسن فطرت کے تازہ تازہ تحفے جیسے۔۔۔ چمپا، چمبیلی، موگرا، موتیا، گلاب اور مٹی کے صحن کے کسی کونے میں مہکتی رات کی رانی، گرمی کی راتوں میں پوری شفقتوں سے پانی کا چھڑکاؤ اور اس کی روح میں اتر جانے والی سوندھی سوندھی بُو۔ کورے برتن سے پجبر تاہوا پانی جو صرف لب و دہن کی پیاس نہیں بلکہ روح کے ہنگام کو بھی آسودہ کر دیتا تھا۔ کون ظالم ہوگا جس کو وطن کی نرم و نازک مٹی پر بوریا بچھا کر بزرگوں کی بلائیں لیتی ہوئی دعاؤں میں لیٹنے کے بعد بھی کوئی اور آرزو مضطرب کرکے اٹھا دیتی ہو۔ بلکہ ان معصوم منظروں کا

چین پانے کی دھن میں نہ معلوم ہمارے کاندھے ہجر توں کا بار ڈھوتے ڈھوتے کتنا تھک جائیں گے پھر بھی اسے نہ پاسکیں گے۔ سچ پوچھو تو ہم غیر شعوری طور پر برگر اور شاورما کلچر کا حصہ بن چکے ہیں۔ ارے ہم وہ لوگ ہیں جو کھٹا کھا کر تلخئ حیات کو بھلا دیتے تھے۔ کڑی کھا کر کڑی سے کڑی مشکلوں کے آگے سینہ سپر ہو جاتے تھے۔ وہ عالمی سطح پر رسوائے زمانہ بیگن جس کو ہم نے سلیقہ سے بگھار کر اس کے تاج کی عظمت بحال کر دی۔ جس سالن کو ہم دیوانی ہنڈی کہا کرتے تھے بلکہ شرما کر پیٹ بھرے مہمانوں سے چھپا کر کھاتے تھے، اس ڈش کو عالمی صحت کے ادارے نے ملی جلی سبزیوں کی وجہ سے کئی امراض کا طلسماتی علاج ٹھہرایا ہے۔

مجھے اچھی طرح یاد ہے کہ وہ دن جب ہم چند ایک دوست محلہ "اللہ بندہ" (اللہ میاں کا پتھر) کے بالائی حصہ پر بلکہ کسی بالائی بنڈہ پر بیٹھے بقر اطی و افلاطونی بگھار رہے تھے کہ اچانک کسی جھونپڑی سے نکلنے والی دال کے بگھار کی مہک نے ہمیں نظریات کے بلند و بالا بنڈے سے اتار لیا۔ نہ معلوم آج وہ بگھار کی مہک کہاں گئی جب کہ یار لوگوں نے بڑے بڑے موضوعات کو بگھارنے کا فن ایجاد کیا۔ جیسے امن مذاکرات، دہشت گرد قوم اور دہشت گردی کا امکانی خطرہ، نیوکلیئر توانائی کی بندر بانٹ اور انسانی حقوق وغیرہ وغیرہ۔

دکن میں ہم روکھی سوکھی کھا کر رب کی مناجاتیں پڑھا کرتے تھے۔ اب سب کچھ کھاتے ہیں مگر مناجات کی جگہ شکوے نے لے لی ہے۔ اسی احساس کے تحت آیئے ہم اپنی محرومیوں کا شمار کریں۔ ہمارے علاقوں کے مٹی کے مٹکے بلکہ (پیرپے) سے نکلنے والی انبیل اور ہریرہ تو جیسے من و سلویٰ تھا۔ موسموں کے انتظار کے بعد ملنے والے پھل کھاتے تو دعاؤں کے ثمر لگتے تھے۔ بلکہ غزلوں کی شعری فضاؤں سے تراشا ہوا معاشرہ جس میں محبوب سے محبت، محبوب کا انتظار اور۔۔۔ غلبہ پا جانے کی آرزو محبوب اور میوؤں پر مشترک ہوتی ہے۔ وہ ہری ہری آنکھیں دکھاتا ہوا پھل جس کا نام اردو والوں نے اپنے مزاج کے اعتبار سے کسی نور چشمی سلمہا کی طرح "شریفہ" رکھا ہے اور ہندی والوں نے دیو مالائی پسر اؤں کی غذا بنا کر اسے 'سیتا پھل" کہہ کر پاک دامن بنا دیا۔ جسے منہ گول گول کر کے

کھاتے۔ اسی منظر کو جب بابائے اردو مولوی عبد الحق نے دکن میں قیام کے دوران جب اختر حسین رائے پوری کی دلہن محترمہ حمیدہ صاحبہ (بحوالہ کتاب 'میرے ہم سفر') کو دیکھا تو بہو سمان دلہن کو پدرانہ شفقت سے ستانے کے لیے چلا اٹھے اور کہا:

"ہائے!ہائے!!اختر دیکھ تری دلہن کو لقوہ ہو گیا ہے۔ اس کا منہ دیکھ۔ دیکھ، لقوہ ہے۔لقوہ۔"

اس سیتا پھل کو کھاتے ہوئے اس کے شوخ و چنچل بیج کرتب کا مزہ دے جاتے اور چند ایک دانے منہ کے ذریعہ گمنام جزیروں میں جا پہنچتے۔ گنے کی دس ہاتھ لمبی چھڑی جس کو ہم کھاتے کم بلکہ بھنبھوڑتے زیادہ تھے۔ وہ حوصلے آج دانتوں کے امراض کے ہتھے چڑھ گئے۔ آم کھاتے ہوئے ایسا لگتا تھا جیسے حق و باطل کی کشمکش میں گھر چکے ہوں۔ بلکہ دشمن سے جہاد کر رہے ہوں۔ اور دشمن کی گردن مروڑ کر غازی کہلائے جا رہے ہوں۔ خدشہ ہے کہ کسی نے ہمیں آم کی ٹوکری کے ساتھ وہ کچھ کرتے دیکھ لیا ہو جس کی بنیاد پر ہمیں دہشت گرد کہا جا رہا ہے۔

ہائے! وہ ایک پھل جو غلط پیکینگ کی نذر ہو گیا" سنگاڑہ"۔ ایشیا میں افریقہ کا تہذیبی سفیر لگتا ہے۔ وہ 'سنجل' جو چمپئی رنگ لیے تھرکتے پیکر ساجس کا چکنا چکنا سا بدن ہاتھوں سے چھوٹ چھوٹ جاتا تھا۔ جس کی سوندھی تربتر مٹھاس بیک وقت کھانے اور پینے کا شعور دے جاتی۔

ایک دلچسپ چیز تھی "گینگل" نام تھا جس کا جس کی نسیم نہ صرف منہ میں مہک اٹھتیں بلکہ دانتوں کی صفائی کا بھی مفت میں انتظام ہو جاتا۔ مجھے "گینگل" کی پیداوار کی وجہ کبھی سمجھ میں نہیں آئی لیکن میں اسے کھاتا اس لیے تھا کہ اس کا اور میر ارب مشترک تھا۔ اس لیے کھاتے ہوئے اپنے پن کا احساس ہوتا تھا۔ بالکل ہماری طرح مغرب بھرا غیر تربیت یافتہ۔ سنجیدہ اور علمی حلقوں میں لوگ "گینگل" کا نام لیتے گھبراتے ہیں۔ہائے!

اچانک کیا چیز یاد آ گئی "ہری بوٹ" جب جب کھاتے آس پاس کے مقدس بکرے عقیدے کے اختلاف کے باوجود ہم نوالہ ہو جاتے، جیسے بوکڑ ہمارے ساتھ ہو جاتا۔ وہ ایک جانب سے کھاتا اور دوسری جانب سے ہم شوق فرماتے۔ تب ہی ہمیں یہ بات سمجھ میں آ گئی تھی کہ مسلکی اختلافات کو ختم

کرنے کے لیے کم از کم اتنا تو تال میل ضروری ہے جتنا بوٹ کھاتے ہوئے ہم میں اور بوکر میں تھا۔ بوکر کی وسیع المشربی نے ہمیں یہ پٹی پڑھائی کہ بوٹ کھاتے ہوئے غیر موجود کیڑے ڈھونڈنے سے، یعنی ساختیات و پس ساختیات والی تنقیدی بصیرت سے، کھانے کی فطری تخلیقی رفتار رک جاتی ہے۔ جب کہ شاید بوٹ کھانے کی وجہ سے یار لوگوں کو چبا چبا کر بات کرنے کی عادت ہو گئی ہے۔ بلکہ بڑے عہدوں والی چھوٹی شخصیات کی علمی باتیں سن کر ایسا لگتا ہے جیسے بوٹ کھا رہے ہوں۔

ایک اور پھل "بیر" جو خواتین کی داخلی سازش کا شکار ہو گیا۔ نہ جانے کیوں وہ ایک نسوانی پھل ہو کر رہ گیا جیسے "زن مرید شوہر"۔

ایک اور بھوک شکن توپ کے گولے ہوتے تھے، اچھا بھلا نام تھا اس کا "غچپ"۔ غچپ کھاتے اور چپ چاپ ہو اخوری کیا کرتے۔ یار لوگوں نے اس کو پانی پوری کہہ کر اس کے صوتی ہلچل و ہنگام کو چپ کروا دیا۔ ساتھ ہی تجربہ کار چٹورے گواہی دیں گے کہ بیر اور توتاپری کیری کھانے کی آرزو یکساں ہوتی ہے۔ توتاپری کے سجیلے ٹکڑے نمک مرچ کو اپنے بدن پر مل کر جب ہمارے منہ کے اکھاڑے میں اترتے، تب کھٹے کے دباؤ سے بھری محفل میں ایک آدھ آنکھ بھی بند ہو جاتی تھی جس پر بعض لوگ ہماری اخلاقی صحت پر شک کرتے تھے۔

بچپن کی بادشاہت میں جتنا "آنسو ٹیکس" ہمیں ملتا ہم اس کو کھوپرے کی مٹھائی، ادرک کا مربہ، ابلے ہوئے رتالو وغیرہ پر خرچ کرتے۔ کبھی کبھی گولی والا اسسکیاں مار تا ہو اسوڈا جس کی آواز پر ہم خوشی سے چیخ پڑتے، کچی عمر میں سوڈا پیا نہیں جاتا تھا لیکن سوڈے والے کی تیز آنکھوں سے لرز کر گھونٹ گلے سے اترنے لگتے، غالباً زندگی کے کڑوے گھونٹ پینے کا چسکا اسی عمر میں لگتا ہو گا۔

ایک اور پھل جو باہر سے چٹان کی طرح سخت اور اندر مخمل کا خزانہ تھا۔ ہاں! اسے کویت کہتے تھے۔ بڑا مومنانہ بلکہ صوفیانہ مزاج تھا اس کا۔ اردو کے عظیم شاعروں کے دواوین پڑھ کریوں لگتا ہے انہوں نے کویت کھا کر ہی شاعری کی ہے۔ اس کے علاوہ تل کے لڈو جب کھاتے تو دکنی ڈھولک کی تھاپ اور دلپذیر گیتوں کی دھمک دانتوں سے سنائی دیتی تھی۔ اس زمانے میں کھلونوں سے کھیلنے کا نہیں بلکہ کھلونوں کو کھا جانے کا تصور تھا۔ جس کا ثبوت وہ ہاتھ گھڑی تھی جسے جب تک چاہا دیکھا پھر

گھڑی کے سہارے سے وقت کے لطیف احساس کو اپنے معصوم ذہن میں اتارا، پھر وقت کو مٹھیوں میں بھینچ لینے کی آرزو میں رنگین گھڑی کی مٹھاس کو چوس لیا۔

دکن کی سطح مرتفع پر بارش کا اپنا ایک فطری حسن ہوتا ہے۔ جہاں ہلکی سے پھوار پر نمکین مونگ پھلی کا اہتمام ہوتا۔ پھلی یوں لگتی جیسے آج ہی نہا دھو کر بزم میں پہنچی ہو۔ رمضان میں ابلی ہوئی چنے کی دال کھاتے ہوئے روزوں کی قبولیت کا احساس ہوتا تھا۔ جبکہ آج سارے دستر خوان بحری، بری اور فضائی گھیر اؤسے میوزیم نظر آتے ہیں۔ لیکن روزوں کی قبولیت مشکوک رہتی ہے۔

مشرقی غذاؤں اور مغربی چٹورے پن میں ایک نمایاں فرق معصوم ذہنوں میں جمالیاتی قدروں کا نفوذ ہوتا ہے۔ اسی سچائی کو ہم بچپن میں ہی پا گئے تھے۔ جب جب 'کمر گھٹ' کھاتے اور کمر ہمت باندھنے کا عزم کرتے۔ دلہن پٹی کھاتے تو بچوں کو مٹھائی کا مزہ ملتا اور بڑوں کی نام رعنائی و حرارت سے رال ٹپک جاتی۔

دعائیں دیجیے اس تجارتی شعور کو جس نے اپنی چیزوں کو قدروں سے جوڑ رکھا ہے۔ گلبرگہ کے ماموں کی مٹھائی جب جب کھاتے ، تب تب اپنے ماموں سے اور محبت کرنے لگتے۔ یہاں تک کہ وہ گھر سسرال میں تبدیل ہو جاتا۔ بڈھی کا بال کھاتے، گھروں کی بڑی بوڑھیوں پر جان نچھاور کرتے۔ جب جب طبیعت زیادہ شوخی پر اتر آتی تو کسی مشاق ہاتھوں کا چاکنہ کھایا جاتا، نہ جانے کیوں اس شوخ ڈش کا سماجی رتبہ کم ہے۔ یہ چاکنہ ہمیں بڑا ترپاتا تھا۔ یہ ڈش ہمیں وہاں وہاں ملتی تھی جہاں جا کر آدمی خود چاکنہ ہو جاتا ہے۔

ہائے! ہم سے ہمارا شہر کیا چھوٹا ہمارے بچپن کی بادشاہتیں چھن گئیں لیکن اسے یادوں کے جزیروں میں ہمیشہ آباد رکھیں گے ، جہاں کسی شناختی کارڈ اور اقامہ کی کوئی شرط نہیں۔

☆ ☆ ☆

شائع شدہ: تعمیر نیوز ویب پورٹل۔ ۱۴/ اگست ۲۰۱۸ء

The fruits of Hyderabad Deccan, A memoir. By: Nayeem Javed.

جامعہ عثمانیہ مرحوم

پروفیسر سلیمان اطہر جاوید

جامعہ عثمانیہ کی تاسیس کا تصور کرتے ہی ذہن میں ایک چاندنی سی چٹک جاتی ہے۔ تخیل لالہ کار ہو جاتا ہے، شعور کی بزم میں کیف و کم کا سماں بندھ جاتا ہے، فکر و فن کے دریچوں سے مہک سی آنے لگتی ہے، غرض عالم تمام مطلع انوار ہو جاتا ہے۔ اور جب جامعہ کے "دم واپسیں" کا خیال آتا ہے تو یوں محسوس ہوتا ہے، شش جہت سے خوفناک اور مہیب آوازیں بلند ہو رہی ہیں۔ آگ سی لگ گئی ہے اور ہر سمت شعلے ہی شعلے ہیں، گویا زمیں سے آسماں تک سوختن کا باب ہے۔

جامعہ کی کہانی بس اتنی سی ہے: شفق، جو چند ثانیوں کے لیے اپنی بہار دکھا کر غائب ہو گئی۔ ایک نور کا لہرا کہ جو اب رفت گیا، اور بود، تھا، کی تفسیر بنا ہوا ہے۔ ایک مترنم آواز جو فضا میں بکھری اور کھو گئی۔ ایک حقیقت جس کو افسانہ بنا دیا گیا۔ ایک تعبیر، جو اب خواب کا روپ دھار چکی ہے!

ہر ادارہ کسی نہ کسی مقصد کو رو بہ عمل لانے کے لیے قائم کیا جاتا ہے اور اس کے مقصد معینہ کی تکمیل نہیں ہو پاتی یا وہ اپنے مقصد حقیقی سے منہ موڑ کر اور مقاصد میں الجھ جاتا ہے تو گویا وہ اپنی موت آپ مر جاتا ہے وہ بظاہر کاروبار انجام دیتا ہے لیکن حقیقت بین نگاہوں کے نزدیک وہ بے جان ہوتا ہے، اپنی لاش اپنے کاندھوں پر اٹھائے۔

جامعہ عثمانیہ کا بھی یہی حال ہے۔ آج جامعہ کی سنگین، پرشکوہ اور پر وقار عمارت اپنا مرثیہ آپ پڑھتے ہوئے استادہ ہے۔ وہ محو حیرت ہے، عالم سکتہ میں ایک سوالیہ نشان بنی ہوئی کہ یہ کیا ہو چکا ہے، وہ کیا تھی اور کیا ہو گئی جیسے اس کی روح پرواز ہو چکی ہے، جیسے اس کی ہر رگ سنگ سے لہو ٹپک رہا ہے،

جیسے۔۔۔۔۔۔ جیسے ۔۔۔ جیسے ۔۔

پنجشنبہ ۴؍ رجب المرجب ۱۳۳۵ ہجری (۱۹۱۸ء) کو فرمان خسروی کے ذریعہ جامعہ عثمانیہ کا قیام عمل میں لایا گیا۔ یہ کوئی نادر بات نہیں۔ بے شمار افراد، اداروں اور حکمرانوں نے کئی تعلیمی اداروں، کئی جامعات کو قائم کیا ہے کہ اپنے معاشرہ میں تعلیم کو عام کیا جائے، عوام میں بیداری پیدا کی جائے اور ملکی و قومی ترقیات کے لیے راہیں وا کی جائیں۔ خود ہمارے ملک کی کئی جامعات کی بنا اسی خیال کے پیش نظر ڈالی گئی۔ اگر اسی زاویہ سے جامعہ عثمانیہ کا قیام عمل میں لایا جاتا تو یہ حضرت آصف سابع کا کارنامہ نہ ہوتا اور نہ ہی جامعہ کے حق میں انفرادی بات!

جامعہ محض اس لیے قائم نہیں کی گئی تھی کہ تعلیم کو عام کیا جائے بلکہ اس کا بنیادی مقصد یہ تھا کہ ریاست کی نئی نسل کی صلاحیتوں کو اجاگر اور اس کے شعور کو صیقل کیا جائے۔ تعلیم کی ترویج و اشاعت کسی بھی زبان میں کی جاسکتی ہے۔ لیکن طالب علموں کی صلاحیتوں کو زیادہ سے بروئے کار لانا صرف ان کی مادری زبان میں ممکن ہے۔ آج کرہ ارض پر کون ہے جو اس دعوی کو تسلیم نہیں کرتا؟ ہندوستان میں یہ اپنی نوعیت کا پہلا تجربہ، پہلا اقدام تھا، جراتمندانہ والہانہ بلکہ عاشقانہ کہیے! اس آگ میں عشق بے خطر کو دپڑا تھا اور خرد مند سوچ رہے تھے کہ آیا ایک علاقائی زبان میں جامعاتی سطح پر تعلیم ممکن ہے؟ بیشتر انگشت بدندان تھے کہ اردو جیسی "کم مایہ" زبان اور جامعاتی تعلیم؟

ثبوت حق کے لیے عرصہ درکار نہ ہوا۔ بہت جلد اردو نے ثابت کر دیا کہ وہ ان تمام صلاحیتوں کی حامل ہے جو اعلیٰ تعلیم کے لیے ضروری ہیں۔ دارالترجمہ قائم ہوا اور تدوین اصطلاحات کا کام بھی شروع ہوا وہ مہم جو جمہوری حکومتیں اور زیادہ وسائل رکھنے کے باوجود برسوں میں سر انجام نہیں دے سکتیں، ایک شاہی حکومت نے جلد ہی اور کامیابی کے ساتھ اپنی منزل کو پالیا۔ آرٹس اور کامرس ہی کیا، طب، انجینئرنگ اور جملہ سائنسی علوم کی تعلیم اسی اردو میں دی جانے لگی جو آج اپنوں میں غیر اور اپنے وطن میں اجنبی بنی ہوئی ہے اور جس کی عظمت و رفعت اور شوکت و حشمت سے مجرمانہ انکار کیا جارہا ہے۔ یہ تجربہ کہاں تک کامیاب ہوا اس خصوص میں کچھ کہنے کی ضرورت نہیں ہر اس شخص نے جو تعلیم کے مقصد اور منہاج کو صحیح طور پر سمجھا ہے اس کا کھلے دل سے اعتراف کیا

ہے۔اور آج جب کہ علاقائی اور مادری زبانوں میں تعلیم کی باتیں زور وشور اور جوش و جذبہ سے کی جا رہی ہیں، دوست دشمن سب اردو اور جامعہ عثمانیہ کا حوالہ دیئے بغیر اپنے موقف کو مضبوط نہیں پاتے۔علاقائی اور مادری زبان میں تعلیم پر زور دیتے ہوئے آج بھی یہی دلیل دی جاتی ہے کہ طالب علم، تعلیم سے اسی وقت زیادہ اور بہتر استفادہ کر سکتا ہے جب کہ اس کی مادری زبان میں تعلیم دی جائے۔جب بات یہی ٹھہری تو سوال یہ پیدا ہوتا ہے کہ ایک قومی زبان کو جو ایک بھاری اقلیت (جس کو ملک کی دوسری بڑی اکثریت کہنا زیادہ صحیح ہو گا) کی مادری زبان بھی ہے اور جس کے بولنے والے ملک کی کئی علاقائی زبانوں کے بولنے والوں سے کہیں زیادہ ہیں، ذریعہ تعلیم کی حیثیت سے کیوں ختم کر دیا گیا؟ اردو کو جامعہ عثمانیہ میں اسی منزل سے گزرنا پڑا ہو گا جس منزل سے کہ سقراط کو زہر کا پیالہ پیتے ہوئے اور یسوع مسیح کو صلیب پر دوچار ہونا پڑا ہو گا۔

آج ملک میں آزادی کے (۲۱) سال بعد <u>(نوٹ: یہ مضمون اکتوبر–۱۹۶۸ء کا تحریر کردہ ہے)</u> علاقائی زبانوں میں تعلیم کا رجحان ترقی پاتا جا رہا ہے تو اردو کو جب یہ موقع حاصل تھا اور وہ کامیابی کے ساتھ اپنی ذمہ داریوں سے عہدہ بر آہو رہی تھی اس کا حق کیوں سلب کر دیا گیا؟ آج اردو ذریعہ تعلیم کے اس شاندار اور قابل فخر تجربے کو سراہتے ہوئے کیا اپنے اور کیا غیر کوئی نہیں تھکتے۔اس سلسلے میں اردو کی مثال اس وقت پیش کی جاتی ہے جب مادری اور کسی علاقائی زبان میں تعلیم کی اہمیت جتانی مقصود ہوتی ہے لیکن اس کا جواب دینے کی کسی میں جرأت نہیں کہ جب اردو کا تجربہ کامیابی کے ساتھ جامعہ عثمانیہ میں کیا جا رہا تھا اس کا گلا گھونٹنے کی کیا ضرورت تھی؟ اردو کا اسی کے وطن میں بے وطن کرنے کا کیا موقع تھا؟ یہ اردو ہی کے حق میں ناانصافی نہیں، جمہوریت کے گلے پر بھی چھری تھی۔ لسانی اقلیتوں کے ساتھ مساوی برتاؤ کے بلند بانگ دعوؤں کی تکذیب، عالی اقدار کا قتل، اور وہ سب کچھ جو ایک متمدن اور مہذب سماج کے ماتھے پر کلنک کا ٹیکہ قرار دیا جا سکتا ہے، ایک مکروہ داغ!

بعض حلقوں میں سمجھا جاتا ہے کہ اردو کو دستور کی مسلمہ زبانوں میں شامل کیا گیا، گویا اس کو اس کے حق سے بڑھ کر دے دیا گیا۔ یونین پبلک سروس کمیشن کے امتحانات میں اردو میں جوابات لکھنے کی سہولت دے کر گویا سخاوت کی انتہا کر دی گئی اور پھر ادھر ادھر اردو والوں کے لیے تھوڑا بہت جو ہو

جاتا ہے بس اردو والوں کے لیے اور کیار عایت دی جاسکتی ہے؟

ان سب کی حقیقت اس کے سوائے اور کچھ نہیں کہ صیادنے پر کتر کے طائر اردو کو قفس سے آزاد کر دیا ہے۔ اردو کے لیے کبھی کبھار دی جانے والی رعایت اول تو ملک کے ان گنے چنے علاقوں میں دی جاتی ہیں جہاں اردو والے اپنی آواز بلند کرنے کے قابل ہیں۔ جہاں ان میں ابھی کچھ دم خم باقی ہے۔ لیکن یہ رعایات بھی ہوتی ہیں مبہم اور موقتی! کیوں کہ ان کو کوئی قانونی صورت حاصل نہیں ہوتی۔ شمال کی کئی ریاستوں میں جہاں اردو کے لیے جو بھی کیا جاتا کم ہوتا، آج تک کچھ نہیں کیا گیا ہے اور ادھر جنوب میں ریاست آندھرا پردیش کے زبان کے قانون میں اردو کا تذکرہ ناکمل اور ہزاروں وضاحتوں کا طالب ہے۔

یونین پبلک سرویس کمیشن کے امتحانات میں اور زبانوں کے ساتھ ساتھ اردو میں بھی جوابات لکھنے کی گنجائش فراہم کرکے گویا اپنے طور پر لسانی مساوات کی اونچی مثال قائم کرچکے ہیں لیکن اردو والوں کو اس سے فزوں اور کیا فریب دیا جاسکتا ہے؟ اردو میں جب کہ اعلی تعلیم کے مواقع ہی محدود کر دئے گئے ہیں بلکہ اگر موجودہ پیشرفت جاری رہے تو اردو تعلیم کا میدان اور کوتاہ ہو جائے گا۔ ظاہر ہے اس پیچ و خم میں مستقبل میں یونین پبلک سرویس کمیشن کے امتحانات میں اردو میں جوابات کون تحریر کرے گا اور اگر تحریر کیے بھی جائیں تو تحریر کرنے والوں کی تعداد (انگلیوں پر شمار کی جاسکے گی) اردو تعلیم کے مواقع ایک طرف تو ختم کر دئے جائیں اور دوسری طرف کمیشن کے امتحانات میں سہولتیں؟ اردو والوں سے ایسے مذاق کیے ہی نہ جائیں تو زیادہ مناسب ہے۔

کمیشن میں اردو میں جوابات کی گنجائش پر ارباب بست و کشاد کی ستائش اس وقت کی جاسکتی تھی اور جمہور نوازی، اقلیت دوستی اور مساوات کے دعوے اس وقت قابل قبول ہوتے جب کہ مدارس کالجوں اور جامعات میں اردو تعلیم کے مواقع موجود ہوتے۔ یہاں تو ایک ایک مدرسے اور کالج سے اردو کو دیس نکالا دیا جارہا ہے اور جامعات میں اردو تعلیم محدود کی جارہی ہے۔ ایسی مہربانی اور نامہربانی میں امتیاز ہی کیا؟ جنوں کا نام خرد پڑ گیا، خود کا جنوں، جو چاہے آپ کا حسن کرشمہ ساز کرے۔

اب رہا یہ کہ دستور کی مسلمہ زبانوں میں اردو بھی شامل ہے، ایک عجیب سی بات ہے۔ اردو کی راہ میں

جب کہ نچی سطحوں پر ان گنت دشواریاں پیدا کی جارہی ہیں اور عملاً اس کو اس کا حق نہیں دیا جارہا ہے، دستور کی مسلمہ زبانوں میں اس کا وجود اور عدم کیا معنی؟ سچ پوچھئے تو حکومت کی لسانی پالیسی ایک ایسی جھوٹی قسم ہے جس کو اردو والوں کا ایمان بنانے کی کوشش کی جارہی ہے، ایک زہر ہے جو بنام آب حیات پیش ہے۔

یوں تو ملک کے تمام حصوں میں لیکن حیدرآباد اور جامعہ عثمانیہ میں خصوصیت کے ساتھ اردو سے ایسا سلوک ایک سوالیہ نشان اور ایک لمحہ فکر ہے۔ معمولی سے معمولی اخلاقی نقطہ نظر سے بھی یہ بات روا نہیں رکھی جاسکتی کہ ایک ایسی جامعہ میں جو اردو بنیاد ہے اردو ہی کو حرف غلط کی طرح مٹایا جارہا ہے۔ سیاسی مصالح موقتی ہوتے ہیں۔ آنی وفانی! اخلاقی قدریں، دیرپا، اٹل اور آفاقی ہیں۔ تاریخ شاہد ہے کہ کل کے سیاستداں، آج اور آج کے سیاستداں کل مجرم قرار دئے گئے ہیں لیکن اخلاقی قدریں، خواہ کل کی ہوں یا آج کی ہر دور میں محترم رہی ہیں۔ ہر معاشرہ میں اور ہر وقت ان کو سینے سے لگایا گیا ہے۔ سر آنکھوں پر رکھا گیا ہے۔ اگر ہم تاریخ کے ان صفحات کو نظر انداز کردیں تو مستقبل ہم سے کیا سلوک کرے گا۔ کس طرح پیش آئے گا اس کا قیاس کیا جاسکتا ہے۔

کرنا چاہیے کوئی عجب نہیں، بہت جلد ریاست کی دیگر جامعات کی طرح جامعہ عثمانیہ میں بھی تلگو ذریعہ تعلیم قرار دیا جائے۔ تلنگی ریاست کی سرکاری زبان ہے، اس کو اس کا حق دیا جانا چاہیے لیکن آیا یہ ایک تہذیبی اور لسانی سانحہ نہ ہوگا کہ جامعہ عثمانیہ میں تلنگی ذریعہ تعلیم کے بعد اردو کے مواقع محدود تر ہو جائیں گے۔ لسانی جمہور نوازی اور انصاف تو اس امر کے متقاضی تھے کہ ریاست کی تین جامعات میں سے ایک کو اردو قرار دیا جائے لیکن اردو والوں کی اس سادہ لوحی کے کیا کہنے کہ ان کو ان سے وفا کی امید ہے جو نہیں جانتے وفا کیا ہے۔

اردو جامعہ کے امکانات تو کجا، پہلے تو ارباب یونیورسٹی کی جانب سے ایسے تیقنات دیئے گئے تھے کہ زنانہ کالج کے علاوہ ایک اور یونیورسٹی کالج میں اردو ذریعہ تعلیم کی جماعتیں ہوں گی لیکن اب ایسے تیقنات بھی اپنی موت آپ مر چکے ہیں اور غالباً ارباب حل و عقد یہ موقف اختیار کر چکے ہیں یا

کرنے والے ہیں کہ یونیورسٹی کے کالجوں میں اردو ذریعہ تعلیم کی جماعتوں کا سوال خارج از بحث ہے۔ ہاں اردو والے مساعی کریں تو اصول و ضوابط کی روشنی میں تعاون کیا جائے گا۔ کیا عصر حاضر میں اس سے بڑا السانی المیہ ممکن ہے؟ آج گولڈن جوبلی کی بات حاشیہ خیال میں بھی نہ آتی اگر اردو ذریعہ تعلیم کے مقصدِ وحید کو ملحوظ رکھتے ہوئے جامعہ عثمانیہ کا قیام عمل میں لایا نہ جاتا۔ لیکن آج اردو سے وہ سلوک کیا جا رہا ہے کہ جس قدر ماتم کیا جائے کم ہے۔

اس پس منظر میں ہر اردو دوست اس استفسار کا حق محفوظ رکھتا ہے کہ: آج کس جامعہ کی طلائی جوبلی منائی جا رہی ہے؟

اگر یہ جوبلی تقاریب، اس جامعہ کی ہیں جس کے نام میں لفظ "عثمانیہ" شامل ہے، جس کے مونوگرام میں اور سب ختم کر کے بادل ناخواستہ صرف "ع" رکھا گیا ہے اور باب الداخلہ میں سامنے شکستہ حال مونوگرام موجود ہے، جس کے سینٹ ہال میں آج بھی حضور نظام اور سر اکبر حیدری کی تصاویر موجود ہیں، جس کی پر شکوہ عمارت آج بھی مضبوط و مستحکم ہے تو کچھ کہنے کی ضرورت نہیں۔ لیکن اگر آج اردو بنیاد جامعہ عثمانیہ کی طلائی جوبلی تقاریب منائی جا رہی ہیں جس کی تاسیس ۱۹۱۸ء میں عمل میں آئی تھی تو یہ گولڈن جوبلی منانے والوں کی غلط فہمی ہے۔ وہ اردو بنیاد جامعہ تو کبھی کے سیاسی انقلاب کے نتیجے میں پیدا ہونے والی لسانی جارحانہ عصبیت کی شکار ہو چکی ہے، اس کا کبھی کا قتل کیا جا چکا ہے۔ وہ مرحوم ہو چکی ہے۔
اناللہ و انا الیہ راجعون

☆ ☆ ☆

ماخوذ از کتاب: چہرہ چہرہ داستان۔ مصنف: سلیمان اطہر جاوید (اشاعت: جون ۱۹۷۷)

The late Jamia Osmania of erstwhile Hyderabad State.
By: Suleman Ather Javed.

محل فلک نما: دورِ آصفیہ کی تاریخی اہمیت کی حامل عمارت

نصیرالدین ہاشمی

دورِ آصفیہ کی یہ عمارت تاریخی اہمیت رکھتی ہے۔ سلطان محمد قلی قطب شاہ نے محل "کوہِ طور" کے نام سے ایک تین منزلہ عمارت اس مقام پر تعمیر کی تھی جہاں اب "فلک نما" ہے۔ محل کوہ طور کی وسعت بہت بڑی تھی کہ وہ "جہاں نما" تک پھیلا ہوا تھا۔ جہاں نما کے مقام پر قطب شاہی فوج کے کوارٹر تھے۔ محل کوہِ طور کا تذکرہ تاریخ "حدیقۃ السلاطین" اور "تاریخ ظفر" میں موجود ہے۔ ان دونوں کی صراحت کا خلاصہ درج ذیل ہے۔

کوہِ طور بڑی پرفضا جگہ تھی، دور تک سبزہ ہی سبزہ تھا۔ اس مقام کی سرسبزی اور شادابی کو پسند کر کے سلطان محمد قلی نے تین منزلہ ایوان تیار کیا۔ اس کے وسیع کمرے اور شہ نشین تھے۔ ایوان کے سامنے اونچی اونچی کمانیں بنا کر سامنے کے صحن کو پتھر اور چونے سے بنایا گیا تھا۔ اس کے نیچے ڈیڑھ سو فیٹ لانبا اور نوے فیٹ چوڑا ایک حوض تعمیر ہوا تھا۔ اس محل کے اطراف تمام ایوانوں اور شہ نشینوں میں ہر جگہ حوض اور فوارے تھے۔ نیچے سے پانی اس طرح پہنچایا گیا تھا کہ تمام فوارے ابر کی طرح فضا میں پانی برساتے تھے۔ پہاڑ کے دامن میں دور تک برجوں کی طرح عمارتیں بنائی گئیں تا کہ دوسری شاہی ضرورتوں کے کام آئیں۔ محل کوہِ طور کے شہ نشین کی لمبائی تیس گز اور چوڑائی بیس گز تھی۔

سلطان محمد قلی کی کلیات میں ایک نظم بھی اس محل کے متعلق موجود ہے۔ نظم کا خلاصہ محبی ڈاکٹر زور صاحب کے الفاظ میں یہاں پیش ہے:

"چونکہ کوہِ طور پر ہمیشہ خدائے تعالیٰ کی تجلی نظر آتی ہے اس لیے خلق خدا اس کو دیکھنے آتی ہے اور اس کی روشنی سرمہ بن کر لوگوں کی آنکھوں کو روشن کرتی ہے۔ اس طور کا منظر ہشت بہشت کے

ماند ہے۔ آسمان کی روشنی اس کے نور تلے چھپ جاتی ہے۔

اس محل کو دیکھ کر سب لوگ اپنی بھوک پیاس بھول جاتے ہیں۔ ایسا معلوم ہوتا ہے کہ اس پر شاہِ مرداں کی تجلی جھلک رہی ہے۔ اس کے بارہ برجوں پر بارہ اماموں کی نظر عنایت ہے، اسی وجہ سے اس محل پر ایمان کی روشنی چمکتی رہتی ہے۔ اس محل کا ہر ایک کنگورا اتنا بلند ہے کہ اس پر چڑھنے سے اسی طرح تمام عالم نظر آتا ہے جس طرح جامِ جہاں نما سے نظر آتا تھا۔ اس کے ہر مینارے پر شاہِ کنعاں کا حسن جھلکتا رہتا ہے۔ اس محل کے ہر شہ نشین اور ہر برج پر بادشاہ کے حکم سے ہر روز مہ جبینوں کی مجلس آرائیوں کی وجہ سے روشنی چمکتی رہتی ہے۔

اے قطب شاہ، نبیؐ کے صدقے میں تو اس محل میں آرام و اطمینان سے زندگی بسر کر کیونکہ اس میں شیر یزداں کی تجلی بھی جھلکتی رہتی ہے۔"

قطب شاہی سلطنت کے خاتمہ پر دوسری عمارتوں کی طرح محل کوہِ طور بھی منہدم ہو گیا تھا۔ کچھ کھنڈر باقی تھے۔ نواب اقبال الدولہ نے جو پائیگاہی امیر تھے اور فنون لطیفہ کا خاص ذوق رکھتے تھے، محل کوہِ طور کی پہاڑی کو پسند کر کے ایک عالی شان عمارت کی تعمیر کا ارادہ کیا اور ۱۳۰۱ھ (۱۸۸۴ء) میں سنگِ بنیاد رکھا گیا۔ آٹھ سال کے عرصے میں اس کی تعمیر مکمل ہوئی یعنی ۱۸۹۲ء میں محل پوری طرح تیار ہو کر آراستہ ہو گیا۔ چالیس لاکھ روپیہ تعمیر وغیرہ میں صرف ہوئے۔

نواب اقبال الدولہ اپنے مدار المہامی (چیف منسٹری) کے زمانہ میں اکثر یہاں قیام کرتے تھے۔ موصوف کے زمانہ میں اس محل کی زیب و زینت مشہور تھی۔ یورپین مہمان خصوصیت سے اس کی تفریح کرتے تھے۔ مولف کتاب "گلمپس آف دی نظام ڈومینین" (Glimpses of the Nizam's Dominions: Claude Campbell) نے تفصیل کے ساتھ فلک نما کی صراحت کی ہے۔ اس کا ایک مختصر اقتباس قابلِ ملاحظہ ہے۔

محل فلک نما

محل فلک نما کے سامنے ایک خوشنما اور پر فضا باغ انگریزی وضع کا ہے۔ ایک خوبصورت سنگ مرمر کا حوض ہے جس کے اطراف سنگ مرمر کی کرسیاں ہیں اور بیچ میں ایک پایہ ستون ہے جس پر

فرشتوں کے مجسمے ہیں۔ یہ مجسمے اس حوض کو تھامے ہوئے ہیں۔ اسی طرح اس میں تین درجے ہیں۔ اور آخری درجے میں دوسرے تین مجسمے ہیں جن کی پیٹھ سے پیٹھ ملی ہوئی ہے۔ اور ان کے ہاتھوں میں ایک مثلث کٹورا بطور حوض بنا ہوا ہے۔ اس محل کی ہر ایک چیز تفریحِ طبع کا عمدہ ذریعہ ہے اور صناعی کا ایک بے بہا نمونہ ہے۔ فلک نما پر سے بائیں طرف کو ایک ٹیلے کے دامن میں میر عالم کا خوبصورت تالاب نظر آتا ہے اور یہاں سے پورا شہر حیدرآباد دکھائی دیتا ہے۔

گولکنڈہ سے بلارم تک کوئی جگہ نظروں سے چھپی نہیں رہتی۔ ۱۳۱۳ھ (۱۸۹۶ء) تک یہ محل اقبال الدولہ کی ملک رہا۔ سنہ مذکور میں حضور نظام نے اس کو خرید فرمالیا اور صرف خاص کی ملکیت میں شامل ہو گیا۔ اور نواب سر افسر الملک کی نگرانی میں یہ محل سپرد ہوا۔ موصوف کے زمانہ میں اس محل کو دیکھنے کے لیے اجازت نامہ ملا کرتا تھا اور دور دراز سے لوگ اس محل کی سیر کو آتے تھے۔

۱۹۱۱ء میں نواب میر محبوب علی خاں کا انتقال فلک نما میں ہوا تھا۔ ۱۳۲۳ھ کے بعد عام اجازت بند کر دی گئی اور بلند مرتبت مہمانوں کے قیام کے لیے یہ محل مخصوص کر دیا گیا۔ چنانچہ ۱۳۲۳ھ (۱۹۰۶ء) میں جب کنگ جارج پنجم بحیثیت پرنس آف ویلز حیدرآباد آئے تو ان کا قیام اسی محل میں تھا۔ اس کے بعد قیصر جرمنی کے ولی عہد بھی یہیں مقیم رہے اور پھر کنگ جارج کے زمانہ میں ان کے فرزند ایڈورڈ ہشتم بحیثیت پرنس آف ویلز حیدرآباد آئے تو یہیں قیام کیا۔

گورنر جنرلوں میں لارڈ منٹو پہلے گورنر جنرل وائسرائے ہند تھے جنہوں نے ۱۳۲۵ھ (۱۹۰۸ء) میں رفاقت کی تھی۔ لارڈ منٹو کے بعد جس قدر وائسرائے ہند حیدرآباد آتے رہے ان تمام کو اسی جگہ مہمان رکھا جاتا رہا۔ انگریزوں کے گورنر جنرلوں میں صرف لارڈ ماؤنٹ بیٹن حیدرآباد نہیں آئے اور قیام نہیں کیا۔ ان کے بجائے جب حکومت ہند قائم ہوئی تو پہلے گورنر جنرل شری راج گوپال چاری جب حیدرآباد آئے تو یہیں قیام فرمایا اور موصوف کے بعد جب صدر جمہوریہ پہلی مرتبہ حیدرآباد تشریف لائے تو فلک نما میں ہی قیام کیا تھا۔

فلک نما کی عمارت مختلف وجوہ سے خصوصیت رکھتی ہے۔ اول تو اس محل کا محلِ وقوع ہے جیسا کہ پہلے بھی وضاحت کی جا چکی ہے۔ یہاں سے شہر حیدرآباد کا نظارہ گولکنڈہ سے بلارم تک کیا جا سکتا ہے۔

حیدرآباد کے چاروں طرف میلوں تک کا منظر پیش نظر رہتا ہے۔ دوسری خصوصیت یہ ہے کہ اس باغ کی چمن بندی نہ صرف خوبصورت ہے بلکہ فن باغبانی کے بہترین اصول کو پیش نظر رکھ کر خیابان اور کیاریاں بنائی گئی ہیں۔ تیسری خصوصیت محل کی شاندار، بلند خوبصورت عمارت ہے جو حیدرآباد کی دوسری تمام عمارتوں سے جداگانہ حیثیت رکھتی ہے۔ اس کے شاندار اور وسیع کمرے، طویل و عریض شہ نشین، خوبصورت برج، غرض تعمیر کے لحاظ سے بھی فلک نما کو خصوصیت حاصل ہے۔

چوتھی خصوصیت اس کی خوشنما آراستگی ہے۔ آراستگی میں فرنیچر، شیشہ کے آلات، فوٹو، مصوری اور آرٹ کے نمونے، دیگر نوادر وغیرہ ہیں یعنی بہ الفاظ دیگر میوزیم کہا جا سکتا ہے۔

فلک نما میں قیمتی عمدہ قالین، زرنگار پردے، بیش قیمت فرنیچر، نادر روزگار آرٹ اور مصوری کے اعلیٰ نمونے وغیرہ کا جو ذخیرہ ہے اس کی صراحت کے لیے طویل صفحات کی ضرورت ہے۔ کسی مختصر مضمون میں اس کو سمایا نہیں جاسکتا۔ اس لیے صرف یہ لکھا جاسکتا ہے کہ یہاں کا بیش قیمت اور گراں بہا سامان ایک بہت بڑے میوزیم یا عجائب خانہ کی حیثیت رکھتا ہے اور اپنی نظیر آپ ہے۔

☆ ☆ ☆

ماخوذ از کتاب: شہر حیدرآباد۔ ناشر: ادبی ٹرسٹ (روزنامہ سیاست، حیدرآباد) (سن اشاعت: مئی ۱۹۴۸ء)۔

The Falaknuma Palace, the historic building of Hyderabad's Asif jahi dynasty.
By: Naseeruddin Hashami.

دائرۃ المعارف العثمانیہ: حیدرآباد کا عظیم علمی مرکز

ڈاکٹر شفیع احمد ہاشم ندوی / فیض محمد اصغر

مضمون: ڈاکٹر شفیع احمد ہاشم ندوی

دائرۃ المعارف العثمانیہ جو عام طور سے مستشرقین کے حلقہ میں:

Osmania Oriental Publication Bureau

کے نام سے معروف ہے، شیخ الاسلام مولانا انوار اللہ فضیلت جنگ اور ملا عبد القیوم کی بے پناہ کوششوں سے ۱۸۸۸ء میں قائم ہوا۔ لیکن باقاعدہ ۱۹۶۰ء میں عثمانیہ یونیورسٹی کے کیمپس میں اس اکیڈمی کے لیے مستقل عمارت تعمیر کی گئی جس کا سنگ بنیاد ہمایوں کبیر نے رکھا۔

دائرۃ المعارف نے علم حدیث کے فروغ میں عظیم خدمات پیش کیں، بحث و تحقیق کے میدان میں کارہائے نمایاں انجام دیئے اور نویں صدی ہجری کے اہم مخطوطات کی تحقیق اور تصحیح کا اہم فریضہ انجام دیا اور اس طرح بہت جلد علما و محققین نیز مستشرقین کی توجہ کا مرکز بن گیا، عالم اسلام کی نظریں اس کی طرف اٹھنے لگیں اور حیدرآباد کا علمی و قار اس کی وجہ سے بلند ہو گیا۔

ابتدا میں اکیڈمی کی علمی قدر و منزلت کو دیکھتے ہوئے علم و تحقیق کے جن مردان کارنے ہر اعتبار سے اس میں تعاون کیا ان میں علامہ عبد الحق خیرآبادی، علامہ شبلی نعمانی، سر سید احمد خاں، مفتی محمد سعید، مظفر الدین معلی، و قار الملک اور محسن الملک، اقبال یار جنگ اور فضیل یار جنگ کے نام سر فہرست ہیں۔ دائرۃ المعارف سے وابستہ ہو کر جن معروف و مشہور علما و محققین نے تحقیق و تصحیح کا کام انجام دیا، ان کی فہرست طویل ہے۔ یہاں چند مشہور محققین علماء کے ذکر پر اکتفا کیا جاتا ہے۔

معروف مستشرق فرینسی (سالم) کو نکوالالہاتی نے ابن قتیبہ دینوری کی تالیف "المعانی الکبیر" کی تصحیح اور حاشیہ نویسی، حافظ ابن حجر العسقلانی کی کتاب "الدرر الکامنۃ" اور کتاب "التیجان فی ملوک حمیر" کی تحقیق اور حاشیہ نویسی کا اہم کام انجام دیا اور دائرۃ المعارف سے مذکورہ کتابیں پہلی بار شائع ہوئیں۔

شیخ عبدالرحمن بن یحی معلمی الیمانی کی تحقیق و تعلیق سے حافظ ابن حجر عسقلانی کی "تذکرۃ الحفاظ"، السمعانی کی کتاب الانساب اور امیر ابن ماکولا کی تالیف "الاکمال" کی چھ جلدیں شائع ہوئیں۔ شیخ عبداللہ بن محمد یمانی کی تحقیق حافظ ابن حجر عسقلانی کی تصنیف "ابناء العمر بابناء العمر" اور "نزہۃ الالباب فی الالقاب" پہلی بار دائرۃ المعارف سے شائع ہوئیں۔ اس اکیڈمی کے طفیل میں مسند ابو داؤد طیالسی اور المستدرک علی الصحیحین مع "تعلیق الذہبی" جیسی اہم کتابیں اہل علم و دانش تک پہنچیں۔

مولانا سید ہاشم ندوی (۱۹۰۴–۱۹۷۲) حیدرآباد کے ان بیرونی ارباب کمال میں ہیں جو دائرۃ المعارف سے نہ صرف وابستہ رہے بلکہ اس کے ڈائرکٹر کے منصب پر ایک عرصہ تک فائز رہے۔ مولانا عربی زبان کے ماہر اور محقق عالم تھے، اللہ نے ان کے اندر تحقیق کا فطری ذوق عطا کیا تھا، بے نفسی اور اخلاص کے نمونہ تھے۔ انھوں نے "تذکرۃ النوادر" جیسی کتاب تصنیف فرمائی جو بعد میں مصنفین، محققین، علماء اور مستشرقین کا مرجع بن گئی۔ "کتاب الفلاحۃ" کا اردو ترجمہ کیا، "جوہر النقی" کا حاشیہ بھی مولانا ہاشم کے تحقیقی اور علمی ذوق کا آئینہ دار ہے، اس کے علاوہ انھوں نے متعدد کتابوں کی تصحیح و تعلیق فرمائی۔

ان کے علاوہ جن معروف علماء محققین نے اس علمی اکیڈمی سے وابستگی حاصل کی اور احادیث کی تخریج اور کتب حدیث اور مسانید کی تحقیق میں اپنی گرانقدر خدمات پیش کیں، ان میں شیخ عبدالغنی موصلی، حسن جمال الیل مدنی، سید طہ اور شیخ شرف الدین یالموی کے نام خاص طور سے قابل ذکر ہیں۔

✩ ✩ ✩

ماخوذ از کتاب: ہندوستان اور علم حدیث – تیرہویں اور چودہویں صدی ہجری میں
(سن اشاعت: ۲۰۱۲ء)۔ مرتب: مولانا فیروز اختر ندوی
Dairatul Ma'arif-il-Osmania. By: Dr. Shafi Ahmed Hashim Nadvi

دائرۃ المعارف العثمانیہ حیدرآباد تباہی کے دہانے پر

مضمون: فیض محمد اصغر

ابتدا ہی سے حیدرآباد علم و ادب اور تہذیب و ثقافت کا مرکز رہا ہے، اہل کمال کی قدردانی اور علم پروری شہر کی سرشت میں داخل رہی ہے۔ شہر حیدرآباد میں ایک ادارہ ایسا بھی ہے جو ۱۸۸۸ء میں قائم ہوا تھا اور عماد الملک سید حسین بلگرامی اور مولانا محمد انوراللہ خان فضیلت جنگ بانی جامعہ نظامیہ جیسی شخصیتیں اس کے قائم کرنے والوں میں تھیں اور جسے تحقیق و تدوین کا تاج محل اور علمی کتابوں کی نشرواشاعت کا قطب مینار کہا جاسکتا ہے، علم کی دنیا جسے 'دائرۃ المعارف' کے نام سے جانتی ہے۔اس ادارے نے ایسے نادر مخطوطات کو، جو لعل و گوہر سے زیادہ قیمتی تھے، ایڈٹ کرکے شائع کیا، علم و تحقیق کی دنیا کے یہ آبدار موتی حیدرآباد کے سچے موتیوں سے زیادہ قیمتی ہیں۔ یورپ کے مستشرقین اور عالم اسلام میں مخطوطات کے ماہرین کے نزدیک حیدرآباد کی شناخت نہ چار مینار سے ہے نہ جامعہ عثمانیہ سے ہے نہ کہ گولکنڈہ کے کوہ نور سے ہے کیوں کہ ان اثار کا مثیل و بدیل دوسرے شہروں میں موجود ہے، اس شہر حیدرآباد کی شناخت دنیا کے اہل علم کے نزدیک بس 'دائرۃ المعارف' سے ہے بلکہ بہت سے اہل تحقیق اور اہل نظر ہندوستان کو بھی دائرۃ المعارف کے حوالے سے جانتے ہیں۔ بے شمار عربی مخطوطات جو بہت کم یاب اور نایاب تھے، اس ادارے نے ان کو حاصل کیا اور تحقیق و تدوین کے بعد ان کو شائع کیا اور اس علمی خزانے کو وقف عام کردیا۔ ان کتابوں کا صرف نام بھی لکھا جائے تو اس کے لیے کئی صفحات درکار ہوں گے۔ حدیث و رجال، فقہ و تاریخ، طب و لغت اور تفسیر کے بہت سارے مخطوطات پہلی بار دائرۃ المعارف سے شائع ہوئے اور نہ جانے کیسے کیسے علمی ذخیرے ہیں جو دائرۃ المعارف کے واسطے سے اہل علم کی آنکھوں کا سرمہ بنے اور اس کے ذریعے یہ علمی امانتیں مخطوطات کے دفینوں سے مطبوعات کے سفینوں تک پہنچیں جب کہ اس وقت عربی کتابوں کی طباعت آسان نہ تھی۔ دائرۃ المعارف العثمانیہ نے قرآن سے متعلق متعدد کتابیں شائع کی ہیں۔ دائرے کے عظیم محقق حضرت عبدالرحمن المعلمی جن کی یاد گار تحقیقی خدمات کو پیش نظر رکھتے

ہوئے مملکت سعودی عربیہ نے خانہ کعبہ کے مکتبہ کا نام "مکتبہ عبدالرحمن المعلمی"ہی سے موسوم کیا جو دائرے کے شعبہ تحقیقی کاموں کا اعتراف ہے۔ یہاں مخطوطات پر تحقیقی کام بڑی عرق ریزی اور محنت و جستجو سے انجام دیا جاتا تھا، تمام نسخوں کا مقابلہ اور موازانہ کوئی آسان کام نہیں ہے۔

یہاں کی مطبوعات کے مطالعے سے پتہ چلتا ہے کہ یہ اصول تحقیق و تدوین کے لحاظ سے نہایت ذمے داری کے ساتھ مدون کی گئی ہیں اور تمام نسخوں کے حصول اور مقابلے و موازنے میں بہت زیادہ احتیاط برتی گئی ہے۔ خلاصہ یہ ہے کہ دائرۃ المعارف العثمانیہ شہر حیدرآباد کے گلے کا زیور اور اس کے سر کا تاج ہے۔ دائرۃ المعارف حسب ضرورت دنیا کے مختلف اہم اور علمی کتب خانوں سے علمی، ادبی اور اہم مخطوطات کو حاصل کرتا ہے، مخطوطات کے انتخاب کی صورت یہ ہوتی ہے کہ دائرۃ المعارف کے شعبہ تصحیح سے تعلق رکھنے والے علماء فضلاء دنیا کے مشہور و معروف مکتوبات کی فہرست مخطوظات خورد بینی سے ملاحظہ کرتے ہیں۔ ان فہرستوں میں قابل ذکر فہرست دارالکتب المصریہ، فہرست مخطوطات رامپور، فہرست مخطوطات سالار جنگ، فہرست مخطوطات آصفیہ، فہرست مخطوطات بروکلمان، فہرست دارالکتب الظاہریہ، فہرست المکتبۃ الازہریہ، فہرست الخزانۃ التیموریہ، فہرست مخطوطات الموصل ہیں۔ ایسے ہی امہات الکتب اور مصادر علمیہ جیسے فہرست ابن ندیم، حاجی خلیفہ کی کشف الظنون وغیرہ دیکھ کر مخطوطات کی ایک فہرست بنا لیتے ہیں پھر انٹرنیٹ کے ذریعے مقدور بھر کوشش کرکے اس بات کا پتہ لگاتے ہیں کہ آیا یہ مخطوطات ہند یا بیرون ہند کہیں سے شائع ہوئے ہیں یا نہیں۔ جن مخطوطات پر کامل یقین ہو جاتا ہے کہ یہ کہیں سے شائع نہیں ہوئے ہیں ان کی فہرست تیار کرکے صدر مصحح کو سونپ دی جاتی ہے اور صدر مصحح دائرۃ المعارف کی علمی نگرانی کرنے والی کمیٹی کو یہ فہرست پیش کرتا ہے۔ اس کمیٹی میں بحث و مباحثہ کے بعد جن مخطوطات کو منتخب کیا جاتا ہے انہی پر کام کیا جاتا ہے۔ عام طور پر یہ پانچ سالہ پروگرام ہوتا ہے، مخطوطہ کام کی نوعیت یہ ہوتی ہے کہ جس مخطوطہ پر کام کرنا مقصود ہوتا ہے ان سب نسخوں کو یا اکثر نسخوں کو مختلف لائبریریوں سے خط و کتابت کے ذریعے یا ذاتی تعلقات کی بنیاد پر حاصل کرلیا جاتا ہے۔ کبھی ذاتی روابط پر بات بن جاتی ہے تو کبھی قیمت ادا کرنی پڑتی ہے۔ مخطوطے کے نسخوں کو جمع کرنے کے بعد

ان میں سے بہترین اور کامل نسخے کو اصل مان کر دوسرے نسخوں سے مقابلہ کرتے ہیں، لفظاً لفظاً اور حرفاً حرفاً پوری توجہ کے ساتھ پڑھتے ہیں، فروق اور اختلافات کو نوٹ کرنے کے بعد ماہر مصحح کی نگرانی میں اس کی تصحیح و تحقیق ہوتی ہے۔ تصحیح شدہ حصہ چیف ایڈیٹر کی نظر سے گزرتا ہے، تصحیح و تحقیق کے مراحل مکمل ہونے پر اس کو طباعت کے لیے بھیج دیا جاتا ہے۔

لیکن حیدرآباد کے لیے جو ادارہ اس قدر باعث عزت و افتخار ہے اور جس میں کام کرنے والے تحقیق و تدفین کے میدان کے شہ سوار ہوتے ہیں وہ اب ناقدری اور کسمپرسی کا شمار ہیں۔ ۱۲۵ سالہ قدیم اقلیتی علمی و تحقیقی مرکز دائرۃ المعارف کو تاریکی کے گڑھے میں دھکیلنے کی کوشش کی جارہی ہے۔ اگرچہ مرکزی اور ریاستی حکومت نے اس ادارے کی علمی خدمات کو تسلیم کرتے ہوئے پوری دنیا میں اس کو متعارف کروانے کے لیے خطیر رقم منظور کی لیکن پھر بھی دائرۃ المعارف کے اندرونی حالات بگڑتے ہی جارہے ہیں۔

دائرۃ المعارف میں تحقیق و تدوین کا کام کرنے والے جو چند اشخاص باقی رہ گئے ہیں ان کو یہاں کی اصطلاح میں مصححین کہا جاتا ہے، تصحیح کا یہ کام وہی لوگ انجام دے سکتے ہیں جو عربی زبان کے ساتھ اسلامی علوم کے ماہر ہوں۔ یہ اصلاً تحقیق و تدوین کا کام ہے، یہ ایسا فن ہے جس میں ادبی، علمی و تحقیقی اجزاء شامل ہیں۔ جس میں املا کو درست کرنا، رموز واو قاف کو ٹھیک کرنا، نئی کتابیں ہوں تو پیراگراف کو گھٹانا بڑھانا، زبان و بیان کو بہتر بنانا، تکرار کو دور کرنا، وغیرہ، سارے کام شامل ہیں۔ یورپ اور امریکہ کے اشاعتی ادارے کتابوں اور رسائل کے لیے تدوین کے ماہرین کی خدمات حاصل کرتے ہیں۔ قدیم کتابوں اور مخطوطات کی تدوین کے لیے تو اس سے بھی بہتر صلاحیتوں کی ضرورت ہوتی ہے، قدیم مطبوعہ کتابوں کے مختلف ایڈیشنوں اور مخطوطات کے دوسرے تمام نسخوں کو منگوانا اور ان کو سامنے رکھنا پڑتا ہے۔ متن کی وضاحت کے لیے حواشی دیے جاتے ہیں، نسخوں کے اختلاف کا تذکرہ کیا جاتا ہے، متن کو مختلف نسخوں سے مقابلہ کرکے مستند بنانا پڑتا ہے۔ مقدمہ میں مخطوطے کی اہمیت و افادیت اجاگر کی جاتی ہے۔ کتابت کی غلطیوں کی نشان دہی کی جاتی ہے، مخطوطے میں اگر قرآن کریم کی آیتیں یا احادیث یا اشعار یا اقوال موجود ہوں تو اس کے لیے مصادر و

مراجع کی طرف رجوع ہونا پڑتا ہے، تعینِ زمانہ کے لیے تاریخی وسیر کی کتابوں کو کھنگالا جاتا ہے۔

اس سے اندازہ کیا جاسکتا ہے کہ تصحیح مخطوطات یعنی تحقیق و تدرین کا کام کتنا عظیم، کتنا نازک اور کتنا دشوار گزار ہے۔ عربی مخطوطات کے لیے خاص طور پر اعلیٰ علمی لیاقت، عربی زبان اور قواعد سے واقفیت اور جدید دور کے علمی و تحقیقی طریقوں کا علم بھی ضروری ہے۔ مخطوطات کی تحقیق کا کام محنت اور دیدہ ریزی کا طالب ہے، یہ چیونٹیوں کی طرح شکر کے دانے جمع کرنا ہے۔

حیدرآباد کا دائرۃ المعارف ایک ایسا ادارہ ہے جس پر نہ صرف شہر حیدرآباد کو بلکہ پورے ملک کو ناز کرنا چاہیے، لیکن اس ادارے کی بہار اب رخصت ہونا چاہتی ہے اور اس ادارے کے مصححین یعنی علمی و تحقیقی کام کرنے والے مشکل حالات اور ناخوشگوار ماحول میں اور غیر یقینی مستقبل کے ساتھ کام کر رہے ہیں۔ مستقل ملازمت نہیں ہے، بڑی تعداد میں عارضی ملازمت پر لوگ لگے ہوئے ہیں، موجودہ حکومت تلنگانہ کے نائب وزیر اعلیٰ محمود علی نے ایک مستحسن اقدام اٹھاتے ہوئے اس ادارے کی ساکھ کو بحال کرنے کی کوشش کی جس میں سید عمر جلیل مینارٹی سکریٹری کی خصوصی دلچسپی کی وجہ سے یہاں کے مصححین کو اسسٹنٹ پروفیسر اسوسی ایٹ، پروفیسر اور پروفیسر کے مستحقہ مقام کو بحال کیا۔

تلنگانہ کے وزیر اعلیٰ کے سی آر سے امید ہے کہ وہ اپنی خصوصی توجہ مرکوز کرتے ہوئے عاجلانہ اقدامات کے ذریعہ احکامات جاری کریں گے اور اس کے پلان بجٹ کو نان پلان بجٹ میں تبدیل کروائیں گے۔ یہاں یہ بات قابل ذکر ہے کہ اس عالمی شہرت یافتہ ادارے کے قیام کے ایک سو پچیس سال گزرنے کے باوجود کبھی بھی اس علمی و تحقیقی ادارے کی سلور جوبلی، گولڈن جوبلی، پلاٹنیم جوبلی یا صدی تقاریب منائی نہیں گئیں۔ ہونا تو یہ چاہیے تھا کہ عثمانیہ یونیورسٹی کے صد سالہ جشن سے قبل دائرۃ المعارف العثمانیہ کا بھی ایک سو پچیس سالہ جشن منایا جاتا اور اس ادارے سے وابستہ علمائے ذیشان کی خدمات کا اعتراف بھی کیا جاتا۔

تلنگانہ حکومت اقلیتوں کی فلاح و بہبود کے لیے جہاں کوشاں ہے وہیں دائرۃ المعارف العثمانیہ کے

لیے ایک تاریخی جشن کا انعقاد بھی عمل میں لائے تا کہ اقلیتوں کے اس عظیم الشان ادارے کا حق

بھی ادا ہو۔ جب کہ دائرۃ المعارف العثمانیہ ایک ایسا عظیم علمی و تحقیقی ادارہ ہے جو نامساعد حالات میں

بھی علم و فن کا چراغ روشن کیے ہوئے ہے۔

☆ ☆ ☆

شائع شدہ: تعمیر نیوز ویب پورٹل۔ ۷؍ اپریل ۲۰۱۷ء

Dairatul Ma'arif-il-Osmania Hyderabad, at the brink of destruction.
By: Faiz Mohd Asghar

چار مینار: شہر حیدرآباد دکن کی ابدی و تاریخی پہچان

نریندر لوتھر

محمد قلی قطب شاہ (۱۵۶۵–۱۶۱۱ء)

کو تعمیرات کا بے حد شوق تھا۔ عظیم الشان اور پر شکوہ عمارتیں بنانے کی لگن میں وہ مغل بادشاہ شاہ جہاں کا پیش رو تھا۔ اس کی بنائی ہوئی عمارتوں میں ایک شاندار یادگار چار مینار اور کچھ دیگر عمارتیں باقی ہیں۔ اس کا بسایا ہوا شہر بھی موجود ہے جو اپنے قیام کی چوتھی صدی منا چکا ہے، جس کا روپ اس کے بنیادی خد و خال سے بہت بدل چکا ہے۔

گولکنڈہ کا قلعہ محمد قلی کے والد ابراہیم قطب شاہ کے زمانے میں ہی کثیر آبادی والا قلعہ بن گیا تھا۔ آبادی کی کثرت نے قلعہ کی فضا اور ماحول کو آلودہ کر دیا تھا، اسی وجہ سے اس زمانے میں قلعہ کے اندر آبادی کو کم کرنے کے خیال سے تھوڑی بہت توسیع کا کام بھی ہوا تھا۔ ابراہیم قطب شاہ نے ۱۵۷۸ء میں موسیٰ ندی پر ایک پل بھی تعمیر کیا تھا۔ وہ قلعے کے شمال اور مغرب میں رہائشی توسیع کرنا چاہتا تھا۔ چنانچہ اس نے شہر کے مغربی حصے میں ایک سیر گاہ بنائی تھی جو اب "ابراہیم باغ" سے موسوم ہے۔ توسیع کا یہ منصوبہ کچھ آگے نہیں بڑھ سکا کیونکہ یہ علاقہ پتھریلا تھا اور یہاں پانی کی قلت تھی۔ موسیٰ ندی پر پل بن جانے کی وجہ سے ندی کے دوسری طرف ایک موزوں زمین کا انتخاب ممکن ہو گیا۔ اس زمین سے وابستہ کئی سہولتیں بھی تھیں۔ مثلاً یہ کہ یہ جگہ قلعہ سے قریب تھی، کھلی تھی اور زیادہ ڈھلوان نہیں تھی۔ یہاں پانی کی نکاسی کا انتظام بھی تھا اور "جل پلی" نامی تالاب میں پانی کی وافر مقدار موجود تھی۔ اس کے علاوہ یہ جگہ حیدرآباد سے مچھلی پٹنم جانے والی شاہراہ پر تھی۔ وہاں چچلم نامی ایک گاؤں بھی آباد تھا۔ اسے نئے شہر کا مرکز چنا گیا۔ یہی وہ جگہ تھی جہاں آج "چار مینار" ہے۔

مورخ فرشتہ لکھتا ہے:

ایک ایسے مبارک دن جب چندرما، سنگ راشی میں تھا اور مشتری اپنے گرہ میں، سلطان قلی قطب شاہ نے ایک ایسے شہر کی تعمیر کا حکم دیا جو "ساری دنیا میں بے مثال ہو اور زمین پر جنت کا نمونہ ہو"۔ ایسے شہر کے پلان ۱۵۹۱ء میں تیار ہو گئے۔

شہر کا نقشہ اس طرح بنایا گیا تھا کہ اس پر طائرانہ نظر ڈالنے سے ایسا معلوم ہوتا تھا کہ شہر ایک وسیع و عریض بساط شطرنج کے خانوں میں بٹا ہوا ہے۔ چار مینار شہر کے نقشے میں مرکزی قطعہ تھا اور اس مرکز سے چار شاہراہیں مساوی سمتوں میں نکالی گئیں۔ ان میں سے دو پہلے سے موجود تھیں۔ وہ سڑک جو مشرقی ساحل پر مچھلی پٹنم کو جاتی ہے، ابتدا میں بھی موجود تھی۔ اس سڑک کے دوسری طرف پل سے آٹھ کلومیٹر کے فاصلے پر گولکنڈہ کا قلعہ واقع تھا۔ اس کو کاٹتی ہوئی اور اس پر زاویہ قائمہ بناتی ہوئی ایک اور سڑک بنائی گئی۔ یہ سڑک شمال میں موسی ندی کی طرف جاتی تھی اور جنوب میں کوہ طور محل کی طرف۔ اب یہ محل تو موجود نہیں ہے لیکن عام خیال یہ ہے کہ عین اسی مقام پر بعد میں "فلک نما محل" بنایا گیا تھا، جو اب بھی موجود ہے۔

شہر کے اس نقشے میں شہر کو چار حصوں میں تقسیم کیا گیا۔ شمال مغربی حصہ شاہی محلات اور سرکاری دفاتر کے لیے مخصوص تھا۔ شمال مشرقی حصہ رؤسا کی رہائش کے لیے تھا۔ درمیان کی مرکزی شاہراہ ۱۴ ہزار دکانوں، مسجدوں، سرائے خانوں، غسل خانوں اور مکتبوں کے لیے مخصوص کی گئی تھی۔ شہر کی تعمیر کی ابتدا چار مینار کی تعمیر سے ہوئی تھی۔

ایک خیال یہ ہے کہ اسے ایک تعزیے کی صورت بنایا گیا ہے یعنی یہ حضرت امام حسینؑ کے روضے کی صورت بنا ہوا ہے۔ اس بات سے بہت سے لوگوں نے اختلاف کیا ہے۔ عام رائے یہ ہے کہ یہ محض شہر کا مرکز ہے۔ اسے پلاسٹر اور پتھر سے ایک مربع شکل میں بنایا گیا۔ اس کی چاروں سمتیں آپس میں مساوی ہیں اور ہر سمت ۲۶ء۱۸ میٹر لمبی ہے۔ ہر طرف ایک کمان بنی ہے جو ۳ء۱۱ میٹر چوڑی اور ۹ء۱۴ میٹر اونچی ہے۔ زمین سے ہر مینار کی اونچائی ۸ء۴۸ میٹر اور چھت سے ۴ء۲۴ میٹر ہے۔ ہر مینار کی چار منزلیں ہیں اور ہر مینار میں اوپر تک پہنچنے کے لیے ۱۴۶ سیڑھیاں ہیں۔

اصل عمارت میں تین منزلیں ہیں۔ چھت کی مغربی جانب مسجد ہے۔ اس کی پانچ دوہری کمانیں ہیں اور یہ شیعہ مسلک کے مطابق پنجتن پاک یعنی پیغمبر اسلامؐ، علیؓ، فاطمہؓ، حسنؓ اور حسینؓ کی علامت ہیں۔ ہر نوک دار کمان ایک ہلالی کمان پر محیط ہے جو مغل اثرات کی دین ہے۔

حالانکہ گولکنڈہ ریاست خود مختار تھی لیکن مغل تہذیب کے اثرات تعمیری تصور پر ہی نہیں، لباس، آداب اور کھانے پینے کی عادتوں پر بھی تیزی سے مرتب ہو رہے تھے اور ان دونوں یعنی مغلوں اور قطب شاہوں کے لیے فیضان کا سرچشمہ ملک فارس تھا۔

مینار، عمارت کی خوبصورتی میں اضافہ کا باعث تھے لیکن دیکھنے والے کی نگاہ میں مینار کی بلندی کو کم کرنے کی غرض سے چھت پر میناروں کے درمیان ایک دوہرا اجالی دار سکرین لگایا گیا ہے۔ مسجد کے اندرونی ہال میں ۴۵ نمازیوں کے لیے جگہیں بنی ہیں اور آگے کھلا صحن ہے۔

کہا جاتا ہے کہ چار مینار کی دوسری منزل پر ایک مدرسہ بھی تھا۔ اگر ایسا ہے تو اس مدرسے تک جانا خاصا دشوار رہا ہو گا۔ یہاں پانی جل پلی تالاب سے شہر اور محلات کے لیے لایا جاتا تھا۔ عمارت میں پانی کو جمع کرنے یا اس کی تقسیم کے طریقہ کار کا کوئی ثبوت نہیں ملتا۔ حالانکہ جن منصوبہ کاروں اور تعمیرات کے ماہرین نے ایسی خوبصورت عمارت کا نقشہ بنایا تھا وہ پانی کی فراہمی کا کوئی بہتر نظام بھی سوچ سکتے تھے۔ شاید اس کی وجہ یہ رہی ہو کہ چار مینار محض ایک زیبائشی عمارت تھی اور جمالیاتی اور عملی دونوں زاویوں سے اسکول، مسجد اور ذخیرۂ آب ایک ہی عمارت میں باہم مہیا کرنا بعید از خیال لگتا ہے۔

مشہور فرانسیسی سیاح جین دی تیونو [Jean de Thevenot] نے برآمدوں تک پانی کی فراہمی کا ذکر کیا ہے۔ یہاں مدرسے کی موجودگی کی بھی کئی ذرائع نے تصدیق کی ہے۔ سید علی اصغر بلگرامی کے مطابق چار مینار کی تیاری پر نو (۹) لاکھ روپے خرچ ہوئے تھے۔ اورنگ زیب کے دکھن کی اس ریاست کے فتح کرنے کے بعد بہادر دل خان کو حیدرآباد کا صوبہ دار مقرر کیا گیا تھا۔ اسی زمانے میں بجلی گرنے سے چار مینار کا ایک مینار پاش پاش ہو گیا تھا اور شہر کے ایک مالدار تاجر کی موت واقع ہو گئی تھی جس کا کوئی قانونی وارث نہیں تھا۔ چنانچہ اس کی تمام تر املاک جس کی مالیت ایک لاکھ ۲۵ ہزار روپے تھی، صوبہ دار کے تصرف میں دے دی گئی۔ کہا جاتا ہے کہ صوبہ دار نے اس میں سے ساٹھ

ہزار روپیہ چار مینار کے منہدم مینار کو دوبارہ بنوانے پر صرف کیا اور باقی رقم خیرات کردی۔ ۱۸۲۴ء میں پوری عمارت پر پلاسٹر کرنے پر ایک لاکھ روپے خرچ کیے گئے اور ۱۸۸۶ء میں عمارت کے چاروں طرف لوہے کی سلاخیں کھڑی کی گئیں اور شمال کی جانب صرف ایک دروازہ کھول دیا گیا۔

چار مینار، ہندوستان کی خوبصورت عمارتوں میں شمار ہوتا ہے۔ یہ حیدرآباد شہر کی ایک ایسی ابدی پہچان بن گیا ہے کہ جس کی دید ہر آنے والے کے لیے لازمی ہے۔ اس کی چھت پر کھڑے ہو کر پرانے شہر کا سارا منظر آنکھ میں سمٹ آتا ہے۔ ۵۷ء میں چار مینار اور اس کے آس پاس بنے باغات پر فرانسیسی کمانڈر Bussy اور اس کی فوج کا تصرف تھا۔ ۱۸۸۴ء میں افغان سٹی پولیس کا ایک گارڈ یہاں متعین تھا۔

چار مینار کی تعمیر کے بعد سے یہ جگہ بیکاروں کی آماجگاہ بن گئی تھی۔ چنانچہ شہر میں اکثر افواہیں اور گپیں یہیں سے پھیلتی تھیں اور اسی لیے جب کسی بات پر یقین نہیں ہوتا تھا تو لوگ اسے "چار مینار کی گپ" کہہ کر رد کر دیا کرتے تھے۔ اس کے ارد گرد بے شمار ایرانیوں کے چائے خانے بھی اس خیال کی تائید کرتے ہیں۔

چار مینار کی تعمیر کا مادہ تاریخ "یا حافظ" نکالا گیا تھا۔ اس سے ۱۰۰۰ سن ہجری یا ۱۵۹۲ء سن عیسوی نکلتا ہے۔ یہ چار مینار کی حفاظت کے لیے دعا کا کام بھی کرتا ہے۔

☆ ☆ ☆

سلطان شاعر عاشق معمار: محمد قلی قطب شاہ - بانی حیدرآباد۔ تالیف: نریندر لوتھر (اشاعت: فروری ۱۹۹۸)

Charminar – The eternal and historical identity of the city Hyderabad Deccan. By: Narendra Luther (Urdu Translation: Zubair Rizvi)

سالار جنگ میوزیم : بانی میوزیم کا کمرہ
(انتظامیہ سالار جنگ میوزیم)

سالار جنگ میوزیم کا نام نواب میر یوسف علی خان بہادر المخاطب بہ "سالار جنگ" سے منسوب ہے۔ سالار جنگ نواب صاحب کا خاندانی خطاب تھا، آصف جاہی سلاطین نے "سالار جنگ" کا خطاب نہ صرف میر یوسف علی خان کو دیا تھا بلکہ آپ کے والد محترم نواب میر لائق علی خان اور دادا نواب میر تراب علی خان 'مختار الملک' کو بھی عطا کیا تھا۔ اس طرح نواب میر یوسف علی خان "سالار جنگ سوم" کہلائے۔ یہ تینوں سالار جنگ یکے بعد دیگرے مملکت حیدرآباد کے وزیر اعظم کے عہدے پر فائز ہوئے۔

سالار جنگ کے آبا و اجداد عرب کے شہر مدینہ شریف سے ہندوستان آئے۔ جبکہ ننھیالی رشتہ دار ایران کے شہر 'شوستر' سے تعلق رکھتے تھے۔ آپ کے آبا و اجداد میں سب سے پہلا نام شیخ اویس قرنی کا ملتا ہے۔ جن کا سلسلہ نسب قبیلہ قرن سے تھا۔ اور آپ جنگ صفین میں شہید ہوئے۔ (سالار جنگ میوزیم کی) اس گیلری میں خاندانی شجرہ کے علاوہ شیخ اویس قرنی کی تصویر بھی دیکھی جاسکتی ہے۔ شیخ اویس قرنی کے خاندان سے شیخ اویس سوم ہندوستان تشریف لائے اور بیجاپور کے حکمران علی عادل شاہ کے عہد میں آپ کے فرزند محمد علی وزارت کے عہدہ پر فائز ہوئے۔ آہستہ آہستہ آپ کے اہل خاندان کی مغلیہ حکومت میں رسائی ہوئی۔ وہ آصف جاہ اول کے ساتھ دکن چلے آئے۔ اسی خاندان کے ایک فرد علی زمان خان حیدر یار جنگ منیر الملک جو میر عالم کے بعد دیوان ہوئے، ان کی شادی سید ابو القاسم میر عالم بہادر دیوان مملکت آصفیہ کی صاحبزادیوں سے یکے بعد دیگرے ہوئی۔ محمد علی خان بہادر شجاع الدولہ اور میر عالم علی خان سراج الملک کی پیدائش دوسری صاحبزادی سے

ہوئی۔ سالار جنگ اول میر محمد علی خان کے فرزند تھے۔ ان کی پرورش میر عالم علی خان کے زیر سایہ ہوئی اس طرح سالار جنگ اول میر عالم بہادر کے پر نواسے ہوتے ہیں۔

علی زماں خان، سید ابوالقاسم میر عالم، عالم علی خان اور محمد علی خان کی تصاویر ان کے ہمعصر سلاطین آصفیہ سکندر جاہ، ناصرالدولہ اور فضل الدولہ کے ساتھ "باب الداخلہ" کے پاس ہی لگائی گئی ہیں۔ اس کے آگے سالار جنگ اول کی مسند اور ان کے زمانہ کے نوادرات رکھے گئے ہیں۔ یہ مسند کشیدہ کاری کا ایک عمدہ نمونہ ہے، جس میں سونے اور چاندی کے باریک تاروں کا استعمال کیا گیا ہے۔ اور اوپر ایک چھوٹا سا شامیانہ ہے۔ مسند کے دونوں جانب گاؤ تکیے رکھے ہوئے ہیں۔ چاندی کے ڈنڈوں کے سہارے جو شامیانہ ہے وہ بھی سونے اور چاندی کے تاروں سے سجایا اور سنوارا گیا ہے۔ شہر وینس کے کانچ کے بنے ہوئے شمعدان ان جو دونوں جانب رکھے گئے ہیں، مسند کے شاہانہ طرز کی عکاسی کرتے ہیں۔

شوکیس میں رکھے گئے اس عہد کے چینی ظروف میں وہ نیلے رنگ کا گلدان ہے جو سالار جنگ کے سفر لندن کے وقت ۱۸۷۶ء میں 'منٹن پورسیلین فیکٹری' میں فوری تیار کیا گیا اور بطور تحفہ پیش کیا گیا تھا۔ یہاں ایک بہت ہی قدیم اور یادگاری گلدان بھی دیکھا جاسکتا ہے، جو ان پچاس تحائف میں سے ایک ہے جو ملکہ وکٹوریہ کو کولوپر فیکٹری کی جانب سے ۱۸۹۷ء میں ان کی ڈائمنڈ جوبلی تقاریب کے موقعہ پر لندن میں پیش کیے گئے تھے۔ اس کے علاوہ اور بھی کئی چینی کے منقش ظروف رکھے گئے ہیں جن پر فارسی تحریر ثبت ہے جو چین میں حیدرآبادی نوابوں کی خواہش پر خصوصی طور پر تیار کیے گئے۔

اس عہد کی شان و شوکت ان نایاب تحفوں سے بھی ظاہر ہوتی ہے جو سالار جنگ اول کو ان کے دورہ انگلینڈ کے دوران مختلف مواقع پر دیئے گئے تھے۔ ان میں سے قابل ذکر ایک طلائی ڈبہ ہے جو ۱۸۷۶ء میں انہیں لندن کی مجلس بلدیہ کی جانب سے پیش کیا گیا تھا۔ چاندی کا ایک بڑا طشت جو شہزادہ ویلز۔ ایچ آر ایچ البرٹ ایڈورڈ کی جانب سے انہیں پیش کیا گیا اور چاندی کی ہی ایک سلابچی و آفتابہ جو ایڈن برگ کے ڈیوک نے بطور یادگاری تحفہ پیش کیا تھا، دیکھے جاسکتے ہیں۔

اس کے بعد آپ سالار جنگ دوم کی ایک قدم آدم تصویر اور ان کے عہد کے نوادرات ملاحظہ فرما سکتے ہیں۔ بلوری شیشہ (کٹ گلاس) کے کئی نادر نمونے یہاں ایک شوکیس میں رکھے گئے ہیں۔ جو

اس عہد کی نفاست اور اعلیٰ طرز صناعی کو ظاہر کرتے ہیں ۔ چیکو سلواکیہ کے سرخ اور گہرے نیلے رنگ کے حقے، بلجیم کے کٹورے، انگلستان کی بنی تتلی پرت کی کانچ کی بوتلیں آپ کی توجہ اپنی جانب منعطف کریں گی ۔ اس کے بعد والے شوکیس میں انگلستان کے کارخانوں کے چینی مٹی سے تیار کردہ نایاب چائے دان وغیرہ دیکھے جاسکتے ہیں ۔

میر یوسف علی خاں ۱۸۸۹ء میں پیدا ہوئے، اور ساٹھ سال کی عمر پاکر ۱۹۴۹ء میں اس دار فانی سے کوچ کر گئے ۔ آپ ساری عمر مجرد رہے ۔ آپ کو نادر و نایاب آرٹ نمونوں سے غیر معمولی دلچسپی تھی ۔ اس میوزیم کے گراں قدر ذخیرہ سے اس بات کا ثبوت ملتا ہے کہ انہیں ہر ملک کے فنون لطیفہ سے والہانہ محبت تھی ۔ گو کہ ان میں سے چند اشیاء آپ کے والد اور دادا کی جمع کردہ ہیں ۔ اس خاندان کا جمع کردہ یہ بیش بہا سرمایہ سالار جنگ سوم کے گزر جانے کے بعد ہی میوزیم کی شکل اختیار کر سکا ۔ گیلری کے آخری حصہ میں سالار جنگ سوم کی تصویر، ان کی استعمال شدہ مسند، مستعملہ اشیاء، مخطوطات، کتابیں اور ان کے حاصل کردہ انعامات رکھے گئے ہیں ۔ دو شوکیسوں میں سالار جنگ سوم کی نہایت قیمتی جامہ دار کی شیروانیاں اور ان کے ساتھ مماثلت رکھنے والی ٹوپیاں اور دستار رکھے گئے ہیں ۔ ایک بہت بڑے شوکیس میں مرحوم نواب صاحب کے حاصل کردہ چاندی کے یاد گاری کے تمغے اور تحفے رکھے گئے ہیں ۔ سالار جنگ سوم "فری میسن سوسائٹی" کے ایک فعال رکن تھے ۔ چنانچہ اسی تحریک سے متعلق اشیاء ایک شوکیس میں رکھی گئی ہیں ۔ تصاویر کی ایک بڑی تعداد اس کمرے میں رکھی گئی ہے ۔ جس سے اس زمانہ کے حالات اور تینوں سالار جنگ کی سماجی سرگرمیوں پر روشنی پڑتی ہے ۔ سالار جنگ خاندان کی تصاویر، ان کی استعمال شدہ اشیاء، اور دیگر اشیاء پر مشتمل یہ کمرہ اس لیے تشکیل دیا گیا ہے کہ خانوادۂ سالار جنگ کی یاد ہمارے دلوں میں زندہ رہے اور ہم ان کو بھرپور خراج عقیدت پیش کر سکیں ۔

☆ ☆ ☆

ماخوذ: سالار جنگ میوزیم میں بانی میوزیم کے کمرہ میں موجود پورٹریٹ تصویر

Room of founder of Salarjung Museum. (as mentioned in a portrait)

کورنٹائن دواخانہ حیدرآباد دکن
۔ایک صدی سے زائد خدمات
(روزنامہ اعتماد، حیدرآباد)

کورونا وائرس کے دنیا بھر میں پھیلنے اور اس کے علاج کے سبب لفظ کورنٹائن [Quarantine] بھی زبان زدِ خاص و عام ہو گیا ہے۔ ہر فرد کی زبان سے کورنٹائن کا لفظ سنا جارہا ہے۔ حیدرآباد کے لیے لفظ نیا نہیں ہے۔ اس لیے کہ حیدرآباد میں ایک سو سال قبل ہی اس نام سے ایک دواخانہ قائم کر دیا گیا تھا۔ آصف جاہ سابع نواب میر عثمان علی خان بہادر کے دورِ حکومت میں حیدرآباد میں وبائی امراض کے علاج کے لیے کورنٹائن دواخانہ ۱۹۱۵ء میں قائم کیا گیا تھا۔ اس وقت ایرِ ناگیٹ میں ۲۰؍ اگست ۱۹۱۵ء کو آصف جاہ سابع کی ہدایت پر یہ دواخانہ قائم کیا گیا تھا جو ۱۹۲۳ء میں نلہ کنٹہ (عنبر پیٹ اسمبلی حلقہ) کو منتقل کیا گیا تھا۔ نلہ کنٹہ کو یہ دواخانہ اس لیے منتقل کیا گیا تھا کہ یہ علاقہ شہر کے مضافات میں واقع ہے۔ چونکہ شہر کے مضافات میں مریضوں کو صاف اور شفاف آب و ہوا کی فراہمی ضروری ہے، اس لیے اس وقت آصف جاہی حکومت نے اس دواخانہ کو قائم کیا تھا۔ گذشتہ ایک صدی سے زائد عرصہ سے یہ دواخانہ لاکھوں کروڑوں غریبوں اور متوسط خاندانوں کو علاج کی سہولت بہم پہنچارہا ہے۔ لفظ کورنٹائن جس کا مطلب الگ تھلگ رکھنا یا علیحدہ رکھنا ہے، اسی لفظ کی بنا پر دواخانہ کو قائم کیا گیا تھا۔ حیدرآباد میں اس انگریزی لفظ کے مسلسل استعمال نے مقامی تلگو/اردو علاقائی لب و لہجہ کے زیرِ اثر اسے "کورنٹی" کر ڈالا ہے۔ یوں حیدرآبادیوں کے بیچ گورنمنٹ فیور اسپتال "کورنٹی دواخانہ" کی عرفیت سے مشہور ہے۔

یہ دواخانہ آج بھی وبائی امراض کے بہترین علاج کا مرکز ہے۔ ۱۹۹۷ء میں اس دواخانہ کا نام "سر

"رونالڈ راس انسٹی ٹیوٹ آف ٹراپیکل اینڈ کمیونیکیبل ڈسیسز [Sir Ronald Ross Institute of Tropical & Communicable Diseases] کر دیا گیا۔ اس دواخانہ کو فیور ہاسپٹل کے نام سے بھی جانا جاتا ہے۔

آصف جاہ سابع کی دور اندیشی اور حکمرانی کا اس سے اندازہ لگایا جا سکتا ہے کہ وبائی امراض کے علاج کے لیے انہوں نے اس دور میں مریضوں کو الگ تھلگ رکھنے اور لوگوں میں وباء پھیلنے سے روکنے کے لیے علیحدہ وارڈس پر مشتمل دواخانہ قائم کیا تھا۔ اس دواخانہ میں ہیضہ، اسہال، پیچش، خسرہ، کنٹھ مالا، حلق کی بیماری اور دیگر وبائی امراض کا موثر علاج آج بھی کیا جاتا ہے۔ اس دواخانہ میں آج بھی کتوں کے کاٹنے کا علاج، سوائن فلو، ڈینگو جیسے بخاروں کا بھی موثر علاج کیا جاتا ہے۔ حالیہ عرصہ کے دوران ایبولا وائرس، نیپاہ وائرس، زیکا وائرس جیسے مہلک وائرسوں کی تحقیق و علاج کے لیے بھی اس دواخانہ کو ترقی دی گئی تھی۔

بارہ (۱۲) ایکڑ اراضی پر مشتمل یہ دواخانہ تمام تر سہولتوں کا حامل ہے۔ اس دواخانہ میں نہ صرف غریب اور متوسط بلکہ مالدار لوگ بھی موثر علاج کے لیے رجوع ہوتے ہیں۔

آصف جاہ سابع نے ۳۰ بستروں کے ساتھ اس دواخانہ کو شروع کیا تھا۔ ایک صدی مکمل ہونے تک یہ دواخانہ ۳۳۰ بستروں پر مشتمل ہو گیا تھا۔ اس میں مزید بستروں کا اضافہ کر دیا گیا ہے۔ وائرس کے حامل مریضوں کے خصوصی علاج کے لیے یہاں پر سہولتیں دستیاب ہیں۔ ۲۴ گھنٹے یہاں پر طبی خدمات دستیاب رہتی ہیں۔

☆ ☆ ☆

بحوالہ: روزنامہ اعتماد، حیدرآباد۔ ۲۴؍ مارچ ۲۰۲۰ء۔

Sir Ronald Ross Institute of Tropical & Communicable Diseases.
Govt Fever Hospital, Nallakunta, Hyderabad

آصف سابع میر عثمان علی خان: ہندو مسلم اتحاد کے نقیب

مفتی رفیع الدین حنیف قاسمی

عدم رواداری، فرقہ واریت، نفرت، دنگوں اور فسادوں کے اس دور میں جب کہ ہندو مسلمانوں کے درمیان نفرت کے بیج بو کر مسلمان ہندو اتحاد و یکجہتی کو ملیامیٹ کرنے اور اور ملک کو تباہی کے دہانے پر لے جانے اور ملک کے باشندوں کے بیچ تفریق، پھوٹ اور نفرت کے بیج بو کر سیاست کی گدی پر پہونچنے والوں کے لیے خصوصاً آصف سابع میر عثمان علی خان کی مذہبی رواداری، ہم آہنگی، ہندو مسلم اتحاد و یکتا اور ان کے اس حوالے سے بے تعصبی اور رواداری کی اس دور میں نظیر ملنا مشکل ہے۔ میر عثمان علی خان آصف سابع کی پیدائش کے موقع سے ان کے ہندو مسلم اتحاد کے نقیب کی حیثیت سے کارہائے نمایاں کو اجاگر کرنا یہاں مقصود ہے، تاکہ ہندوستان ہمیشہ جس طرح صدیوں سے اپنی گنگا جمنی تہذیب کا گہوارہ اور مرکز بنا رہا ہے، وہ اسی طرح باقی و بر قرار ہے اور ملک ہند پر اس طرح تعصب اور نفرت انگیزی اور شر انگیزی کی پر چھائیں بھی نہ پڑیں۔

دکنی رواداری:

دکن میں صدیوں سے مسلمان بادشاہوں نے حکمرانی کی ہے، عادل شاہی بادشاہوں کے عدل و انصاف اور برید شاہوں کے حسنِ سلوک سے کسی کو انکار نہیں، بہمنی تاج داروں کی رواداری اس سلطنت کے بادشاہ حسن گنگو ہی بہمنی کے لقب سے ہی ظاہر ہوتی ہے، قطب شاہی عہد حکومت میں نہ صرف آکنّا، مادنّا بادشاہ کے قریب تھے؛ بلکہ ہندو خواتین شہزادوں کے محل کی زینت بنی ہوئی تھی۔ دولت آصفیہ کی رواداری بے مثل رہی ہے، مساوات کا جو بر تاؤ آصف جاہی حکومت نے بر تا اس کی نظیر نہیں ملتی، یہاں ہر کسی کو مذہبی آزادی حاصل تھی۔ مسجد، مندر، گردوارے، کلیسا، آتش کدہ

سبھی کو عزت کی نظر سے دیکھا جاتا تھا، جہاں صدائے ناقوس بلند ہوتی وہیں اذان بھی سنائی دیتی، آتش کدوں میں آگ دہکتی اور گرجاؤں میں گھنٹے بجتے۔

حیدرآباد میں جہاں ایک طرف پائیگاہوں، نوابوں کے خاندان امیرانہ ترک واحتشام کے ساتھ رہتے تھے، تو دوسری طرف چھتریوں، برہمنوں اور کائستوں کے خاندان باسطوت زندگی گذارتے تھے، چھوٹی چھوٹی ریاستوں کے والی بھی آصف جاہی امراء میں داخل تھے، اور جاگیریں اور مناصب حاصل کرتے تھے۔ پارسیوں، عیسائیوں اور سکھوں؛ بلکہ بعض انگریزوں اور فرانسیسیوں کو بھی پشت ہا پشت سے مناصب ملتے رہے ہیں۔

محکمہ امور مذہبی کا بنیادی مقصد ہی مختلف فرقوں اور طبقوں کی مذہبی اور روحانی ترقی کے لیے سہولتیں پہنچانا تھا، ایسے قاعدے مرتب کیے گئے تھے کہ کسی کے مذہبی جذبات نہ بھڑکیں اور مملکت میں ہر طرف صلح و آشتی کا ماحول بنا رہے، آصف جاہ اول نے ملکی معاملات میں بھی ہندوؤں کو مسلمانوں کے ساتھ مساویانہ مواقع دیئے، بے تعصبی اور رواداری کی جو مثال انہوں نے قائم کی اس کا پر تو ۲۰ صدی کے اختتام تک نظر نہیں آتا۔

دور عثمانی میں حیدرآباد میں ۷۲ مساجد، ۱۰ عاشور خانے، ۱۱۲ الاوے، ۷۲ درگاہیں، ۱۳ تکیے، ۲۱ دیول، ۱۲ مٹھ، ۲ گردوارے، ۱۱ کلیسائیں اور ۴۳ آتش کدے تھے۔ (بحوالہ: آصف سابع میر عثمان علی خان اوران کا عہد: ۳۲۲۳۶۳، ادارہ ادبیات اردو)

میر عثمان علی خان – حالات زندگی:

کیم رجب ۱۳۰۲ھ، ۱۵ اپریل ۱۸۸۶ء کو بطن امۃ الزہرا سے پرانی حویلی میں پیدائش ہوئی، ۲۴ سال کی عمر میں میر محبوب علی خان آصف جاہ سادس کے جانشیں اور ملک دکن کے ساتویں فرماں روا ہوئے۔

پرانے مشرقی طریقے پر تعلیم دی گئی، پانچویں برس سے تعلیم کا سلسلہ شروع ہوا، عربی، فارسی، انگریزی اور اردو کی تعلیم گھر ہی پر ہوئی، مولانا انوار اللہ خان فاروقیؒ دینی اور عربی تعلیم کے لیے استاذ مقرر ہوئے، اور آغا حیدر شوستری فارسی تعلیم کے متعین ہوئے، یہ دونوں اپنی علمی قابلیت کے لحاظ

سے یگانہ روز تھے، مسٹر ایجرٹن انگریزی تعلیم پر مامور ہوئے، فنون سپہ گری اور شہ سواری کے لیے سر افسر الملک منتخب ہوئے جو افواج آصفیہ کے کمانڈر تھے۔

میر عثمان علی خان زبان اور قلم دونوں کے دھنی تھے، نثر و نظم دونوں پر یکساں عبور حاصل تھا، عربی، فارسی، اردو اور انگریزی پر قدرت حاصل تھی۔ اردو اور فارسی میں اپنے دیوان شائع کیے، اردو زبان کے اسلوب تحریر اور انداز بیان میں منفرد تھے، شاعری ورثے میں ملی تھی۔

نکاح: ۱۳۲۶ھ یعنی ۱۹۱۰ء میں میر عثمان علی خان کا نکاح نواب جہانگیر جنگ بہادر کی صاحبزادی سے پڑھا گیا جو دلہن پاشاہ کے لقب سے مشہور ہوئیں۔

تخت نشینی: ۴ رمضان ۱۳۲۹ھ یعنی ۱۹۱۱ء میں آپ ۲۴ سال کی عمر میں میر محبوب دکن میر محبوب علی خان کے جانشیں مقرر ہوئے، اور آصف جاہ ہفتم آپ کا لقب ہوا اور جانشینی کا اعلان ہوا، اس طرح آصف جاہ ہفتم کا عہد حکومت ۲۹ اگست ۱۹۱۱ء سے شروع ہوا۔

اخلاق و عادات: آصف سابع میر عثمان علی خان ایک ایسے فقیر منش انسان تھے جو دولت سطوت کے سائے میں بھی فقیرانہ زندگی بسر کرتے تھے، اپنی دولت سے پورے برِاعظم کی ملی تحریکوں اور تعلیمی اداروں کو فیض پہنچایا، ملک اور اہل ملک کی خدمت کی، ٹرسٹ قائم کیے جن سے ان کی رعایا مستفید ہوتی رہی، اور ہو رہی ہے۔ غریبوں کی پرورش، ملک کی خوش حالی اور ایک مہذب تمدن، ملک کی ترقی ان کا مطمح نظر تھا۔ آخری سانس تک انہوں نے عوام کی خدمت کی، غریبوں کے دکھ درد، ہر بیجنوں اور بچھڑے ہوئے طبقوں کی فلاح و بہبودی کی ایسی شان دار مثال چھوڑی جس پر تاریخ دکن ہمیشہ ناز کرے گی۔

میر عثمان علی خان عالم اور علم پرور تھے، اپنی ریاست میں انہوں نے علم و فن کی سرپرستی کی، جس فراخ دلی سے اردو کی خدمت کی، رہتی دنیا تک اردو دنیا اور تاریخ اردو ادب انہیں خراج تحسین ادا کرتی رہے گی۔ آصف سابع مسلمانان ہند اور خصوصاً مسلمانان دکن کی عظمت کے علم بردار اور آصفی سطوت و مرتبت کی آخری یادگار تھے، ان کی وفات سے ہندوستان میں اسلامی ثقافت، تہذیب

وتمدن اور اقدار ہمیشہ کے لیے ختم ہوگئے۔

۱۷ ستمبر ۱۹۴۸ء وہ ستم گر دن تھا جس کا شب گزیدہ سورج نے اپنے جلو میں چھپالیا، کنگ کوٹھی میں اندھیرا چھا گیا، ایک پر عظمت انسان کو عام انسان کی طرح اپنی چار دیواری میں زندگی کے آخری ایام کس مپرسی میں گذارنے پر مجبور ہونا پڑا، وہ کروفر، وہ عظمت و دبدبہ سب ختم ہوگیا، مغل تہذیب کے نقوش مٹ گئے، آصفی پرچم سرنگوں ہوگیا، مسلم اقتدار کی تاریخ کا ایک درخشاں باب ختم ہوگیا۔ میر عثمان علی آصف سابع نے ۲۴ جنوری ۱۹۶۷ء کو وفات پائی اور مسجد جودی میں مدفون ہوئے۔ (بحوالہ: آصف سابع میر عثمان علی خان اوران کا عہد: ۸۰ـ۸۵، ادارہ ادبیات اردو)

دور عثمانی حیدرآباد کی گنگا جمنی تہذیب و قومی یکجہتی کا سنہرا باب:

ان کی فرماں روائی کا ۳۶ سالہ دور تاریخ کا ایک باو قار باب ہے جو ہمیشہ دلوں کو گرماتا رہے گا، اور جو حیدرآباد کی گنگا جمنی تہذیب، قومی یکجہتی دور عثمانی کا ایک قابل قدر باب بھی ہے۔

عثمان علی خان عادل اور منصف مزاج تھے، فریادیوں کی فریاد رسی کرتے، آزادئ ضمیر، آزادئ تقریر، آزادئ پریس اور آزادئ مذہب کی ہر کسی کو اجازت تھی، ہندو رعایا کی دل داری کے لیے انہوں نے گائے کی قربانی کو ممنوع قرار دیا اور مذہبی رواداری کا ثبوت دیا۔

کسی اخبار کے صحافی نے ایک بار ان سے دریافت کیا کہ "کیا حضور کی سلطنت میں ہندو زیادہ ہیں؟" آپ نے ناراضگی کا اظہار کیا اور کہا: "مجھ کو اس مذہبی امتیاز کی گفتگو سے سخت نفرت ہے، میرے لیے رعایا میں نہ کوئی ہندو ہے نہ مسلمان، دونوں میرے بچے ہیں، مجھ کو ان سے الفت ہے اور ان پر فخر ہے، میری دلی تمنا ہے کہ اپنی رعایا کو ترقی کرتے دیکھوں"۔

ان کے عہد حکومت میں کبھی کسی کے قتل کا حکم نامہ نہیں دیا گیا، وہ منصف مزاج تھے، لیکن خدا کی عدالت کو سب سے بڑی عدالت سمجھتے تھے۔

مذہبی رواداری اور بے تعصبی:

آصف سابع کی مذہبی رواداری آج کے زمانے کے لیے عبرت ہے، آصف جاہی سلطنت کی یکجہتی، عوام دوستی اور رواداری یوں بھی حیدرآباد کی امتیازی خصوصیت رہی ہے، لیکن اپنے دور حکومت میں

رواداری کی ایسی مثال قائم کی جس سے تنگ دل ہندو بھی انکار نہیں کرسکتے۔ فرقہ وارانہ ہم آہنگی اور خوش حالی زندگی کے ہر شعبے میں نمایاں تھی، مسلمانوں کے ساتھ ہندو قوم کو بھی اعلیٰ مراتب حاصل ہوئے، جاگیریں اور منصب انہیں حاصل تھے۔ آپ کے دورِ حکومت میں مہاراجہ کشن پرسادوزیرِ اعظم تھے، وینکٹ رامار یدی کوتوال بلدہ، مسٹر تاراپورولامشیر مال حضور نظام تھے، راجہ نرسنگ راج بہادر عالی مہتم سیونک بینک نظامت ٹپہ کی خدمت پر مامور تھے۔ آصف سابع مذہبی تعصب سے بلند تھے اور ساری رعایا پر یکساں شفقت فرماتے تھے، وہ اسلامی اصول کے پابند تھے، لیکن دوسرے مذاہب کا بھی احترام کرتے تھے۔ کسی طبقے کو یہ محسوس نہیں ہونے دیتے کہ وہ ایک دوسرے سے اجنبی ہیں، جہاں انہوں نے مسجدوں، عاشور خانوں، درگاہوں کی امداد کی، وہیں مندروں، گرد واروں، کلیساؤں اور آتش کدوں کی مالی سرپرستی بھی کی، پارسیوں کو نوروز کی، عیسائیوں کو کرسمس کی، سکھوں کو گرونانک کے جنم دن کی اور ہندوؤں کو دیوالی، دسہرہ اور دوسرے تہواروں کی اور مسلمانوں کو عیدوں، میلادوں کی تعطیل ملتی تھی۔ ہر مذہب کے تہوار پر میر عثمان علی خان اپنے کلام کے ذریعے عوام کو مبارک باد بھجواتے تھے۔

وہ ہندو مسلم بھائی چارہ کے علم بردار تھے، انہوں نے غیر مسلم قوموں کو اطمینان دلایا کہ جہاں تک تمہارے معاملات کا تعلق ہے، ہم کو "لامذہب" سمجھو اور یقین رکھو کہ تمہارے ساتھ وہی برتاؤ ہو گا جو ہم مسلمانوں کے ساتھ کریں گے۔ پست اقوام سے کہا: میری نظر میں نہ کوئی قوم بلند وپست ہے، اور نہ کوئی اچھوت ہے، میں سب کو بہ حیثیت بنی نوع انسان ایک طرح سے برابر سمجھتا ہوں۔ ایک بار ہندوؤں کے مذہبی پیشواؤں نے انہیں یقین دلایا تھا کہ ہم حکومت کو یقین دلانا چاہتے ہیں کہ ہم ان لوگوں کے خلاف ہیں جو ریاست میں بد نظمی پھیلانے کے ناپاک ارادے رکھتے ہیں، ہم ہمیشہ اپنے عالی قدر حکمراں کا ساتھ دیں گے۔

آصف سابع نے یہ بھی فرمایا: جس طرح ہمارے دل میں اپنے مذہبی پیشواؤں کی عزت وقدر ہے اسی طرح دوسرے مذاہب کے مذہبی مقتدا ہماری نظروں میں عزت کے مستحق ہیں۔ دولت آصفیہ مختلف مذاہب کی عبادت گاہوں اور ان کے مذہبی رہنماؤں اور رسومات کا برابر احترام کرتی تھی۔

میر عثمان علی خان نے اعلان کیا کہ : اس امر کی ضرورت محسوس کرتا ہوں کہ میرے بعض ذاتی اعمال اور افعال کی وجہ سے عوام میں غلط فہمی نہ پیدا ہو یا بعض ناعاقبت اندیش اور نافہم طبقہ اصل واقعات کو رنگ دے کر دوسری شکل میں پیش نہ کرے، اس لیے اس امر کو واضح کر دینا چاہتا ہوں کہ میر اخاندان، میر امذہب اور ذاتی عقائد جو کچھ ہیں ان کی توضیح کی اس جگہ چنداں ضرورت نہیں، یہ یہ دو عالم پر آشکار اہے؛ مگر بہ حیثیت رئیس ایک دوسرا مذہب بھی رکھتا ہوں جس کو "صلح کل" کے نام سے موسوم کیا جاتا ہے، کیوں کہ میرے زیر سایہ مختلف مذاہب کے لوگ بستے ہیں، اور ان کے معابد کی نگہد اشت میرے آئین سلطنت کا ایک زمانے سے وطیرہ رہا ہے، میر اور میرے بزر گوں کا شعار رہا ہے کہ دنیا کے سب مذاہب کو ایک نظر سے دیکھا جائے، اس مشرب پر مجھے اور میرے بزر گوں کو ناز رہا ہے اور رہے گا۔

اپنی بے مثل رواداری سے انہوں نے ہر قوم و فرقے کی امداد کی تاکہ کوئی فرد ان کی نوازشوں سے محروم نہ رہ جائے۔ انہوں نے سکھ رعایا سے کہا: یہ امتیاز اس ریاست کو حاصل ہے کہ سکھوں کے تمام گر دوارے کے لیے میری حکومت سے معاش مقرر ہے، ان کے مدارس کو میری گورنمنٹ سے امداد ملتی ہے۔ عیسائی رعایا سے فرمایا: عیسائیوں کے جتنے مشن ہیں ان کو بھی ہر ایک مذہب کی طرح تبلیغ کی آزادی حاصل ہے، ان اکثر مدرسوں کو میری گورنمنٹ سے امداد ملتی ہے۔ سلطان دکن کا بہ حیثیت بادشاہ اپنی رعایا کے ساتھ جو تعلق تھا اس سے سبھی واقف تھے، ہر فرد اپنے مذہبی عقیدے میں آزاد تھا، اور حکومت اپنا فرض سمجھتی تھی کہ ان کی مذہبی آزادی میں دخل انداز نہ ہو۔ رعایا کی فلاح و بہبود کے لیے انہوں نے ٹرسٹ قائم کیے، جس کے ذریعے غریبوں، محتاجوں، بے سہاروں کی امداد کی جاتی تھی، طلبہ کو وظیفے دیئے جاتے، بیواؤں کو سہارا دیا جاتا، ساتھ ہی خانوادۂ آصفی کے صاحب زادوں، صاحب زادیوں کو بھی اس سے مستفید ہونے کا موقع ملتا۔ ملک و بیرون ملک مختلف مسلم و غیر مسلم اداروں، اسکول، جامعات کو لاکھوں روپیوں کے وظائف عطا کیے گئے، ملک کی دولت کی رعایا کی فلاح و ترقی کے لیے ہی صرف کی جاتی تھی، ان کی فیاضی کی کوئی حد نہیں تھی۔ برما کے مسلمانوں نے بہادر شاہ ظفر کی یادگار قائم کرنے کا مطالبہ کی تو نظام دکن کا نام عطیات

دینے والوں میں سرفہرست تھا۔ بلا امتیاز مذہب یا قوم کے، انہوں نے بے شمار اداروں کی سرپرستی کی، غیر مسلم مذہبی ادارے جن میں دھرم شالے، گرجا، آتش کدے، گردوارے شامل ہیں، ان کی تعداد ۱۲ ہزار تھی، جن کی امداد سرکار سے مقرر تھی، اس کے برخلاف مسلمان ادارے جن میں مساجد، عاشور خانے، درگاہیں، خانقاہیں تھیں تعداد میں صرف پونے پانچ ہزار تھے، جن کی سرکار سے تنخواہ و آمدنی مقرر تھی۔

عثمان علی خان کے عہد میں ناقوس کی جھنکار کے ساتھ مسجد میں اذان کی صدائیں بلند ہوتی تھیں، گرجا گھر کے گھنٹے گونجتے اور آتش کدوں میں آگ سلگتی رہتی تھی۔ آصف جاہی امراء میں کائستھ، چھتری، برہمن، ریڈی، سنی، شیعہ سبھی شامل تھے جنہیں بڑی بڑی جاگیریں اور مناصب حاصل تھے، کچھ پارسی، انگریزی اور سکھ بھی تھے جو پشت ہاپشت سے منصب حاصل کرتے آرہے تھے۔ ہندو مسلم حیدرآباد میں اس قدر گھل مل کر رہتے تھے کہ ان میں اجنبیت کا احساس ہی نہ ہوتا تھا، خاندانی دوستی، پیڑھی اور پیڑھی چلی آتی تھی، بادشاہ کی طرح ان کے دل بھی تعصب سے پاک تھے، ایک دوسرے کی تقریبوں میں شریک ہوتے، ایک دوسرے کے رسومات کو اپناتے، لباس، بات چیت، رہن سہن سب یکساں ہوتا تھا۔

بادشاہ "واحد قومیت" کا تصور رکھتے تھے، اس لیے مساوات زندگی کے ہر شعبہ، ہر دل، ہر چیز میں داخل تھا، عثمان علی خان کی سالگرہ کی تقریب ہر سال وقت مقررہ پر نماز شکرانہ کے بعد منائی جاتی (مغلیہ دور میں بھی یہ دستور تھا) اور پھر ارکاین سلطنت کو ان کی خدمات کے اعتراف میں خطابات دیئے جاتے تھے۔ اس میں انہوں نے اصلاح کردی، خطابات کی فہرست کم کردی، شاہی خاندان کے لیے "جاہ" کا خطاب مخصوص تھا، جیسے اعظم جاہ، ریاست کے ممتاز عہدہ داروں کو "جنگ"، پائیگاہ والوں کو "دولۃ" اور اس سے کم درجہ رکھنے والوں کو "ملک" جیسے مہدی یار جنگ، لطف الدولۃ اور سلطان الملک، عماد الملک۔ ہندو عہدہ داروں کے لیے راجہ بہادر کا خطاب دیا جاتا تھا، دولت آصفیہ کے رزیڈنٹس کو بھی خطابات ملتے تھے، کرسپٹرک کو حشمت جنگ، موتمن الملک، افتخار الملک کا خطاب دیا گیا تھا، مسٹر رسل کو ثابت جنگ اور مسٹر مٹکاف کو منتظم الدولۃ کے خطاب سے

نوازا تھا، ان کے بعد یہ سلسلہ موقوف کر دیا گیا۔ (بحوالہ: آصف سابع میر عثمان علی خان اور ان کا عہد طیبہ بیگم: ۱۰۱۲۳۶۱۰۷، ادارہ ادبیاتِ اردو)۔

اعلیٰ حضرت کے دورِ حکومت میں سارے مذاہب باہمی پیار اور انسانیت کے رشتے میں منسلک تھے، خود بے تعصب بادشاہ بلالحاظ مذہب و ملت اپنی رعایا کی دیکھ بھال کرتے تھے، مذہبی تقاریب کے موقعوں پر انہیں مبارک باد بھجواتے، اور ان کی خوشیوں میں شریک رہتے، "نوروز" کے موقع پر پارسیوں کے لیے انہوں نے یہ قطعہ قلم بند کیا:

آج دنیا میں جو نوروز ہوا

حق میں ہر ایک کے فیروز ہوا

شام غربت یہی کہتی ہے سنو

نیک ساعات کا یہ روز ہوا

مسلمانوں کے لیے "عید" کے موقع پر انہوں نے مبارک باد بھجوائی:

قدسیوں کی یہ صدا آتی ہے پیہم عثمان

عید کا روز ہے مژدہ مسلمانوں کو

"ہولی" کے رنگین ماحول میں ہندی میں انہوں نے اپنی ہندو رعایا کے لیے کہا:

گلناری میں کو مات ہے پچکاری

گاگر میں کیسا رنگ بھرا ہے

وہ بھی کھرا زنگاری

سابع پیا تورے نین رسیلے

دار لگایا ساکاری

(بحوالہ: آصف سابع میر عثمان علی خان اور ان کا عہد، طیبہ بیگم ۱۳۶ـ۱۳۷، ادارہ ادبیاتِ اردو)

خلاصہ یہ کہ آصف جاہ سابع کی پیدائش کے موقع سے ہندوستان کی اس تصویر کو پیش کرنا مقصود ہے

جو مسلم دور حکمرانی میں ہوا کرتی تھی، مذہبی رواداری، یکجہتی اور بے تعصبی آصف جاہ سابع کی دور حکومت کا خاص وصف تھا۔ وہ ہر فرد کو بہ حیثیت انسان کے اس کا احترام کرتے تھے، امیر غریب، چھوت چھات، بھید بھاؤ اور مذہبی منافرت کے لیے ان کے یہاں کوئی جگہ نہیں تھی، وہ بلا لحاظ مذہب و ملت کے ہر شخص کو اپنی رعایا اور اپنے بچے مانتے تھے۔ فرقہ وارانہ ہم آہنگی اور خوش حالی اس دور کا خاص وصف تھا، مسلمانوں کی طرح ہندوں کو بھی بڑے بڑے مناصب دیئے جاتے، مسلمان مذہبی پیشواؤں کی طرح غیر مسلموں کے مذہبی پیشواؤں کا احترام بھی بجا لایا جاتا۔ بلا لحاظ مذہب ہر مسجد، درگاہ، تکیہ، عاشور خانے، مندر، کلیسا، گرودوارہ ہر ایک خصوصی امداد کی جاتی۔ آصف سابع کا یہ وصف تھا کہ وہ اپنی رعایا کی خوشیوں میں، ان کی شادی بیاہ اور مذہبی تقاریب میں کھلے دل سے شریک ہوتے، مسرت و شادمانی کے ساتھ ماتمی اور غمی میں ان کا غم بانٹتے، میت کے ساتھ چند قدم چلتے۔ انسانی ہمدردی ان کی شخصیت کا نمایاں وصف تھا، اکثر یوں ہوا کرتا کہ میت کی تجہیز و تکفین کے مراسم بھی خود عثمان علی خان نے ادا کیے۔

☆ ☆ ☆

شائع شدہ: تعمیر نیوز ویب پورٹل۔ ۳/ اپریل ۲۰۱۸ء

Asaf Jah VII Mir Osman Ali Khan, the leader of Hindu Muslim unity.
By: Mufti Rafiuddin Haneef Qasmi

شہزادی نیلوفر فرحت بیگم
-خواتین میں حفظانِ صحت کے فروغ کی رہنما
نصیرالدین ہاشمی

شہزادی نیلوفر فرحت بیگم کے شخصی تعارف پر مبنی یہ مختصر و دلچسپ مضمون دکن کے مایہ ناز ادیب نصیر الدین ہاشمی نے آزادیٔ ہند سے قبل سابق ریاست حیدرآباد دکن میں سپردِ قلم کیا تھا جو ان کی تصنیف "حیدرآباد کی نسوانی دنیا" (اشاعت: ۱۹۴۴ء) میں شامل ہے۔

شہزادی نیلوفر فرحت بیگم صاحبہ، سلطان عبدالمجید خان کی بھانجی اور سلطان مراد خان مرحوم کی پوتی ہیں۔ قسطنطنیہ میں آپ کی ولادت ہوئی۔ خاندانی روایات کے بموجب محل سلطانی میں آپ کی تعلیم و تربیت ہوئی۔ اپنے ماموں (سلطان عبدالمجید خان) کے ہمراہ قسطنطنیہ سے فرانس آئیں اور نیس [Nice] میں قیام کیا۔ ۱۹۳۱ء میں آپ کا عقد شہزادہ والاشان نواب معظم جاہ بہادر کے ساتھ ہوا۔ بعد کنگھدائی آپ شہزادہ بلند اقبال کے ہمراہ حیدرآباد تشریف لائیں۔ آپ کی اردو تعلیم کے لیے نواب شہید یار جنگ بہادر کا انتخاب ہوا۔

شہزادی صاحبہ جب سے حیدرآباد تشریف فرما ہوئیں، اسی وقت سے آپ کو خواتین حیدرآباد کی ہمہ جہتی ترقی سے گہری دلچسپی اور ان کے سوشل اور سماجی کاموں سے خاص شغف رہا۔ "انجمن ترقی تعلیم و تمدن" کی آپ صدارت فرما چکی ہیں اور کئی مرتبہ اس کے اجلاسوں میں تحریکات پیش فرمائی ہیں۔ زنانہ کلبوں میں آپ تشریف فرما ہوتیں اور دلچسپی سے کلب کی مصروفیتوں میں حصہ لیا کرتی ہیں۔ شہزادی صاحبہ کی ایک گرانقدر قومی اور ملکی خدمت یہ ہے کہ آپ نے انجمن امدادِ طبی برائے

خواتین و اطفال کی صدارت قبول فرمائی ہے۔ یہ انجمن جس قدر اہم حیثیت رکھتی ہے وہ ظاہر ہے۔ کیونکہ ہمارے اضلاع اور دیہات میں طبی امداد نہ ملنے سے صدہا عورتوں اور بچوں کی جانیں چلی جاتی ہیں۔ اس انجمن کے اغراض اور مقاصد کے متعلق جو تقریر شہزادی صاحبہ نے فرمائی تھی، اس سے انجمن کے متعلق تفصیلی معلومات حاصل ہوتی ہیں، چنانچہ آپ نے ارشاد فرمایا:

"ہمارے دیہی علاقوں میں مضر صحت حالات کی جو کثرت ہے اور ان سے قومی زندگی جتنے خطرات میں مبتلا ہے اس کا اندازہ ولادت اور اموات کے اعداد اور زچاؤں اور بچوں کے پریشان کن واقعات ہلاکت سے کیا جا سکتا ہے۔ اس سے یہ ظاہر ہوتا ہے کہ ان حالات پر توجہ کرنے، طبی امداد بہم پہنچانے، اصول حفظان صحت کا شعور پیدا کرنے اور نشر و اشاعت کے ذریعے پبلک کو تربیت دینے کی ضرورت کتنی شدید ہے۔

سماجی بیماریوں سے خوفناک تباہیاں پھیلتی ہیں۔ یہ ایک موروثی لعنت کی حیثیت سے نسل بعد نسل منتقل ہوتی رہتی ہیں۔ خون کی کمی کا علاج کرانے والے مرکزوں کا قیام بھی نہایت ضروری ہے۔ میرا خیال ہے کہ زچگی خانے اور بہبودئ اطفال کے جو مرکز پہلے سے قائم ہیں، ان میں اس شعبہ کا بھی اضافہ کر دیا جائے۔ ہماری انجمن کی کامیابی بڑی حد تک ایک مکمل نظام تیارداری کی تنظیم پر منحصر ہوگی۔ میرے خیال میں ہماری سب سے پہلی کوشش لائق اور کارگزار نرسوں کی بھرتی ہونی چاہیے۔ یہ انجمن سر رشتہ طبابت کے تعاون سے نرسوں اور حفظان صحت کے اصول سے آگاہ کرنے والے افراد کی تربیت کا انتظام کرے گی۔ ہمیں ایسے سماجی کارکنوں کی ضرورت ہوگی جن کا یہ فرض ہوگا کہ پاک و صاف زندگی بسر کرنے کی اہمیت سے لوگوں کو پوری طرح آگاہ کریں۔"

شہزادی صاحبہ کی ذاتی دلچسپی، ہمدردی اور توجہ کا نتیجہ ہے کہ تھوڑے ہی عرصہ میں اس انجمن نے دو لاکھ کا سرمایہ فراہم کر لیا ہے۔ توقع ہے کہ اس انجمن کے نتائج ملک و قوم کے لیے نہایت مفید اور سودمند ثابت ہوں گے۔ خواتین حیدرآباد کے کارہائے خیر متعلقہ جنگ میں بھی آپ کا کافی حصہ ہوتا ہے۔ آپ نہ صرف رقمی امداد فرماتی ہیں بلکہ یہ نفس نفیس ان کاموں میں حصہ لیا کرتی ہیں۔

علیا حضرت شہزادی درشہوار کی "خواتین کی شہری دفاعی جمعیت" کی آپ نائب صدر ہیں۔ اس کا پہلا جلسہ آپ ہی کی صدارت میں منعقد ہوا تھا۔ اور جمعیت کا لائحہ عمل آپ کی رہنمائی میں تیار ہوا ہے۔

اس جمعیت نے اپنے کئی شعبے مقرر کیے ہیں۔ مثلاً: خواتین واردن، کھانے پینے کی چیزوں کی سربراہی، دفتری کام، ایمبولنس کا کام، فوری طبی امداد، گھر گھر کا معائنہ، تیاری داری۔

انجمن انسداد گرانی و قلت اجناس سے بھی آپ کو ہمدردی ہے اور اس میں بھی آپ کا حصہ ہے۔ مدرسوں، کالجوں، فوج، اسپورٹس، دیگر نسوانی اداروں وغیرہ کے سالانہ جلسوں کی صدارت اور تقسیم انعامات کے موقع پر جب کبھی آپ سے استدعا کی جاتی ہے، آپ ہر موقع پر اس استدعا کو شرف قبولیت عطا کر کے اپنی گہری دلچسپی اور ہمدردی کا ثبوت دیتی ہیں۔

ملک کی علمی ترقی سے بھی آپ کو پوری ہمدردی ہے۔ کئی علمی جلسوں کی صدارت فرما چکی ہیں اور کئی کتابیں آپ کے اسم گرامی پر معنون ہوئی ہیں۔ چنانچہ راقم کی کتاب "خیابانِ نسواں" کو اس کا اعزاز حاصل ہے۔

☆ ☆ ☆

ماخوذ از کتاب: حیدرآباد کی نسوانی دنیا (مصنف: نصیر الدین ہاشمی، اشاعت: ۱۹۴۴)

Princess Niloufer, a leader of Promoting hygiene. By: Naseeruddin Hashami.

مہاراجہ سر کشن پرشاد شاد کی اردو خدمات
پروفیسر فاطمہ بیگم

رواداری، یک جہتی، بے تعصبی اور انسان دوستی کو اگر ایک جاکر دیا جائے تو جو پیکر تشکیل پائے گا اسے نام دیا جا سکتا ہے: صدرِ اعظم ریاست حیدرآباد عالی جناب مہاراجہ سر کشن پرشاد شاد! اور انہیں خصوصیات کو اگر پیکر انسانی کے بجائے دنیا کی زبانوں کے ہجوم میں تلاش کیا جائے تو اس کا نام ہو گا "اردو"۔

جی ہاں انسان اور انسانیت کا جوہر اپنی اعلیٰ ترین شکل میں مہاراجہ کشن پرشاد بہادر شاد کی شخصیت میں نظر آتا ہے اور یہی خاصیت اردو زبان کی تشکیل، اس کے ارتقا، اس کے مزاج اور اس کے ادب کی قدرِ غالب ہے۔ اردو زبان کی ابتدا سے لے کر آج تک کسی بھی دور کے ادب کا انتخاب کر لیجیے اور اس کا مطالعہ کیجیے، یہ تمام انسانوں، ان کے مزاج، ان کی تہذیبی روایات کی بہترین پاسدار، ان کے اعلیٰ اقدار کی امین اور اس میں اپنی طرف سے عصری حسیت کا شمول کرتے ہوئے اسے خوب صورتی اور خوب سیرتی عطا کرتی نظر آئے گی۔ تقریباً تمام مذاہب کی متبرک کتابیں، اہم شخصیات، بنیادی تعلیمات اردو زبان کا اٹوٹ حصہ ہیں۔ غالباً اسی یکسانیت نے دونوں کو قریب کر دیا اور دونوں ایک دوسرے کے لیے لازم و ملزوم کے طور پر سامنے آئے۔

خاندانی خصوصیات، آبا و اجداد کی ترجیحات نسل در نسل منتقل ہوتی ہیں، اس کی میڈیکل سائنس بھی گواہی دیتی ہے۔ مہاراجہ کشن پرشاد بہادر کے جدِ اعلیٰ مہاراجہ چندولال شاداں اردو کے صاحب دیوان شاعر تھے، ان کا دیوان شائع ہو کر علم و فن کے قدردانوں سے دادِ تحسین وصول کر چکا ہے۔ ان کی دیوڑھی کی شعر و سخن کی محفلیں اپنی مثال آپ ہیں۔ مہاراجہ کشن پرشاد بہادر بھی بالکل انہیں

خطوط پر سرگرم عمل رہے۔

مہاراجہ کشن پرشاد کی والدہ جو الائبی مہاراجہ نارائن بہادر (مہاراجہ چندولال کے پوتے) کی اکلوتی صاحب زادی تھیں۔ والد کا نام راجہ ہری کشن پرشاد تھا۔ علمِ نجوم کے مطابق نام پرشوتم داس رکھا گیا تھا لیکن نانا نے کشن پرشاد نام رکھا اور یہی نام مشہور ہوا۔

آپ کی ولادت ٢٨ جنوری ١٨٦٤ء کو چندولال کی دیوڑھی میں ہوئی۔ نانا کی سرپرستی میں مختلف علوم و فنون کی تعلیم حاصل کی۔ فارسی مرزا علی بابا شیرازی سے، عربی سید خلیل صاحب سے، انگریزی نرسمہواں چاری سے، سنسکرت درگا پرشاد سے، سیاق مراری لال سے، خطاطی رائے بجو لال سے، تیر اندازی میر عظمت علی سے، بنوٹ مراد علی شاہ کے فرزند اور محمد شہاب الدین سے اور شہسواری محمد جلال الدین سے سیکھی۔ گر مکھی کا علم گرونانک شاہ سے حاصل کیا۔

(بحوالہ: مہاراجہ سر کشن پرشاد شاد: حیات اور ادبی خدمات۔ ڈاکٹر حبیب ضیاء، ص: ٢٤)

سلطان محمد قطب شاہ کو شاعری سے لگاؤ نہیں تھا لیکن سلطان عبداللہ قطب شاہ شعر و ادب کا رسیا تھا، مہاراجہ نریندر بہادر کو شاعری سے کوئی لگاؤ نہیں تھا لیکن کشن پرشاد کو کم عمری ہی سے شاعری کا شوق تھا چنانچہ انھوں نے ابتدا میں بجو لال تمکین سے خفیہ طور پر اشعار کی اصلاح لینی شروع کی اور یہ سلسلہ کچھ ایسا جاری رہا کہ اعلیٰ حضرت نواب میر محبوب علی خاں آصف کی شاگردی کا شرف حاصل کیا اور "تلمیذِ آصف" کہلائے جانے کی سعادت حاصل کی۔

اعلیٰ حضرت نے اپنے استاد داغ دہلوی کا شاگرد بنایا۔ داغ کے انتقال کے بعد نواب فصاحت جنگ جلیل کی شاگردی اختیار کی۔ سیکھنے اور تجربے کرنے کی صفت نے آخر تک رفاقت کی اور نظم و نثر کی تقریباً سو تصانیف کے ساتھ شاد تاریخ اردو ادب کا اٹوٹ حصہ ہیں۔

شاد نے کم و بیش تمام اصناف سخن میں طبع آزمائی کی اور ذہن و دل کی رہ نمائی میں مختلف انداز نگارش برتے۔ کبھی داغ کے رنگ کو اختیار کیا، کبھی غالب کی پیروی کی کوشش کی، کہیں میر کی سادگی کو اپنایا۔ قصیدہ لکھا تو بکمال قصیدہ نگاروں کے کمالات کی یاد دلا دی، نثر کی طرف متوجہ ہوئے تو اردو

کے تقریباً تمام مروجہ رویوں کو ذہن میں رکھا اور موضوع کی مناسبت سے طرز اظہار اختیار کیا۔ یہی وجہ ہے کہ سرسید اسکول کی سادہ نثر، غالب کی سادہ و پرکار نثر، سرشار کی رنگین بیانی سبھی پر قدرت حاصل کی۔ زبان پر کامل عبور اور دسترس کے بغیر یہ ممکن نہیں۔ اس ست رنگی اظہار سے ان کی صلاحیت اور قابلیت کا اظہار تو ہوتا ہی ہے لیکن کسی ایک صنف ادب سے اپنے کو جوڑے نہ رکھنے کی وجہ سے ان کا ذاتی نقصان یہ ہوا کہ کسی مخصوص صنف کے باکمال کے طور پر وہ اپنے آپ کو منوا نہ سکے۔ طبیعت کی تنوع پسندی نے اپنی توانائی کو مخصوص صنف ادب تک محدود نہ کرنے دیا۔

مہاراجہ صرف نام کے مہاراجہ نہیں تھے بلکہ ہر اعتبار سے مہاراجہ تھے، پیشکاری سے عملی زندگی شروع کی تو یمین السلطنت کے عہدے تک پہنچے، زبان سیکھنے اور ادبی نکات سے آگہی حاصل کرنے کی ٹھانی تو ہر بڑے شاعر اور ادیب کے آگے زانوئے تلمذ تہہ کیا اور جن جن سے استفادہ کیا اپنی تصانیف میں کھلے دل کے ساتھ اس کا اعتراف کیا۔ حصول علم کے معاملے میں جہاں ان میں حد درجہ کسر نفسی اور فروتنی تھی وہیں وہ خود اعتمادی اور غرورِ فن بھی تھا جو ہر بڑے فن کار میں پایا جاتا ہے۔ زبان اور ادب کے جس مسئلے پر انہیں اپنی تحقیق پر اعتماد ہوتا وہ اس خصوص میں کسی بڑے سے بڑے شاعر اور ادیب کے اختلاف کو خاطر میں نہ لاتے تھے۔

تقریباً سو تصانیف کے تخلیق کار کا جائزہ ایک کارِ دشوار ہے۔ تخلیقی کارناموں کے ساتھ شاد نے اردو زبان کی ترقی میں جو اہم طریقہ اختیار کیا، اس کا ایک اجمالی ذکر پیش ہے۔

کشن پرشاد جب پیشکاری کی خدمت پر فائز ہوئے تو انہوں نے باضابطہ شعر و سخن کی سرپرستی شروع کی۔ "ایوانِ شاد" میں مشاعروں کا انعقاد عمل میں لایا۔ بے شمار شعرا ان مشاعروں میں شرکت کرتے تھے۔ غیر رسمی مشاعرے کم و بیش ہر روز ان کے گھر پر منعقد ہوتے رہتے تھے، ماہانہ مشاعرے بڑے اہتمام سے ہوتے اور جب کبھی باہر سے کوئی بڑا شاعر حیدرآباد آتا تو اس کے اعزاز میں غیر معمولی مشاعرہ منعقد ہوتا۔ ان مشاعروں میں شرکت اور کلام کی پیش کشی بجائے خود ایک اعزاز ہوتا کیوں کہ یہ مثالی حیثیت اختیار کر چکے تھے۔ بے شمار شعرا میں سے چند ایک اہم نام آپ

بھی سن لیجیے: داغ دہلوی، ڈاکٹر سر محمد اقبال، فصاحت جنگ جلیل، حیدر یار جنگ طباطبائی، جوش ملیح آبادی، فانی بدایونی، ضامن کشوری، ماہر القادری، حیرت بدایونی، مرزا فرحت اللہ بیگ، راجہ نرسنگھ راج عالی، محبوب راج محبوب، مرزا محمد ہادی رسوا وغیرہ۔ ان میں سے تقریباً ہر نام ایسا ہے جس کے ذکر کے بغیر اردو ادب کی تاریخ مکمل نہیں ہوتی اور جن کو دامے، درمے، سخنے مہاراجہ کی سرپرستی حاصل نہ رہی ہو۔ بے شمار شعرا کو اپنے اسٹیٹ سے ماہواریں مقرر کر دی تھیں۔ چند ایک کو ملازم رکھ لیا تھا جیسے فانی ہیں۔ حیدرآباد و بیرون حیدرآباد کے اہل قلم کی ہزاروں روپیوں سے امداد و اعانت کرتے رہتے تھے۔ شعر و ادب میں تخلیقی اضافہ راست خدمت تھی اور شعرا و ادیبوں کی مدد بالراست خدمت۔

ادبی رسائل، ادب کی ترقی میں غیر معمولی اہمیت کے حامل ہوتے ہیں۔ مہاراجہ نے ادبی رسائل کی سرپرستی کے ذریعہ بھی گراں قدر خدمات انجام دیں۔ 'دبدبۂ آصفی' اعلیٰ حضرت نواب میر محبوب علی خاں بہادر کی تقریب سالگرہ کی تہنیت میں ماہانہ نکلنا شروع ہوا۔ اس پرچہ میں سماجی، اخلاقی، ظریفانہ ہر قسم کے مضامین طبع ہوتے تھے، مہاراجہ کے مضامین بھی اس میں شائع ہوتے تھے۔ یہ پرچہ ہر ماہ ہلال کی چھٹی تاریخ کو محبوب پریس علاقہ پیشکاری سے شائع ہوتا تھا۔ مہاراجہ نے لکھنے والوں کی ہمت افزائی کے لیے یہ اعلان کیا تھا کہ بہترین لکھنے والوں کو ہر ماہ ایک اشرفی بطور انعام دی جائے گی۔ یہ ۱۸۹۷ء سے نکلنا شروع ہوا تھا۔ پنڈت رتن ناتھ سرشار کو اس میں مہاراجہ نے منافع اور حقوق اشاعت دے کر رکھا تھا۔ فرحت اللہ بیگ کو اشرفی کا حق دار قرار دیا گیا تھا اور یہی دونوں کے درمیان قربت کا باعث بنی۔ یہ رسالہ اعلیٰ حضرت کی حیات تک جاری رہا۔

نواب میر عثمان علی خاں آصف جاہ سابع کی تخت نشینی پر مہاراجہ نے "شوکت عثمانی" کے نام سے ماہ نامہ شائع کرنا شروع کیا۔

رسالہ محبوب الکلام:

دبدبۂ آصفی کے ساتھ ہی نکلنا شروع ہوا تھا، اس رسالہ میں ہر ماہ پہلے سے دیے ہوئے مصرعہ طرح پر

اردو اور فارسی غزلیں شائع ہوتی تھیں۔ اعلیٰ حضرت اور مہاراجہ کی غزلیں بھی اس میں شامل ہوئیں۔ اس رسالہ کے ایڈیٹر ہیرا لال نشاط تھے۔

تزکِ عثمانیہ:

اعلیٰ حضرت نواب میر عثمان علی خاں آصف سابع کی انتیسویں سالگرہ کی یاد میں مہاراجہ کی سرپرستی میں یہ نکلنا شروع ہوا۔ چاند کے مہینے کے پہلے ہفتہ میں یہ نکلتا اور تقریباً ہر ماہ مہاراجہ اپنا ایک مضمون اس میں شائع کرواتے۔ دبدبۂ آصفی کی طرح یہ محبوب پریس علاقہ پیش کاری میں شائع ہوتا تھا۔ ڈاکٹر زور اس رسالہ پر اظہار خیال کرتے ہوئے اسے ہمعصر رسائل میں دیرپا قرار دیتے ہیں۔

گلدستہ جشن آصفیہ:

یہ رسالہ اعلیٰ حضرت کی چالیس سالہ سالگرہ کے موقع پر مرتب کیا گیا تھا، اس کے مرتب سید محمد عبداللہ ضیغم تھے۔ امانت پریس لاہور میں چھپا۔

رسالہ حیات سخن:

اکتوبر ۱۹۳۰ء سے نکلنا شروع ہوا، اس کے ایڈیٹر حکیم عبدالرزاق عرشی تھے۔ اس رسالہ کے اجرا کا ایک مقصد قدیم طرز کی شاعری کو فروغ دینا تھا دوسرا مقصد ایک مشاعرہ کا انعقاد تھا۔ ہر ماہ دو مصرع طرح، ایک اردو اور ایک فارسی دیے جاتے، شعرا کے طبع آزمائی کرنے کے بعد مشاعرہ کا انعقاد عمل میں لایا جاتا اور بعد میں مجموعہ کی شکل میں اشاعت عمل میں لائی جاتی۔

ان رسائل نے شعر و ادب کی ترقی میں مثبت حصہ ادا کیا اور یہ صرف اور صرف مہاراجہ کی اعانت اور سرپرستی کی وجہ سے ممکن ہو پایا۔

☆ ☆ ☆

ماخوذ از کتاب: نذرِ شاد – مہاراجہ سر کشن پرشاد شاد
(مرتبین: ڈاکٹر نارائن راج ر پروفیسر حبیب ضیاء، سن اشاعت: ۲۰۰۹)
Urdu services of Maharaja Sir Kishen Pershad Shad.
By: Prof. Fatima Begum

حضرت ملا عبد القیوم

ـ حیدرآباد دکن کے نامور فرزند اور فخر قوم

حسام الدین خاں غوری

فخر قوم ملا عبد القیوم ـ جن کی زندگی اتحاد بین المسلمین اور خدمت دین کے لیے وقف رہی:

مومن کے جہاں کی حد نہیں ہے

مومن کا مقام ہر کہیں ہے

ساری دنیا کے مسلمانوں کو متحد و منظم کرکے ان کی کھوئی ہوئی عظمت و شوکت اقتدار و حکومت حاصل کرنے کی جن لوگوں نے کوششیں کیں، علامہ سید جمال الدین افغانی کی تحریک "رابطہ عالم اسلامی" کو زندہ کیا، اسلام کے بنیادی اصول "انما المؤمنون اخوۃ" اور قرآن حکیم کی ہدایت "واعتصموا بحبل اللہ جمیعا و لا تفرقوا" پر عمل کرکے اسلام کے مقصد کو پورا کرنے کے لیے اپنی زندگی وقف کردی، ان لوگوں میں حیدرآباد دکن کے نامور فرزند فخر قوم ملا عبد القیوم کا نام تاریخ میں سنہری حروف سے لکھا جائے گا۔

ملا عبد القیوم کی شخصیت نہ صرف دکن ہندوستان بلکہ عالم اسلام ممالک عرب، مصر، شام، عراق و ایران ترکی و افغانستان وغیرہ میں بھی معروف و مقبول تھی، ان کی ذات علماء و فضلاء فدائیان ملت اور قائدین قوم میں ممتاز تھی۔ اتحاد بین المسلمین، رابطہ عالم اسلام اور استحکام دولت عثمانیہ ترکیہ، خلافت اسلامیہ کی مرکزیت کے لیے جو کارہائے نمایاں انجام دیئے وہ ناقابل فراموش ہیں۔

خاندانی حالات:

۱۸۵۳ء کے لگ بھگ ملاعبد القیوم حیدرآباد دکن میں پیدا ہوئے۔ بزرگوں کا سلسلہ موصل کے شیخ بنی تمیم و حضرت صدیقؓ سے جاملتا ہے۔ اجداد عرب سے ہندوستان اور ہندوستان سے برہان پور ہوتے ہوئے حیدرآباد دکن وارد ہوئے۔ افراد خاندان کم و بیش ۸۰، ۹۰ سال سے مملکت آصفیہ حیدرآباد دکن میں سکونت پذیر اور اعلی عہدوں پر فائز رہے۔ جد امجد مولانا محمد مہدی واصف کا شمار اکابر فضلائے وقت میں ہوتا ہے، جن کی تصانیف بہت مشہور و مقبول تھیں۔ والد مولوی عبد الباسط عشق ممتاز شاعر اور میڈیکل کالج مدراس کے سند یافتہ ڈاکٹر تھے۔

ملاعبد القیوم کی ابتدائی تعلیم گھر پر ہوئی، اس کے بعد مدرسہ دارالعلوم میں زیر تعلیم رہے، ۱۸۷۵ء میں مزید حصول علم کے شوق میں حیدرآباد سے باہر والدین سے اجازت لیے بغیر چلے گئے اور مرزا پور میں نورالانوار و جلالین پڑھی۔ مولوی مہدی علی (محسن الملک) مرزاپور میں تحصیلدار تھے جو سرسید کی سفارش پر حیدرآباد دکن آکر عالی عہدہ پر فائز ہوئے۔ آٹھ سوروپے تنخواہ کے علاوہ تین سو روپیہ بھتہ برائے اخراجات ملتے تھے۔ ان کے نام کے ساتھ ملا کے لقب کی وجہ یہ تھی کہ جب وہ پہلی مرتبہ مولوی مہدی علی سے ملنے گئے تو از راہ ظرافت ان کی گھنی ڈارھی کو دیکھ کر کہا، آپ کی داڑھی کہتی ہے کہ آپ مولوی نہیں ملاہیں، اس کے علاوہ عبد القیوم کو ہمیشہ ملا کہہ کر مخاطب کرتے تھے۔ یہ لقب زبان زد خاص و عام ہو کر ان کے نام کا جزو بن گیا۔ ان کی گھنی ڈاڑھی سے متعلق ایک اور دلچسپ روایت ہے کہ دکن میں یہ ضرب المثل عام تھی: ملاعبد القیوم کی داڑھی، پاکھال (عادل آباد کے ایک گھنے جنگل کا نام جہاں شیر، چیتے اور درندے ہوتے تھے) کی جھاڑی"۔

ملاعبد القیوم کی خصوصیات:

وہ خداداد صلاحیتوں کے مالک تھے ملت اسلامیہ کے سچے ہمدرد، قوم کے فدائی، دین اسلام کے شیدائی، سخی و شجیع۔ ہوش سنبھالنے سے وفات تک نماز قضانہ کی صائم الدھر، سالک راہ طریقت، روشن خیال عالم باعمل۔ قومی اور ملی کاموں کے لیے زندگی وقف تھی۔ ملک دکن کے آفتاب عالم، اسلام کے ماہتاب، باشندگان ہند کے زبردست ہر دلعزیز قائد، رفاہی کاموں میں نہایت جرات اور

حوصلہ سے بڑھ کر حصہ لیتے تھے۔ پیکر صداقت، علم بردار، حریت، سچائی، راست بازی ان کا شعار تھا، حق گوئی میں کبھی پس و پیش نہیں کرتے تھے۔ ان کے بے شمار کارناموں اور رابطہ عالم اسلامی کی تفصیلات کے لیے ایک ضخیم جلد درکار ہوگی یہاں صرف چند کارناموں کا ذکر کیا جا رہا ہے تفصیلات کے لیے ملاحظہ فرمائیے: "فخر قوم ملا عبدالقیوم کی یاد میں مجلہ نظامیہ حیدرآباد دکن کا خصوصی شمارہ ۱۹۴۱ء، شائع کردہ: ادارہ ترقی تعلیم اسلامی حسینی علم حیدرآباد دکن"۔

دائرۃ المعارف:

یہ ادارہ دنیا کے ان عظیم اداروں میں منفرد ہے جن کا مقصد اتحاد بین المسلمین اور مسلمانوں کی عظمت رفتہ کو واضح کرنے کے لیے قدیم عربی تصانیف کو، جس میں علوم کا بیش بہا ذخیرہ ہے شائع کیا جائے، یہ ادارہ آج بھی قائم ہے۔ اس ادارہ کے قیام کی ابتداء ملا عبدالقیوم ہی کی کوششوں سے ہوئی۔ انہوں نے نواب اقبال یار جنگ کمشنر انعام کی تائید سے تجویز کی تھی کہ ایک لاکھ روپیہ کی ایک لاٹری ڈالی جائے اس میں سے ساٹھ ہزار دائرۃ المعارف کے لیے اور چالیس ہزار ٹکٹ خریدنے والوں کے لیے مختص کیے جائیں۔ نواب و قار الامرا معین المہام نواب سر آسماں جاہ مدار المہام وقت نے ادارہ دائرۃ المعارف کی اہمیت کو محسوس کیا مگر ایک دینی اور مقدس تحریک کو خمار یعنی لاٹری سے ملوث کرنا مناسب نہ سمجھا اور اس کے بجائے پانسو روپیہ کی مستقل رقمی امداد منظور کی، ۱۸۸۸ء میں یہ ادارہ قائم ہو گیا۔ اس کی نگرانی اور انتظام کے لیے ایک مجلس بنائی گئی جس میں جید علماء اور ذی علم حکام شامل تھے، تا دم زیست ملا عبدالقیوم اس ادارہ کے معتمد رہے۔ انہوں نے چند لائق اور ذی علم اصحاب علم کو فراہم کیا جنہوں نے قناعت اور انہماک اور شغف سے اس کام کے لیے زندگی وقف کر دی تھی۔ اس ادارہ سے جو اہم کتابیں شائع ہوئیں، اس کی وجہ بلاد اسلامیہ میں ان کی خاصی شہرت ہو گئی۔ چنانچہ ملا عبدالقیوم اپنی سرگزشت میں لکھتے ہیں:

"میرے وسیلہ نجات اخروی میں ایک یہ چیز بھی ہے کہ میری ذاتی کوشش سے دینی و علمی کتب ائمہ کے احیاء کے لیے ایک مطبع موسوم بہ 'دائرۃ المعارف' قائم ہوا جس میں نایاب کتب ائمہ فن چھپا

کرتی ہیں اور اب تک مبسوط و نایاب کتب شائع ہو چکی ہیں، مثلاً کنزالعمال آٹھ جلدوں میں، 'تذکرۃ الحفاظ' چار جلدوں میں۔ جواہر النقی فی الرد علی البیہقی دو مبسوط جلدوں میں اور استیعاب ابن عبدالبر وغیرہ نایاب کتب شائع ہوئیں۔ اس مطبع کو سرکار نظام سے پانسو روپیہ وظیفہ ملتا ہے۔ دیار اسلامیہ میں میری شہرت کا ایک یہ بھی موجب ہوا کہ وہاں کے علماء و فضلاء نے ان کتب کو بہت عزت کی نظروں سے دیکھا بھالا اور بڑی بڑی توصیفیں کیں۔ دیار اسلامیہ، مصر، شام و حجاز، عراق و ترک میں جو شہرت مجھے ہوئی صرف انہی وجوہ سے ہوئی۔"

سررشتہ علوم و فنون:

شمس العلماء سید علی بلگرامی نے مملکت آصفیہ کی طرف سے ایک ادارہ "سررشتہ علوم و فنون" کے نام سے قائم کیا۔ سید مرتضٰی صاحب فلسفی اس کے نگراں مقرر ہوئے اور محمد عبدالغفور خان رامپوری اس میں مترجم تھے۔ ماہانہ ایک ہزار روپیہ کے مصارف سے سالہا سال تک یہ سررشتہ قائم رہا مگر صرف چار پانچ کتابیں ترجمہ و تالیف کی تھیں، کوئی کتاب شائع نہ ہوئی۔ اس کے بعد شمس العلماء شبلی نعمانی اس سررشتہ کے نگراں ہوئے، ان کی کتابیں الغزالی اور الکلام اسی ادارہ سے شائع ہوئیں۔ شمس العلماء سید علی بلگرامی کی وظیفہ پر علیحدگی کے بعد مولانا شبلی نے بھی استعفا دے دیا اور اس سررشتہ دائرۃ المعارف کو باقی رکھنے کے لیے ایک کمیٹی مقرر کی گئی، جس میں ملا عبدالقیوم، مولوی سید فضل حسین، میر مجلس عدالت عالیہ نواب ضیاء یار جنگ بہادر وغیرہ تھے۔ لیکن سر جارج واگرے نے سررشتہ اشاعت علوم و فنون کو ختم کر دیا۔ البتہ دائرۃ المعارف پر وار کار گر نہ ہو سکا کیونکہ ملا عبدالقیوم سینہ سپر ہو گئے۔ اس کے بعد پھر ایک مرتبہ کوشش کی گئی کہ یہ ادارہ ختم کر دیا جائے لیکن سر اکبر حیدری (حیدر نواز جنگ) نے بچا لیا۔ یہ ادارہ ایک مستقل حیثیت رکھتا تھا اور قائم بالذات تھا۔ ۱۹۴۲ء میں جامعہ عثمانیہ کے تحت آ گیا۔ سقوط حیدرآباد کے بعد پھر اس پر افتاد پڑی، مولانا عبدالماجد دریا آبادی مدیر "صدق جدید" لکھنو اپنے سفر حیدرآباد کے سلسلہ میں لکھتے ہیں:

"یاروں نے کیا کوئی کسر ادارہ کو بند کر دینے کی اٹھار کھی تھی؟ ادارہ مسلمانوں کا مخصوص کام کر رہا

ہے، فرقہ وارانہ ہے، سیکولر حکومت میں اس کا کیا کام اسے فوراً القط ہونا چاہیے ، قریب تھا کہ فرمان قضاء اس مضمون کا شائع ہو جائے اور حکومت اندھر اپردیش کے حکم سے ادارہ کے دروازوں پر قفل پڑ جائیں، لیکن حافظ حقیقی کو کچھ اور ہی منظور تھا۔ وزیر تعلیم کار ہند مولانا ابوالکلام نے (کہ اللہ انہیں غریق رحمت فرمائے) اپنے منصب حال کی کرسی سے زبردست احتجاج نامہ بھیجا کہ بند ہونا کیا معنی ایسے ادارہ کو قائم رکھنا ہی نہیں اور ترقی دینا چاہیے ، بیرون ہند کی پڑھی لکھی دنیا میں تو سرکار ہند کی سیکولرازم کا بھرم ہی اس سے قائم ہے۔ اپنے سرکاری دورہ میں میں نے، کیا جرمنی اور کیا فرانس، کیا برطانیہ اور کیا اٹلی سب کہیں کے نامور اہل علم کو اس کی خیریت دریافت کرتے اور اس کے کارناموں کے راگ گاتے ہوئے پایا۔ جب کہیں جاکر ادارہ کی جاں بخشی ہوئی۔"

ملاعبد القیوم کی دیگر مصروفیات:

مسلمانوں کی اجتماعی فلاح و نجات میں اتحاد بین المسلمین کے علاوہ آزادئ ہند اور خدمت خلق کے لیے بھی ملاعبد القیوم زندگی بھر کوشاں رہے۔ وہ ندوۃ العلماء لکھنو کی مجلس انتظامی میں شریک تھے ، نصاب کی کمیٹی کے رکن رہے، حیدرآباد دکن میں ندوۃ العلماء کی شاخ قائم کی۔ ہندوستان کی آزادی کے لیے نیشنل کانگریس میں اس وقت شریک ہوئے جب کہ عام طور پر مسلمان کانگریس سے علیحدہ تھے۔ ان کا عقیدہ تھا کہ ہم پہلے مسلمان ہیں اور اس کے بعد ہندوستان کے باشندے، اس لیے ہم کو متحد ہو کر ہندوستان کی آزادی حاصل کرنا چاہیے اور مسلمانوں کو نیشنل کانگریس سے تعاون کرنا چاہیے۔ انہوں نے کانگریس سے بھی مسلمانوں کی بھلائی کے لیے کام لیا، مختلف بلاد ہند، بخارا و افغانستان وغیرہ سے عازمین حج بمبئی میں قرنطینہ میں رکھے جاتے تھے، جگہ کی تنگی اور ناکافی انتظامات کی وجہ سے وہ سخت مصیبت میں مبتلا ہو جاتے تھے، کوئی ان کا پرسان حال نہ تھا۔ رہائش کا بھی معقول انتظام نہ ہوتا تھا، اکثر عازمین حج مختلف امراض میں مبتلا ہو جاتے تھے۔ ملاعبد القیوم نے ان کو اس مصیبت سے نجات دلانے کے لیے نیشنل کانگریس کے اجلاس منعقدہ بنارس میں شریک ہو کر ایک قرارداد منظور کروائی جس میں قرنطینہ کی سختیوں اور بد انتظامیوں کی مذمت کی گئی۔ اس کا نتیجہ یہ ہوا کہ عازمین حج پر قرنطینہ کی سختیاں کم ہو گئیں اور بد انتظامی کے مذہبی معاملہ میں قرارداد پیش کرنے پر

سخت اعتراضات کیے اور برا بھلا کہا مگر ملا عبدالقیوم جو ایک سچے مسلمان تھے نہایت متانت سے ان تنگ خیال لوگوں کی غلط فہمی دور کی، "پیسہ" اخبار لاہور میں متعدد مضامین تحریر کرکے اعتراضات کا مدلل جواب دیا۔

جلسوں کی صدارت:

مملکت آصفیہ میں اور ہندوستان میں جو عظیم الشان علمی اور اسلامی جلسے ہوتے، ان کی صدارت کے لیے ملا عبدالقیوم سے استدعا کی جاتی، ان کی صدارت اس جلسہ کی کامیابی کا باعث ہوتی، اس لیے لوگوں کی خواہش ہوتی تھی کہ ملا عبدالقیوم جلسہ کی صدارت کریں۔

ایک مرتبہ علی گڑھ کالج کی انجمن الفرص کا وفد جس میں تلمذ حسین صاحب (مترجم سررشتہ تالیف و ترجمہ سرکار عالی)، عبدالحمید حسن صاحب (مترجم عدالت العالیہ) شامل تھے، کالج کی چھٹیوں میں طلبہ کی امداد کے لیے چندہ وصول کرنے آیا۔ تو ایک عظیم الشان جلسہ مرزا فیاض علی خاں صاحب کی کوٹھی میں منعقد ہوا جہاں علی العموم اس قسم کے قومی اور ملکی رفاہ عام کے جلسے منعقد ہوتے ہیں۔ ملا عبدالقیوم اسی جلسہ کے صدر نشین تھے۔ شمس العلماء شبلی نعمانی مولوی عبدالحق صاحب صدر انجمن ترقی اردو مولوی عبدالغنی صاحب مدد گار محاسب و دیگر علماء معززین شہر و کلاء شریک تھے جلسہ میں امداد کی ضرورت علی گڑھ کالج کی تعلیمی اہمیت اور اس کی مسلمانوں کے لیے دیرینہ خدمات پر دلچسپ تقریریں ہوئیں اور یوں ایک خطیر رقم "انجمن الفرص" علی گڑھ کو طلبہ کی امداد کے لیے فراہم ہو گئی۔

انجمن حمایت اسلام لاہور:

ملا عبدالقیوم انجمن حمایت الاسلام لاہور کے بہت بڑے حامی تھے اور اپنے دو لڑکوں مولوی حسن عبدالقدوس، مولوی حسن عبدالمنعم کو تعلیم کے لیے حمایت اسلام لاہور کے درسگاہ کے روانہ کیا۔ وہ انجمن کی امداد میں پیش پیش رہتے تھے۔

مدرسہ دارالعلوم و مدرسہ نظامیہ کی مجلس انتظامیہ میں شامل تھے، مسلمان نوجوانوں کو وظائف دے کر بیرون ملک بھیجنے کے لیے بھی کوشاں رہتے تھے۔ ان کی آمدنی بوجہ کثرت مصارف، فیاضی علماء و

دیگر مشاہیر کی مہمان نوازی کی وجہ کفایت نہیں کرتی تھی اس لیے مقروض رہے۔ نہایت سادہ زندگی بسر کرتے، نوجوان طلباء کی حوصلہ افزائی کرتے اور دوران تعلیم اپنی کوٹھی میں رکھ لیتے۔ مولوی محمد اکبر علی صاحب مدیر صحیفہ جو اس وقت طالب علم تھے، کوٹھی ہی میں سکونت پذیر تھے، ملا عبدالباسط، مولوی اکبر علی، مولوی محمد مظہر، دارالعلوم میں پڑھتے تھے۔ اکثر نوجوان طلباء بھی کوٹھی میں ٹینس کھیلنے آجاتے تھے۔ ان کے علاوہ بھی نوجوان ملاعبدالقیوم کی شفقت و محبت کی وجہ سے ملاقات کے لیے آتے، بڑی پر لطف صحبت رہتی۔ فیض صحبت اور تربیت کا نتیجہ تھا کہ ان سے ملنے والے نوجوان مستقبل میں قوم کے بہترین رہنما بنے۔

انجمن معارف و اخبار صحیفہ :

مولوی محمد اکبر علی صاحب اور ملاعبدالباسط مولوی محمد مظہر نے حیدرآباد دکن میں ایک آزاد اخبار کی ضرورت محسوس کی اور اس کی اجرائی کے لیے انجمن معارف قائم کی۔ اس انجمن کے زیر اہتمام "صحیفہ" ماہنامہ جاری کیا۔ اس کے لیے دو سو پچاس روپیہ کا مشترکہ سرمایہ جمع ہوا، ملاعبدالقیوم نے اس میں مضامین لکھنے کا وعدہ کیا، حوصلہ افزائی کی۔ ان کی علالت کے زمانہ میں یہ رسالہ جاری ہوا اور ان کا ایک عمدہ مضمون بھی شائع ہوا۔ "انجمن معارف" بھی ایک علمی ادبی ادارہ کی حیثیت سے کام کرتی رہی، آگے چل کر صحیفہ روزنامہ بن گیا اور انجمن معارف ایجوکیشنل کانفرنس کے نام سے کام کرنے لگی۔ یہ کانفرنس اور اخبار صحیفہ ملک میں ایک بڑی قوت بن کر ابھرے، اکابرین ملک بھی ان کی ترقی میں دلچسپی لینے لگے۔

انجمن ہلال احمر :

یہ ملاعبدالقیوم ہی کی تربیت اور فیض صحبت کا نتیجہ تھا کہ طرابلس اور ملتان کی لڑائیوں میں ترکی کے مجروحین کے لیے چندہ جمع کرنے کے لیے انجمن ہلال احمر قائم کی گئی۔ یہ انجمن ممالک محروسہ سرکار عالی میں بہت مقبول ہوئی اور کثیر چندہ جمع کرکے ترکی کو روانہ کیا گیا۔ غرض "انماالمومنون اخوۃ" پر حیدرآباد دکن نے جس شدت سے عمل کیا اس کی مثال نہیں ملتی۔ دنیا کے کسی حصہ میں مسلمانوں پر کوئی آفت آتی تو حیدرآباد دکن کے عوام، خواص اور حکومت سب بے چین و بے قرار ہو جاتے اور

اپنے بھائیوں کی ہر جہتی اعانت سے ان کے مصائب و مشکلات کو دور کرتے۔

سفرِ حج و قافلہ سالاری:

جیسا کہ مملکت آصفیہ حیدرآباد دکن میں زمانہ قدیم سے یہ رواج چلا آرہا ہے کہ عازمین حج کے ساتھ ایک جید عالم اور ہر دلعزیز بارسوخ شخصیت کو قافلہ سالار بنا کر بھیجا جاتا جو دوران سفر عازمین حج کو رسوماتِ حج کی تعلیم دیتا اور حج کی غرض و غایت اور رابطہ عالم اسلام کی اہمیت کو ذہن نشین کراتا اور ان عازمین حج میں سے قابل و باصلاحیت اشخاص کے وفود بنا کر مسلمانان عالم کے اکابرین سے ملاقاتیں کرکے تبادلہ خیال کرنے پر آمادہ کرتا، تا کہ رابطہ عالم اسلامی میں تقویت حاصل ہو۔

۱۳۰۰ھ م۱۸۸۳ء میں ملّا عبدالقیوم قافلہ سالار کی حیثیت سے حج پر گئے، حج و زیارت مدینہ منورہ کی سعادت حاصل کی۔ وہاں کے علماء اور سربر آوردہ اصحاب و اکابرین عالم اسلام سے ملاقاتیں کیں اور رابطہ عالم اسلامی پر گفتگو کی اور مرکزیت و خلافت کی اہمیت کو ان کے ذہنوں میں راسخ کیا۔

بنیادی حقیقت:

ملّا عبدالقیوم اپنی قوم، قائدین قوم اور نوجوانوں کو جس بنیادی حقیقت کی طرف متوجہ کرتے رہے، وہ تقریباً ایک صدی گذر جانے کے بعد اتنی ہی اہم اور ضروری ہے۔ یہاں ہم ان کی تقریر کے چند اقتباس پیش کرتے ہیں، تا کہ قارئین ان کی ژرف نگاہی، اصابت رائے اور دور اندیشی کا اندازہ لگا سکیں۔ آپ فرماتے ہیں:

"میرا ذاتی خیال تو یہ ہے اور ہمیشہ میں اس پر زور دیتا رہا ہوں کہ قوم کو اس پست خیالی سے، کہ غیر قوم کی غلامی کریں اور اسی کو ذریعہ فخر و مباہات و اکتسابِ دولت و ثروت و عزت سمجھیں، نکالنا چاہیے اور ان کو اس بندگی و بے چارگی سے آزاد کرانا اور رہائی دلانا ضروری ہے۔ خدمت اور نوکری کا خیال اس قدر ہمہ گیر ہو رہا ہے جس کی کوئی حد باقی نہیں رہی اس وجہ سے روز بروز اس کا دائرہ تنگ ہوتا جا رہا ہے اور قومی افلاس و نکبت کا احاطہ نہایت وسیع ہو گیا ہے۔ ظاہر ہے سرکاری عہدے کس کس کو اور کہاں تک مکتفی ہو سکتے ہیں۔ جب تک غیر طبعی معیشت کو چھوڑ کر طبعی ذرائع معیشت جو نہایت وسیع ہیں اختیار نہیں کیے جائیں گے، تجارت و صنعت و حرفت زراعت و فلاحیت کے وسیع و کافی

ذرائع جو مسلمانوں کے قومی، دینی ملی اور ملکی ذرائع ہیں اپنائے نہ جائیں گے، معاشی آزادی حاصل نہیں ہو سکتی۔ جتنے ائمہ خلیفہ تھے وہ سب قریشی تھے، قریش کو قریش اس لیے کہتے تھے کہ وہ کاسب و تاجر تھے۔"

پیشہ تجارت:

آپ نے مزید فرمایا:"خدائے تعالیٰ نے جہاں کہیں تجارت کا ذکر کیا ہے اس کو اپنے فضل سے تعبیر کیا ہے نیز احادیث میں اس کے فضائل بے انتہا وارد ہوئے ہیں۔ ارشاد ہوا 9/10 حصہ رزق تجارت میں ہے مابقی دوسرے ذرائع میں صرف ایک۔ ہمارے ائمہ اور علماء دین نے کبھی نوکری پسند نہیں کی یہاں تک کہ انہوں نے موت کو ترجیح دی۔ امام اعظم کا وہ واقعہ مشہور ہے کہ انہوں نے موت زہر خورنی کو منصب قضا قبول کرنے پر ترجیح دی تھی۔ علمائے متقدمین جب تک کسی کو متحرف و مکتسب نہ کرلیتے تھے، علم نہیں سکھاتے تھے کہ کہیں علم کو اپنا ذریعہ معاش بنا کر ذلیل نہ کرے اور خود دنیا داروں کی نظروں میں محتاجی کی وجہ سے ذلیل و خوار نہ ہو، بہر حال سرکاری نوکریوں پر زور دینا اسکو مبتلائے افلاس و ننگ و عار کرنا ہے۔ اسلام میں دو باتوں پر نہایت اہتمام سے زور دیا گیا ہے ایک صدق مقال دوسرا کل حلال۔ ان کے بغیر کوئی عمل مقبول نہیں ہوتا، نوکری میں یہ دونوں عمل مفقود و غیر موجود ہیں۔ نوکری کی کمائی کبھی خالی از شبہ نہیں ہو سکتی اس لیے علمائے اسلام نے اس سے احتراز کیا ہے اور اس سے اپنے آپ کو جہاں تک ہو سکا بچایا ہے۔"

نصیحت و وصیت:

پھر آپ نے ان الفاظ میں نصیحت فرمائی:"الحال میری نصیحت و وصیت تمام مسلمانوں کو یہی ہے کہ وہ ہر گز غلامی کو روانہ رکھیں بلکہ آزاد اور احرار رہیں۔ اپنے قومی، ملکی، مذہبی پیشہ تجارت کو فروغ دیں اور اسی کو اپنا ذریعہ معیشت قرار دیں، اس کے بعد زراعت، فلاحت، صنعت و حرفت کو اپنا پیشہ بنالیں۔ ہندوستان میں یہ مثل زبان زد خاص و عام ہے 'اتم کھیتی مدھم بیوپار کنشٹ چاکری بھیک ندائن'۔ عام خیال ہے کہ ہندوستان چونکہ زرعی ملک ہے اس لیے زراعت کو تجارت پر ترجیح دی ہے۔ لیکن میرے خیال میں اس ضرب المثل کے معنی یہ ہیں اعلیٰ کھیتی مدھم بیوپار کے برابر ہے اور

چاکری کنسٹ بھکاری پن ہے کیونکہ دوسروں کے سامنے ہاتھ پھیلانا پڑتا ہے۔"

غرض ملاعبدالقیوم صاحب میں خداوند عالم نے غیر معمولی خوبیاں اور صلاحیتیں ودیعت کی تھیں وہ ایک سچے اور پکے مسلمان تھے۔ ان کا ہندو، مسلمان، پارسی، عیسائی اعلیٰ ادنیٰ چھوٹے بڑے، امیر غریب سب احترام کرتے تھے، وہ ہندوستان کی آزادی کے لیے ہندو اور مسلمانوں کے اتحاد و اتفاق کو ضروری سمجھتے تھے۔ اور اسلام کی سربلندی کے لیے رابطہ عالم اسلامی، مرکزیت و خلافت کو لازمی قرار دیتے تھے ان کی خدمات اور عالمی شہرت و مقبولیت روز روشن کی طرح عیاں ہے۔

عالمی شہرت و مقبولیت:

ملاعبدالقیوم کی شہرت و مقبولیت نہ صرف ہندوستان بلکہ ممالک اسلامیہ مصر، شام، عراق، ایران، ترکی و افغانستان میں تھی۔ اس کے علاوہ جاپان، جرمنی، امریکہ و چین تک دائرۃ المعارف کی نادرونایاب کتابوں کی اشاعت کی وجہ سے ہو چکی تھی۔ سر شیخ عبدالقادر مدیر "مخزن" لاہور نے اپنے قسطنطنیہ کے خطوط میں اس سیاح جاپان کی ملاقات کا ذکر کیا ہے، جو ملاعبدالقیوم کی ستائش کر رہا تھا۔ مشہور سیاح حافظ عبدالرحمن امرتسری نے بھی اپنے سفرنامہ میں ان کی شہرت کا ذکر کیا ہے۔

مخلصانہ مساعی:

اسلامی علوم کی نادر و نایاب کتابوں کی اشاعت کے لیے ملاعبدالقیوم نے جو مخلصانہ مساعی اور شب و روز ان تھک محنت کی اس کا اندازہ ان کے ایک مکتوب سے بخوبی لگایا جا سکتا ہے جو انہوں نے مولوی عبدالقادر صاحب (قادر نواز جنگ) صوبہ دار گلبرگہ کو لکھا تھا، یہاں ہم اس خط کو اقتباس درج کر رہے ہیں:

"آخر خدا نے اس گنہگار کی سن لی، سرکار سے پانسو روپیہ وظیفہ مقرر ہوا اور بڑی بڑی نایاب ضخیم مبسوط کتابیں حدیث و تفسیر و رجال کی خدا کے فضل سے شائع ہو گئیں، جن کو دیکھ کر علمائے مصر و شام نے دعائیں دیں۔ بہت تعریفیں لکھیں جن کے خطوط اور مراسلت کو میں نے ایک رسالہ کی صورت میں علیحدہ چھاپ کر شائع کر دیا ہے۔

اس سلسلہ میں یہ فکر رہی کہ چاروں اماموں کی تصانیف کیوں نہ شائع کی جائیں۔ امام مالک کی موطا

بروایت یحیٰی و محمد داخل درس و طبع ہو چکی ہے، امام احمد حنبل کی مسند، امام شافعی اور امام ابو حنیفہ کی تصانیف کا پتہ نہیں چلتا تھا، یہ ہزار سعی کو ششِ مسند بھی مصر میں طبع ہو گئی۔ اب صرف امام شافعی کی کتاب الامام نصف مدینہ طیبہ میں اور نصف قسطنطنیہ میں موجود ہے مگر امام صاحب کی خود کوئی تصنیف نہیں ہے۔ البتہ ان کے شاگردوں کی کتابیں ہیں جو اب تک ہندوستان میں نہیں آئیں۔ ان کا پتہ چلانے کے لیے مصر و شام کابل، بخارا، بغداد سب جگہ خطوط لکھے، کتب خانوں کی چھان بین کی اور یہ ہزار وقت امام محمد کی چھ کتابوں کا پتہ چلا۔ جن کو حنفی اصولیۃ و کتب ظاہر المرادیہ کہتے ہیں۔ ان کتب کے چھپ جانے سے گویا حنفیوں کے مذہب کی اساس مستحکم ہو جاتی ہے اور ماخذ مل جاتا ہے، چنانچہ منجملہ ان چھ کتابوں کے، ایک کتاب الاصل جس کو مبسوط بھی کہتے ہیں، جامعہ ازہر سے حاصل کی ہے اور اس کے طبع کا اہتمام خود مصر میں کر دیا ہے۔ ان چھ کتابوں کے لیے تخمیناً دس ہزار روپیہ کا صرفہ ہو گا جو خریداروں اور چندہ کے ذریعہ وصول کیا جائے گا، بالفعل مبسوط کے لیے جس کی چھپوائی شروع کر دی ہے تین سو روپیہ کلدار در کار ہیں۔

اگر آپ بطور مبادلہ و قرضہ کے، اتنا روپیہ مجھے دے دیں تو کام جاری ہو جاتا ہے اور آپ کا نام بھی اسلامی دنیا میں عزت کے ساتھ شہرت پاتا ہے۔ یہ رقم آپ کو مع منافع مل جائے گی اور ہمیشہ کے لیے آپ کا نام علمی دنیا میں بڑی عزت و وقعت کے ساتھ لیا جائے گا۔ اور عقبیٰ میں بھی آپ کو نہایت اجر ملے گا۔ امام محمد ہارون الرشید و غیرہ سلاطین عباسیہ کی دولت کے قاضی القضاۃ نہیں اور مذہب حنفی کے رواج کا باعث گویا یہی ہوئے ہیں۔ فقہ میں امام و استاد امام شافعی ہونے کے علاوہ یہ بہت برگزیدہ بزرگ تھے۔ چنانچہ ایک واقعہ ان کا مشہور ہے کہ جب حاکم عالی بغداد نے ان کی چھ کتابوں کا خلاصہ کیا اور ان کا نام "جامع اصول ستہ" رکھا تو امام محمد اس کے خواب میں آئے اور بد دعا دی کہ تو نے میری کتابوں کو جیسا کاٹا چھانٹا ہے، خدا تجھ کو بھی اسی طرح مقطوع الاعضا کرے چنانچہ اسی طرح وہ ترکوں کے ہاتھ سے ہنگامہ بغداد میں شہید ہوا۔ کیا عجب ہے کہ آپ کی اس تائید اور احیاء کتب کی اعانت نے ان کی روح آپ سے خوش و راضی ہو جائے اور اس کے برکات و حسنات آپ کے حال و استقبال ترقی مدارج کا ظاہری و باطنی کا موجب ہو۔ مجھے امید ہے کہ اس تھوڑی سی

رقم کی استعانت سے جو بطریق مبادلہ واستقراض چاہی جاتی ہے ہر گز دریغ نہ کریں گے۔"

یہ رقم موصوف نے بھیج دی تھی جو اس وقت مصر روانہ کر دی گئی اور وہ کتاب مصر میں چھپ گئی۔ اس سے آپ کو اندازہ ہو گا کہ ملاعبد القیوم اپنی دھن کے کس قدر پکے، علو ہمت و رابطہ اور اخوت اسلامی کے سچے علمبردار تھے۔

وفات حضرت آیات:

بالآخر کچھ عرصہ علیل رہ کر ۸؍ رمضان المبارک ۱۳۲۴ھ مطابق ۲۲؍ اکتوبر ۱۹۰۶ء بروز دو شنبہ آٹھ بجے دن بہ عارضہ قلب اپنے مکان واقع بیرون دروازہ چادر گھاٹ میں انتقال کیا۔ عمر ۵۳ سال تھی دوسرے دن میت گلبر گہ لے جاکر روضہ حضرت شیخ سراج الدین جنیدی کے احاطہ میں، جہاں انہوں نے اپنی اہلیہ کے پہلو میں قبر کھدوار رکھی تھی، دفنایا گیا۔ بلدہ حیدرآباد اور گلبرگہ میں نماز جنازہ پڑھی گئی۔ آپ کے انتقال کی خبر عام ہوئی تو حیدرآباد دکن، ہندوستان اور بیرون ہند صف ماتم بچھ گئی۔ عظیم الشان تعزیتی جلسے منعقد ہوئے قرار دادیں منظور ہوئیں اخبارات و جرائد میں تعزیتی اداریے لکھ کر مرحوم کی خدمات دینی و ملی کا اعتراف کیا گیا۔ پیسہ اخبار لاہور، وطن لاہور، وکیل امرتسر، فخر دکن و مدراس صحیفہ اور مشیر دکن حیدرآباد کے علاوہ دیگر رسائل و جرائد میں بھی تعزیتی مضامین شائع ہوئے، ان کے محاسن اور ان کی قومی اور ملی خدمات کو سراہا گیا۔ مشاہیر ہندوستان اور عالم اسلام کے تعزیت نامے وصول ہوئے۔ مولانا الطاف حسین حالی، مولانا سید فضل الحسن حضرت موہانی، مولانا عبد الحئی معتمد ندوۃ العلماء، شمس العلماء شبلی نعمانی اور دیگر نامور رہنما اور علمائے کرام نے دلی رنج و الم کا اظہار کیا۔

☆ ☆ ☆

ماخوذ از کتاب: رابطۂ عالم اسلامی اور حیدرآباد دکن۔ مصنف: محمد حسام الدین خاں غوری۔
ناشر: دارالادب (کراچی)۔ سنہ اشاعت: ۱۹۷۹ء
Mulla Abdul Qayyum, a renown son of Deccan.
By: Hussamuddin Khan Ghauri.

ماہ لقا چندا: خطۂ دکن میں فن موسیقی کی باوقار فنکارہ

راحت عزمی

ماہ لقا بائی چندا کو عموماً گذشتہ ادوار کے محققین و مصنفین نے طوائف کے حقیر نام سے متعارف کروایا تھا۔ لیکن اپنی تحقیقی کتاب "ماہِ لقا ۔ حالاتِ زندگی مع دیوان" (سن اشاعت: دسمبر ۔ ۱۹۹۸ء) میں راحت عزمی نے اردو کی دوسری صاحب دیوان شاعرہ ثابت کرتے ہوئے انہیں ایک ماہر موسیقی کے ساتھ سماجی، ادبی اور دینی جذبہ کی حامل خاتون کے روپ میں پیش کیا ہے اور جس کے لیے تاریخی شواہد، محققین کی آرا اور داخلی شہادتوں کا سہارا لیا ہے۔ یہ مختصر تعارف دراصل تعمیر نیوز کی جانب سے اسی کتاب سے اخذ شدہ مواد پر مبنی ہے۔

ماہ لقا کی پیدائش ۲۰؍ ذی قعدہ ۱۱۸۱ھ (اپریل ۱۷۶۸ء) اور وفات ۱۹؍ محرم ۱۲۰۷ھ (ستمبر ۱۷۹۲ء) کو ہوئی تھی۔ ماہ لقا کے والد کا نام بہادر خاں اور خطاب بسالت خاں تھا۔ ماہ لقا کا نام اس کی نانی کے نام پر چندا بی بی رکھا گیا تھا۔ یہی نام اس کے مقبرے کے کتبہ پر کندہ ہے۔ چندا تخلص تھا۔ نظام علی خاں آصف جاہ ثانی نے ۱۲۱۷ھ م ۱۸۱۵ء میں "ماہ لقا" کا خطاب عطا کیا تھا۔ ماہ لقا کی ماں میدا بی بی گجرات کے ایک مرشد گھرانے کی صاحبزادی تھیں۔ اس کے والد بہادر خاں ترکی النسل بلخ کے معزز گھرانے کے فرد تھے جن کے دادا محمد یار بلخ سے ہندوستان آئے اور شاہ جہاں کے دربار سے وابستہ ہو گئے تھے۔

ماہ لقا کے دادا میرزا سلطان نظر عالمگیر کے دربار میں شہزادہ معظم کے وکیل تھے۔ خاندانی روایت کے مطابق ماہ لقا کی تعلیم و تربیت نہایت اعلیٰ پیمانے پر ہوئی تھی۔ وہ بہترین شہسوار اور تیر انداز تھی۔ فارسی زبان و ادب پر گہری نظر تھی۔ شاعری کے میدان میں وہ اپنے جوہر منوا چکی تھی۔ ۱۲۱۳ھ

میں اس کا دیوان مرتب ہو چکا تھا۔ فنِ موسیقی میں اسے کمال حاصل تھا۔ وقت کے مشہور موسیقار خوشحال خاں کی وہ شاگرد تھی جو ایک اچھے قوال بھی تھے۔ یہ وہی خوشحال خاں ہیں جنہوں نے حیدرآباد کے کوہ مولا علی پر کمان، مقبرہ، عاشور خانہ اور آبدار خانہ بنوایا تھا۔ ماہ لقا کو دھرپد، خیال اور ٹپہ میں بڑا کمال حاصل تھا جس میں اس نے کئی اضافے بھی کیے تھے۔

ماہ لقا کی شہرت امرا اور دربار آصفی تک پہنچ چکی تھی۔ دوسری طرف چندا اور اس کا خاندان ناساز گار حالات کا شکار ہو چلا تھا۔ ماہ لقا نے چار و ناچار شاہی دربار اور امرا کی مہذب محفلوں میں اپنے فن کا مظاہرہ کرنا شروع کیا۔ اس طرح داد اور دولت حاصل کی۔ اس زمانے میں خواتین کا گانا بجانا بھی معیوب سمجھا جاتا تھا۔ یہی وجہ ہے کہ چندا کے ساتھ طوائف کا تمغہ لگ گیا حالانکہ وہ شوقین اور باکمال فنکار تھی نہ کہ کسبی اور پیشہ ور۔

ماہ لقا کے خاندانی حالات خواجہ غلام حسین جوہر کی مرتبہ تاریخ ماہنامہ اور صمصام الدولہ شاہنواز خاں کے تذکرہ مآثر الامرا میں ملتے ہیں۔ ان حالات سے اس کی خاندانی عظمت و وجاہت پر روشنی پڑتی ہے اور آسانی سے اندازہ ہو جاتا ہے کہ ماہ لقا کوئی معمولی گھرانے کی خاتون نہیں تھی بلکہ وہ ددھیال اور ننھیال دونوں طرف سے اعلیٰ خاندان کی چشم و چراغ تھی۔

ماہ لقا کے دادا، والد اور والدہ سبھی متقی و پرہیزگار تھے، اس کی رگوں میں ان ہی کا خون دوڑ رہا تھا۔ زندگی کے دوسرے میدانوں میں بھی اس کو ددھیال اور ننھیال کی اعلیٰ صلاحیتیں وراثت میں ملی تھیں۔ قدرت بھی اس پر بہت فیاض تھی، یوں وہ حسن صورت و حسن سیرت میں اپنی مثال آپ تھی۔ اس کے خد و خال غیر معمولی پر کشش تھے۔ وہ ایک پاکیزہ قلب و عالی دماغ خاتون تھی۔ بچپن ہی سے ہونہار بروا کے چکنے چکنے پات کا مصداق تھی۔ غلام حسین جوہر نے، جنہیں علم نجوم سے خاص لگاؤ تھا، بچپن میں ایک مرتبہ ماہ لقا کو دیکھا تھا اور پیشین گوئی کی تھی کہ وہ بڑی ہو کر بہت نامور خاتون بنے گی۔

چندا کی ابتدائی تعلیم نواب رکن الدولہ مدار المہام سلطنت آصفیہ کی زیر نگرانی ہوئی۔ ابھی وہ آٹھ ۔ نو سال کی تھی کہ رکن الدولہ کی ۱۱۸۹ھ میں شہادت واقع ہو گئی اور اس کی تعلیم و تربیت کی

ساری ذمہ داری صاحب بی صاحبہ نے اپنے ذمہ لے لی۔ انہوں نے اس پر اپنی پوری توجہ مرکوز رکھی۔ چندا بی بی بھی فہیم و فریس تھی لہذا دن دونی رات چوگنی ترقی کرنے لگی۔ شباب کی حدوں میں داخل ہونے تک اس نے مختلف علوم و فنون میں اتنا کچھ سیکھ لیا تھا جس کا عام طور پر کم امکان رہتا ہے۔ مختلف علوم و فنون کی تعلیم کے لیے اسے اساتذہ بھی کامل الفن ملے تھے جنہوں نے اس کی خداداد صلاحیتوں کو خوب چمکا دیا۔

چندا بی بی کو علوم مروجہ میں کافی دستگاہ حاصل تھی۔ وہ فارسی سے کماحقہ واقف تھی، اس نے فارسی میں شاعری کی تھی اور حسب ضرورت عربی سیکھ لی تھی۔ برج بھاشا سے بھی خوب واقف تھی۔ اردو تو اس کی اپنی مادری زبان تھی جس پر اسے کامل عبور تھا۔ اس کا دیوان اس دعویٰ کا واضح ثبوت ہے۔ ماہ لقا کو تاریخ اور شاعری سے فطری لگاؤ تھا۔ اس کا مطالعہ بہت وسیع تھا۔ وہ اپنا کافی وقت کتب بینی میں صرف کرتی تھی۔

رمن راج سکسینہ لکھتے ہیں:

"ماہ لقا ہمیشہ مکلف لباس سے آراستہ و پیراستہ رہتی تھی۔ یہ وقت بار گاہ خسروی میں حاضر ہوتی تھی۔ باقی اوقات کتب کے مطالعے میں گذارتی تھی۔ اس کا کتب خانہ ہر علم و فن کی کتابوں سے بھرا ہوا تھا۔"

چندا کے علمی شغف کا اندازہ اس حقیقت سے بھی ہوتا ہے کہ اس نے اپنے یہاں کئی کاتب ملازم رکھے تھے۔ جب کسی نئی کتاب کا علم ہوتا، اس کو فراہم کرتی اور کاتبین اس کی نقل کر لیا کرتے تھے۔ علم سے اسی رغبت نے اس کے مطالعہ کو بہت گہرا کر دیا تھا۔ چونکہ تاریخ سے اس کو فطری دلچسپی تھی، اس لیے اس فن کی کتابوں کا مطالعہ زیادہ رہتا۔ روضۃ الاولیا اور حبیب السیر جیسی کتابیں اسے زیادہ مرغوب تھیں اور اپنی علمی تشنگی کو بجھانے وہ ہر وقت مختلف علوم کے علما سے استفادہ کرتی تھی۔ اس کے کتب خانے کے قیمتی ذخیرہ کا اندازہ ان کتب کی موجودگی سے ہوتا ہے جن کی مدد سے غلام حسین جوہر نے "ماہنامہ" جیسی تاریخ مرتب کر لی۔ اس تاریخ کی تیاری کے لیے انہیں کسی دوسرے کتب خانے تک جانے کی ضرورت ہی محسوس نہ ہوئی۔ ان میں سے چند اہم کتابیں یہ تھیں جو چندا کے کتب خانے کی زینت بنی ہوئی تھیں:

روضۃ الاولیا، روضۃ الاحباب، نورس نامہ، تاریخ فرشتہ، تاریخ مراۃ العالم، اقبال نامہ جہانگیری، اکبر نامہ، آثر الامرا، تاریخ ہفت اقلیم، شاہ نامہ، توزک تیموری، تاریخ بہمنی، تاریخ قطب شاہی، زبدۃ التواریخ، حبیب السیر، شاہ جہاں نامہ وغیرہ۔

چندا بی بی کو فن موسیقی سے بھی دلچسپی تھی۔ اسی کے ساتھ قدرت نے اس کو سریلا گلا بھی عطا کیا تھا اور رقص کے لیے اس کا قد موزوں بھی تھا، یہ بھی قدرت ہی کی دین تھی۔ اس کی ذہانت و فطانت بھی خدا داد تھی۔ شاعری اس کی فطرت میں رچی بسی تھی جیسا کہ اس کے کلام سے ظاہر ہے کہ ہر شعر میں آمد ہی آمد ہے، آورد کا کہیں احساس نہیں ہوتا۔

اس نے دھرپد، خیال ٹپہ میں کمال حاصل کیا تھا۔ رقص میں بھی وہ اس درجہ پر پہنچ گئی تھی کہ دوسرے فنکار اس کا نام سن کر ادب سے کان پکڑتے تھے۔ اس دور کی مشہور رقاصائیں نبوجی، واکھن جی، بہتور اور کنور وغیرہ نے ماہ لقا کے آگے اپنے گھنگرو کھول دیئے تھے۔ فن حرب و ضرب میں بھی اس نے مہارت حاصل کی تھی۔ تیر اندازی اور نیزہ بازی اسے بہت محبوب تھی۔ وہ مردوں کی طرح ورزش کرتی تھی اور اچھی شہسوار بھی تھی۔

صداقت پسند تذکرہ نگاروں اور حقائق آگاہ قلمکاروں نے ماہ لقا کی صلاحیتوں کی تعریف کی ہے اور بتایا ہے کہ اس نے خدا کی دی ہوئی ان نعمتوں اور اپنے مضبوط کردار کی بنیاد پر نام کمایا اور ہر محفل میں محترم و مقبول رہی۔

☆ ☆ ☆

ماخوذ از کتاب: ماہِ لقا- حالاتِ زندگی مع دیوان، مصنف: راحت عزمی۔ سن اشاعت: دسمبر ۱۹۹۸ء

Mah Laqa Chanda, a renown poet and music artist of Deccan. By: Rahat Azmi

گو گل ری یو نین ۔ قلی قطب شاہ سے سلطنت آصفیہ اور سقوط حیدرآباد تک

مکرم نیاز

یہ مضمون، گو گل سرچنگ (بذریعہ اردو رسمِ خط) کی سہولت کے سہارے ۲۰۱۴ء کے اوائل میں تحریر کیا گیا تھا۔ تقریباً نو (۹) برسوں کے دوران بلاشبہ متذکرہ عنوان کے زیرِ تحت معلومات کے ذخیرہ میں اضافہ ہوا ہے، جس کے لیے انٹرنیٹ پر اردو رسمِ خط کا مسلسل استعمال کرنے والے قلمکار دادِ دوستائش کے قابل و حقدار ہیں۔ اس مضمون کے حوالے سے سائبر دنیا کے اردو مواد میں پیش آنے والی حیران کن مثبت تبدیلی کا مشاہدہ بھی کیا جا سکتا ہے۔

"ری یو نین [Reunion]" دراصل انٹرنیٹ کی دنیا کے دیو قامت ادارہ "گو گل" کی ایک مختصر ویڈیو کا عنوان ہے۔ چند ماہ قبل گو گل ۔ انڈیا نے یوٹیوب پر اپنا تخلیق کردہ ایک ویڈیو اشتہار جاری کیا تھا جس میں ایسے دو بزرگوں کو دکھایا گیا جو برِصغیر کی تقسیم کے برسوں بعد دوبارہ مل رہے ہیں اور یہ پوری کہانی چار منٹ سے بھی کم وقت میں مکمل ہو جاتی ہے۔ مختصر ترین مگر جذباتی اور متاثر کن ویڈیو نے سوشل میڈیا کے ساتھ ساتھ پرنٹ و الکٹر انک میڈیا میں بھی مقبولیت اور ستائش کے نمایاں ریکارڈ قائم کیے ہیں۔ اس ویڈیو کا مرکزی نقطہ یہی تھا کہ کس طرح گو گل نے جدید ترین تکنالوجی پر مبنی اپنی گوناگوں خوبیوں کے ذریعے انسانی حیات و احساسات کو متاثر کرنے میں کامیابی حاصل کی ہے۔

سرحد کے ایک جانب ایک دو شیزہ اپنے دادا کے ماضی کی یادوں پر مبنی گفتگو کے سہارے گو گل سرچ پر الفاظ: قدیم لاہور دروازہ موچی گیٹ، جھا جھریا[jhajariya] مٹھائی سے ہوتے ہوئے مٹھائی کی

دکان کے مالک اور اپنے دادا کے بچپن کے دوست "یوسف" کو ڈھونڈ نکالتی ہے اور سرحد کے دوسری جانب یوسف کا نوجوان پوتا گوگل سرچ سے پڑوسی ملک کے ویزا کی تفصیلات اور شہر کے موسم کا احوال معلوم کرنے کے بعد اپنے دادا کو ساتھ لیے ان کے بچپن کے دوست "بلدیو" سے دوبارہ ملاقات کروانے کی خاطر عین سالگرہ کے روز دروازے پر دستک دیتا ہے!

بلاشبہ آج ہم انٹرنیٹ کے اس "گوگل ایج [Google Age]" میں جی رہے ہیں جہاں دور قطب شاہی سے لے کر تاج کرشنا بنجارہ ہلز (حیدرآباد) تک کی معلومات محض ایک کلک کی دوری پر دستیاب ہیں۔ انگریزی چونکہ بین الاقوامی زبان ہے لہذا اس کے ذریعے کسی بھی قسم کی معلومات کا حصول ناممکن نہیں، لیکن یہ بات شاید بہت سے قارئین کو تعجب خیز لگے کہ آج اردو زبان کے ذریعے بھی حصول معلومات کوئی مشکل امر نہیں رہا۔

گذشتہ دنوں جب سیاست کے ایوانوں میں مملکت آصفیہ اور حضور نظام میر عثمان علی خان کے خلاف ہرزہ سرائی کا طوفان اٹھ کھڑا ہوا تو تاریخ دکن سے جزوی واقفیت رکھنے والے افراد اور اداروں نے تک اپنا فرض جانا کہ عوام کو گذشتہ واقعات اور حقائق کی روشنی سے سرفراز کیا جائے۔ سائبر ورلڈ کو اپنا انتہائی وقت دینے والے ہم جیسے فرزانوں کے ذہن میں ایک خیال یہ در آیا کہ روایتی اردو داں قلمکاروں کے لیے تاریخی یا تحقیقی مضمون تحریر کرنے محدود ذرائع میسر ہیں۔ زیادہ سے زیادہ کچھ رسائل اور لائبریریوں کی چند مخصوص کتابیں ہی قلمکار کی دسترس میں ہوتی ہیں، جن کی مدد سے ماہرین فن کے کچھ اقتباسات اور کچھ اپنے تبصرے یا تجزیے کے ذریعے ایک روایتی سا مضمون تیار ہوتا ہے۔ لیکن جب یہی بات انٹرنیٹ کے کسی قاری یا محقق سے کہی جائے تو آئیے ذرا دیکھتے ہیں کہ پیاز کی پرت در پرت کی طرح معلومات کے در کیسے واہوتے جاتے ہیں اور گوگل سرچ کا یہ سفر کس طرح معلومات کے حصول میں وسیلہ ظفر ثابت ہوتا ہے؟

محمد قلی قطب شاہ و قطب شاہی عہد

اس میں شک نہیں کہ انٹرنیٹ کی دنیا میں "اردو یونیکوڈ" کی آمد نے بہت بڑا انقلاب برپا کیا ہے، جس

کے سبب انگریزی کی طرح آج اردو الفاظ یا فقروں کے ذریعے مطلوبہ و متعین تلاش ممکن الحمل ہو گئی ہے۔ گوگل میں جیسے ہی اردو رسم الخط میں "قلی قطب شاہ" لکھ کر تلاش کا بٹن دبایا جائے تو سب سے اوپر "اردو ویکی پیڈیا" کے اس صفحہ کا لنک نظر آتا ہے جس پر قلی قطب شاہ سے متعلق مختصر معلومات کچھ یوں درج ہیں:

"محمد قلی قطب شاہ (۱۵۸۰ ـ ۱۶۱۱) سلطنت قطب شاہی کے پانچویں سلطان تھے۔ ان کا دارالسلطنت گولکنڈہ تھا۔ انہوں نے حیدرآباد شہر کی تعمیر کر کے اسے اپنا دارالسلطنت بنایا۔ شہر حیدرآباد کو ایرانی شہر اسفہان سے متاثر ہو کر بنوایا گیا۔ سلطان محمد قلی قطب شاہ، ابراہیم قلی قطب شاہ کے فرزند تھے۔ انہوں نے شہر حیدرآباد، دکن کی تعمیر کی۔ ان کی (پہلی) راجدھانی گولکنڈہ سے شہر حیدرآباد کو منتقل کیا۔ شہر حیدرآباد کی تعمیری ڈیزائن ایرانی آرکٹکٹوں سے کی گئی۔ شہر حیدرآباد کو حضرت امام علی رضی اللہ کے نام سے موسوم کیا گیا۔ اکثر لوگ یہ بھی سوچتے ہیں کہ شہر حیدرآباد دلیروں کا شہر ہے۔ محمد قلی قطب شاہ نے ۱۵۹۱ء میں شہر حیدرآباد کے درمیان چار مینار کی تعمیر کروائی۔ سلطان قلی قطب شاہ عربی، فارسی اردو اور تیلگو زبانوں میں ماہر تھے۔ ان کی شاعری فارسی اور اردو زبانوں میں ہے۔ اردو شاعری کا دیوان کلیات قلی قطب شاہ مشہور ہے۔ اور ان کو پہلا صاحب دیوان (اردو) مانا جاتا ہے۔"

یہ تعارف کتنا درست، غیر متنازعہ اور مناسب و موزوں ہے یا اس سے نئی نسل کے net-savvy عام قاری کی معلومات میں کس قدر اضافہ ممکن ہو سکتا ہے؟ اس پر بحث کے بجائے یہ بتانا زیادہ بہتر ہو گا کہ ویکی پیڈیا دراصل ایک آزاد دائرۃ المعارف ہے جہاں کوئی بھی قاری ر صارف اپنا کھاتا کھول کر معلومات میں رد و بدل و اضافہ کر سکتا ہے۔ لہذا، اردو تاریخ و ادب کے وہ طالب علم یا اساتذہ جو انٹرنیٹ کی دنیا سے کسی نہ کسی حد تک وابستہ ہیں، ان کی خدمت میں یہی عرض ہے کہ: صلائے عام ہے یاران نکتہ داں کے لیے!

اردو ادب کا ایک عام قاری یہ بات جانتا ہے کہ قلی قطب شاہ کو اردو کا پہلا صاحب دیوان شاعر قرار

دیا گیا ہے اور حیدرآباد کے ڈاکٹر محی الدین قادری زور (مرحوم) نے ان کی کلیات کی اشاعت عمل میں لائی تھی۔ لہذا جب گوگل پر یہ فقرہ "قلی قطب شاہ کلیات ڈاکٹر زور" تلاش کیا جائے تو کچھ اہم معلومات سامنے آتی ہیں۔

پاکستان کے اخبار روزنامہ ایکسپریس میں کسی "معین الدین" نے ایک نہایت سیر حاصل مضمون بعنوان "اردو کا پہلا صاحب دیوان شاعر" ستمبر ۲۰۱۱ء میں تحریر کیا تھا جسے پاکستان کی حکومتی سطح کی ویب سائٹ nlpd.gov.pk نے ستمبر ۲۰۱۱ء کے اپنے اخباری کالم میں شائع کیا ہے جو حقیقتاً معلوماتی اور قابل تحسین تحریر ہے۔ چند اہم سطور ملاحظہ فرمائیے۔

"گول کنڈہ کے پہلے چار بادشاہ یعنی سلطان قلی، جمشید قلی، سبحان قلی، اور ابراہیم قلی اپنی سلطنت کے استحکام میں مصروف رہے۔ انھوں نے انتظام سلطنت کی طرف زیادہ توجہ کی لیکن یہ بادشاہ بھی صاحب ذوق تھے۔ ان میں جمشید قلی خود بھی فارسی کا اچھا شاعر تھا اور شاعروں اور ادیبوں کا قدر دان تھا۔ اس کا چھوٹا بھائی ابراہیم گرچہ شاعر نہ تھا، لیکن شاعری سے گہرا لگاؤ رکھتا تھا۔ ابراہیم کی کوششوں سے ہی گول کنڈہ میں علمی و ادبی فضا پیدا ہوئی اور عوام اردو زبان میں دل چسپی لینے لگے۔ ان کا بیٹا محمد قلی قطب شاہ بھی اردو شاعری کا دلدادہ تھا جو اپنے باپ ابراہیم قلی کے بعد ۱۵۸۱ء میں تخت پر بیٹھا۔ یہ قطب شاہی خاندان کا پانچواں اور سب سے بڑا بادشاہ تھا اور اکبر اعظم اور شاہ عباس کا ہم عصر تھا۔ اس کا دور حکومت اکتیس سال یعنی ۹۸۸ھ سے ۱۰۲۰ھ تک رہا۔ یعنی اردو کا پہلا دیوان شاعر ہے جو جمعہ کے دن پیدا ہوا اور پھر بعد میں سن شعور پر بارہ سال کی عمر میں جمعہ کے دن ہی تخت نشیں ہوا۔ تخت نشینی کے موقع پر اس نے امراء اور وزراء کو دل کھول انعام و اکرام سے نوازا اور غریبوں، فقیروں اور محتاجوں کو اتنا دیا کہ رعایا خوش حال ہو گئی محمد قلی قطب شاہ نے تخت نشینی کے گیارہ سال بعد ۱۵۹۰ء میں حیدرآباد کی بنیاد رکھی اور اپنی محبوب بھاگ متی کے نام پر اس کا نام بھاگ نگر رکھا۔ اس نے جب بھاگ متی کو حیدر محل کا خطاب دیا تو بھاگ نگر شہر کا نام بھی بدل کر حیدرآباد رکھ دیا۔ اسے عمارتیں بنوانے کا بڑا شوق تھا۔ چنانچہ جابجا مسجدیں، شفاخانے اور مدرسے وغیرہ تعمیر کرائے اور متعدد عالی شان محلات بنوائے۔ اسے اپنے آباد کیے ہوئے شہر سے خاص لگاؤ تھا، لہذا وہ

اللہ تعالیٰ سے یوں دعا کرتا ہے:

میرا شہر لوگاں سوں معمور کر

رکھیا جوں توں دریا میں من یا سمیع

یعنی اے خدا، تو میرے شہر کو لوگوں سے اس طرح آباد رکھ جس طرح دریا میں بے شمار مچھلیاں ہوتی ہیں۔"

ایک اور ویب سائٹ bio-bibliography.com نے قلی قطب شاہ سے متعلق مختصر اور مفید معلومات فراہم کی ہیں جس میں "میاں محمد سعید" کی تحقیق کے حوالے سے لکھا گیا ہے کہ ۔۔۔ قلی قطب شاہ فارسی میں "قطب شاہ" اور دکھنی میں "مانی" تخلص کرتے تھے۔ "قطب شاہی" پر تین کتب دستیاب ہیں۔

۱۔ سلطان محمد قلی قطب شاہ، ڈاکٹر سید محی الدین قادری زور، اعظم اسٹم پریس۔ حیدرآباد، ۱۹۴۰ء، ۴۹۷ صفحات

۲۔ کلیاتِ محمد قلی قطب شاہ مرتب سیدہ جعفر، ترقی اُردو بیورو۔ نئی دہلی ۔ ۱۹۸۵ء، ۸۲۴ صفحات

۳۔ سلطان محمد قلی قطب شاہ، اسلم پرویز، انجمن ترقی اُردو (ہند) ۲۰۱۰ء

گوگل نتائج کے ایک اور ربط پر ایک اہم کتاب "محمد قلی قطب شاہ کی جمالیات" ایسی سامنے آتی ہے جسے اردو کے پہلے صاحبِ دیوان شاعر کی بوطیقا پر اردو تنقید کی پہلی کتاب کہا گیا ہے۔ اس کے مصنف ہریانہ کے شکیل الرحمٰن ہیں اور یہ مکمل کتاب انٹرنیٹ کی اردو کمیونٹی کی معروف شخصیت، مجاہدِ اردو جناب اعجاز عبید کے تعاون سے اردو یونیکوڈ میں ڈاکٹر سیف قاضی کی مشہور و مقبول اردو یونیکوڈ کتب لائبریری "بزم اردو لائبریری" پر مفت مطالعہ اور ڈاؤن لوڈ کیلیے پیش کی گئی ہے۔

"عہد قطب شاہی" الفاظ کے حوالے سے اردو اکیڈمی آندھرا پردیش کا نام بھی سامنے آتا ہے۔ یہ الگ بات ہے کہ تحریر اردو اکیڈمی کی ویب سائٹ کے حوالے سے نہیں ہے۔ اردو اکیڈمی آندھرا پردیش نے اپنے رسالہ "قومی زبان" کا خصوصی نمبر اگست ۲۰۱۳ میں "عہد قطب شاہی نمبر" کے

عنوان سے شائع کیا تھا۔ اور اس شمارہ پر جامعہ عثمانیہ کے پی۔ایچ۔ڈی اسکالر جناب عبدالعزیز سہیل نے سیر حاصل تبصرہ تحریر کیا تھا جو راقم الحروف کے آن لائن نیوز پورٹل "تعمیر نیوز" میں اگست ۲۰۱۳ کے اواخر میں شائع کیا گیا۔ قومی زبان کے اس خصوصی نمبر اور اس عمدہ تبصرہ کی اہمیت کا اندازہ صرف اس بات سے بھی لگایا جاسکتا ہے کہ گوگل سرچنگ میں "عہد قطب شاہی" الفاظ پر جو سب سے پہلا لنک صفحہ اول پر سامنے آتا ہے وہ اسی تبصرہ کا ہے۔ گمان اغلب ہے کہ اگر "قومی زبان" کا مندرجہ مکمل شمارہ اردو یونیکوڈ میں انٹرنیٹ پر پیش کر دیا جائے تو متعلقہ موضوع سے متعلق نہایت اہم مواد انٹرنیٹ محققین کی دسترس میں آ جائے گا۔ اس کارِ خیر کے ذریعے اردو زبان اور تاریخ حیدرآباد کو سائبر دنیا میں جو فروغ حاصل ہو گا وہ کسی سے پوشیدہ نہیں۔

کلیات سلطان محمد قلی قطب شاہ

اگلا ہدف یہ تھا کہ گوگل پر الفاظ "کلیات سلطان محمد قلی قطب شاہ" لکھ کر تلاش شروع کی جائے۔ تلاش کے نتیجے کے پہلے صفحہ پر پہلا لنک دنیا کے اولین اردو یونیکوڈ فورم "اردو محفل" کا ملتا ہے جس نے اپنے اراکین کی رضاکارانہ کمپوزنگ کے تعاون سے مختلف النوع اہم اردو کتب کو یونیکوڈائز کرنے کا قابل تحسین کام عرصہ دراز سے شروع کر رکھا ہے۔ اسی حوالے سے کچھ اراکین نے کلاسیکی ادب کی کتب کو پی۔ڈی۔ایف شکل میں ڈیجیٹائز کر کے مقبول عام ڈیومنٹ اپلوڈنگ ویب سائٹ scribd.com پر اپلوڈ کر رکھی ہیں تاکہ انہیں تحریری اور قابل تلاش اردو (یونیکوڈ) میں فرصت سے منتقل کیا جائے۔ اس طرح "کلیاتِ سلطان محمد قلی قطب شاہ" کے تینوں حصے ایک عام قاری انٹرنیٹ کی مندرجہ ویب سائٹ پر ملاحظہ کر سکتا ہے (گذشتہ چند دن قبل کی اطلاع کے مطابق، بدقسمتی سے اب اس سائٹ سے کوئی بھی کتاب مفت میں ڈاؤن لوڈ نہیں کی جاسکے گی)۔

واضح رہے کہ مندرجہ کلیات ڈاکٹر سید محی الدین قادری زور (مرحوم) کی مرتب شدہ ہے اور یہ ۱۹۴۰ کا نسخہ ہے جو ۱۰۶۸ صفحات کی شکل میں مکتبہ ابراہیمیہ مشین پریس، حیدرآباد دکن سے شائع ہوا تھا۔

بھاگ متی اور تاریخ فرشتہ

معین الدین صاحب کے مضمون میں "بھاگ متی" کے ذکر پر فیس بک کے ایک اردو ادبی فورم "ادبی محاذ" کے ایک حوالے کا ذکر بھی یہاں شاید دلچسپی سے خالی نہ ہو جہاں ایک دوست نے مشہور انگریزی اخبار "دی ہندو" کے ایک مضمون کا لنک دیتے ہوئے اس کی تصدیق چاہی تھی۔ نومبر ۲۰۱۳ کے اوائل میں شائع شدہ ہے۔ ایس۔ افتخار صاحب کے اس انگریزی مضمون کا عنوان تھا: "کیا بھاگ متی کا وجود ثابت ہے؟" افتخار صاحب نے اپنے مضمون میں "دکن ہیریٹیج ٹرسٹ" کے مورخ و محقق صفی اللہ کے نقطہ نظر کا تفصیلی ذکر کیا ہے جس کے مطابق صفی اللہ صاحب تاریخی واقعات اور ٹھوس دلائل کی بنا پر بھاگ متی کے وجود کو ماننے کے منکر ہیں۔ مشہور سیاح محمد قاسم فرشتہ کی تاریخ پر مبنی کتاب "تاریخ فرشتہ" کے متعلقہ متن کو ورد کرتے ہوئے ان کا کہنا ہے کہ حیدرآباد کا بذات خود دورہ کیے بغیر محض بیجاپور میں بیٹھ کر کوئی سیاح حقائق بیان کر سکتا ہے یا رومانی لفاظی؟

ہندوستان کی مکمل تاریخ "تاریخ فرشتہ" عرصہ قبل ہم نے حیدرآباد کی کسی لائبریری میں دیکھی تھی۔ تاریخی دستاویزات اور مشہور اہم کتب کے حصول کی ایک مشہور و مقبول ویب سائٹ انٹرنیٹ پر موجود ہے، یعنی archive.org ۔ جب تاریخ طبری (اردو ترجمہ) جیسی شاہکار و عظیم الشان کتاب archive.org پر سات جلدوں میں مفت دستیاب ہے تو یقیناً تاریخ فرشتہ کی موجودگی کا بھی امکان ہے۔ لہذا تھوڑی مزید سرچنگ نے آرکائیوڈاٹ آرگ پر مہیا کی گئی مطلوبہ کتاب تک پہنچا دیا۔ یہ چار جلدوں میں دستیاب ہے اور تیسری جلد کو چھوڑ کر کسی صاحب خیر نے باقی تین جلدیں افادہ عام کیلیے اپلوڈ کر رکھی ہیں جسے کوئی بھی قاری مندرکرہ ویب سائٹ سے پی۔ڈی۔ایف فائل کی شکل میں مفت میں ڈاؤن لوڈ کر سکتا ہے۔

مندرکرہ کتاب اصل فارسی کتاب کا اولین اردو ترجمہ ہے جو "دارالطبع جامعہ عثمانیہ سرکار عالی حیدرآباد دکن" سے ۱۹۲۶ میں شائع کیا گیا تھا۔ اور اس کے مترجم دارالترجمہ جامعہ عثمانیہ سرکار عالی کے رکن مولوی محمد فدا علی صاحب طالب ہیں۔ جبکہ ایک اور ترجمہ بھی ۴ جلدوں (دو عدد پی۔ڈی۔ایف فائلیں) میں انٹرنیٹ پر دستیاب ہے جس کے مترجم مشہور ناقد، محقق اور کالم نگار مشفق خواجہ ہیں

اور یہ "المیزان لاہور" نے ۲۰۰۸ میں شائع کیا ہے۔

فدا علی صاحب کی ترجمہ شدہ تاریخ فرشتہ کی چوتھی جلد کے صفحہ ۳۲۸ پر لکھا ہے :

"محمد قلی قطب شاہ اپنی حکومت کے اوائل زمانہ میں ایک بازاری عورت مسماۃ بھاگ متی پر عاشق ہوا اور ہزار سوار اس کے مکان پر ملازم کر دئے تاکہ امرا کی طرح دربار میں آمد و رفت کرے۔ اتفاق سے اس زمانہ میں گولکنڈہ کی آب و ہوا اسے لوگوں کو نفرت ہو گئی، بادشاہ نے تفتگاہ سے چار کوس کے فاصلہ پر ایک نیا شہر جو اپنے ہر چہار سمت کے اعتبار سے ہندوستان میں بینظیر ہے بسایا اور اسے اپنا پائے تخت قرار دے کر شہر کو بھاگ نگر کے نام سے موسوم کیا لیکن آخر میں بادشاہ اس نام سے شرمندہ ہوا اور بلدہ حیدرآباد نام رکھا لیکن عام طور پر یہ شہر بھاگ نگر ہی کے نام سے پکارا جاتا ہے، اس شہر کا دور پانچ کوس کا ہے اور اس کے بازار دیگر بلاد ہندوستان کے خلاف بیحد صاف و معمور ہیں۔ اس شہر کی آب و ہوا اچھی ہے اور مسافر و اہل شہر سب کے مزاج کے موافق ہے۔ بلدہ کے اکثر بازار ندی کے کنارے آباد ہیں، بازاروں کے دونوں طرف ندی بہتی ہے اور اس ندی کے کنارے کنارے دو رویہ سایہ دار درخت ہیں۔ شہر کے بازار چونہ اور پتھر سے پختہ بنائے گئے ہیں، بادشاہی محل اپنی ساخت کے اعتبار سے بے مثال ہیں۔"

سلطنت آصفیہ

گوگل نے بھاگ نگر یعنی حیدرآباد تک تو پہنچا دیا۔۔۔ اب "سلطنت آصفیہ" کی گوگل تحقیق کہاں تک لے جاتی ہے، آیئے سائبر سفر کے اس اگلے پڑاؤ کی سمت بڑھتے ہیں۔ سب سے پہلا لنک حسب روایت اردو ویکی پیڈیا کا ملتا ہے جہاں پر کسی نامعلوم قلمکار نے ایک دلچسپ تحقیقاتی مضمون پیش کیا ہے اور ویکی پیڈیا انتظامیہ کے بموجب یہ مضمون ویکی پیڈیا کا منتخب مقالہ بنائے جانے کا امیدوار ہے لہذا اس پر خاص توجہ دینے کی دیگر محققین و قارئین سے گذارش کی گئی ہے۔ امید ہے کہ حیدرآباد کی تاریخ پر عبور رکھنے والے سائبر استفادہ کنندگان اس جانب بھی خصوصی توجہ فرمائیں گے تاکہ صحیح تاریخ ویکی پیڈیا پر محفوظ ہو سکے۔

یہ بڑی عجیب بات ہے کہ "سلطنت آصفیہ" کے الفاظ کے سہارے بمشکل تمام ۱۶۰۰ نتائج گوگل پر دستیاب ہوتے ہیں جن میں سے دو چار ہی روابط ایسے ہیں جہاں مملکت آصفیہ سے متعلق مواد کی دستیابی کا امکان ہے جبکہ انگریزی میں اگر [Asaf Jahi dynasty] لکھ کر سرچ کیا جائے تو صرف آدھے سیکنڈ کے اندر تقریباً ۲۵ ہزار نتائج ملتے ہیں جن میں سے سینکڑوں لنکس [links] پر مملکت آصفیہ سے متعلق معلومات انگریزی میں دستیاب ہیں۔ لفظ "آصفیہ" کے حوالے سے دو اہم روابط [links] کا ذکر یہاں ضروری محسوس ہوتا ہے۔ گذشتہ سال فروری ۲۰۱۳ میں روزنامہ "سیاست" نے "آصفیہ اسٹیٹ سنٹرل لائبریری" پر ایک فیچر شائع کیا تھا لیکن یہ مضمون "سیاست" کی موجودہ اردو یونیکوڈ ویب سائٹ پر دستیاب نہیں، مضمون کی اہمیت کے پیش نظر چونکہ اسے "تعمیر نیوز" پر اردو یونیکوڈ میں پیش کیا گیا تھا لہذا گوگل سرچنگ کے صفحہ اول پر اسی مضمون کا ربط نظر آجاتا ہے۔ ہاں "آصفیہ لائبریری" کے حوالے سے سب سے پہلا لنک گوگل نتائج کے صفحہ اول پر "سیاست" ویب سائٹ ہی کا ملتا ہے جو کہ ایک تجزیاتی خبر ہے جس میں تاریخی اسٹیٹ سنٹرل لائبریری کی عظمت رفتہ کو بحال کرنے میں حکومت آندھرا پردیش کی ناکامی کا ذکر کیا گیا ہے۔ اہل علم جانتے ہیں کہ ہندوستان میں مخطوطات کے لیے تین کتب خانے مشہور ہیں رضا لائبریری رامپور، خدا بخش لائبریری پٹنہ اور کتب خانہ آصفیہ حیدرآباد۔ عصر حاضر کا تقاضا ہے کہ اردو میں بھی ان کے متعلق اہم اور ضروری معلومات انٹرنیٹ پر محفوظ کی جائیں۔ خدا بخش لائبریری پٹنہ کے حوالے سے گوگل سرچ جو اولین تین نتائج سامنے لاتا ہے وہ کچھ یوں ہیں وائس آف امریکہ اردو ویب سائٹ (خدا بخش لائبریری نادر مخطوطات کا بیش قیمت خزانہ)، بی بی سی اردو ویب سائٹ (پٹنہ کی خدا بخش لائبریری) اور تعمیر نیوز (خدا بخش اورینٹل پبلک لائبریری پٹنہ، مضمون نگار: شہناز بیگم)۔ اور یقیناً یہ تینوں معلوماتی مضامین ہیں۔ لیکن افسوس کہ رامپور کی رضا لائبریری کے حوالے سے گوگل اردو سرچ سے کچھ خاطر خواہ معلومات دستیاب نہیں ہوتی ہیں۔

آصفیہ کے حوالے سے دوسرا اہم ذکر "فرہنگ آصفیہ" کا ہے۔ اردو دنیا جانتی ہے کہ اردو کی یہ ایسی اولین لغت ہے جس کی تالیف میں مولف سید احمد دہلوی نے ۲۱ سال اور پھر ترمیم و نظر ثانی میں

۹ سال لگائے۔ آصف سادس میر محبوب علی خان بہادر کے نام معنون اس لغت کی اہمیت آج بھی مسلم ہے اور لسانیات کے ماہرین آج بھی اس کا حوالہ دینے سے نہیں ہچکچاتے۔ کاغذی شکل میں شاید ہی یہ عام آدمی کی دسترس میں ہو مگر بھلا ہو انٹرنیٹ شہنشاہ گوگل کا جو فرہنگ آصفیہ کی تلاش پر ہمیں یہ خوشخبری دیتا ہے کہ اس کا آسان اور مفت حصول عام آدمی کے لیے بالکل ممکن ہے۔ اردو محفل فورم پر ۲۰۰۹ میں فرخ منظور صاحب نے فرہنگ آصفیہ کے ۴ حصوں کے ڈاؤن لوڈ لنک فراہم کیے تھے۔ یہ چاروں جلدیں چار عدد پی۔ڈی۔ایف فائلوں کی شکل میں archive.org ویب سائٹ پر عوامی استفادہ کے لیے روبارٹس لائبریری، یونیورسٹی آف ٹورنٹو کی جانب سے فراہم کی گئی ہیں۔

آصف سابع نواب میر عثمان علی خان

سلطنت آصفیہ کا ذکر ہو اور "آصف سابع میر عثمان علی خان" کا اسم گرامی سرچ نہ کیا جائے تو یہ ذرا بے ادبی کا مقام ہو گا۔ حسب روایت پہلا لنک اردو ویکی پیڈیا کا ہی ملتا ہے۔ انگریزی کے بر خلاف اردو ویکی پیڈیا کی پیش کردہ معلومات پر سائبر دنیا کے اردو داں محققین نے ہمیشہ ہی اپنے تحفظات ظاہر کیے ہیں۔ اس جانب ہند و پاک کے معتبر دانشوروں اور محققین کو زیادہ توجہ دینے کی سخت ضرورت محسوس کی جاتی ہے۔ ملاحظہ فرمایئے کہ چند سطروں میں کس طرح حضور نظام کا تعارف پیش کیا گیا ہے۔

"نواب میر عثمان علی خان، پیدائش:۱۸۸۶ءوفات:۱۹۶۷ء۔ والی حیدرآباد دکن نواب میر عثمان علی خان آصف جاہ سابع ۱۹۱۲ء میں تخت نشین ہوئے۔ جنگ عظیم اول میں انگریزی سلطنت کی بیش بہا خدمات کی بنا پر گورنمنٹ سے ہز ایگزالٹڈ ہائی نس کا خطاب ملا۔ ان کی سب سے بڑی یادگار عثمانیہ یونیورسٹی ہے۔ جس میں ایم اے تک ذریعہ تعلیم اردو میں تھا۔ انجمن ترقی اردو نے آپ کے مراحم خسروانہ سے بے حد ترقی کی اور بے شمار کتب شائع ہوئیں۔ علما، مشائخ، مساجد و مدارس اور ہر مذہب کے عبادت خانوں کو آپ کے دربار سے معقول امداد ملتی تھی۔ آپ کے عہد میں شہر حیدرآباد کی

از سرنو تعمیر ہوئی۔ تقسیم ہند کے بعد بھارت نے ریاست حیدرآباد کے خلاف پولیس ایکشن کرکے اُسے ہندوستان میں مدغم کرلیا۔"

حیدرآباد دکن یا ہندوستان کی کسی اردو ویب سائٹ کے برعکس نظام حیدرآباد میر عثمان علی خان پر بہترین مضمون روزنامہ "دنیا" (پاکستان) نے گذشتہ سال جولائی میں فیچر آرٹیکل کے طور پر بعنوان "نواب میر عثمان علی خان : آصف سابع ۔ ایک پہلودار شخصیت" شائع کیا تھا۔ اور یہ مضمون بھی معروف ادیب و محقق سید محمود خاور کی کتاب "عہد ساز ہستیاں" سے اخذ کردہ ہے۔

نظام آباد (آندھرا پردیش) کے نوجوان ریسرچ اسکالر عبدالعزیز سہیل قابل تعریف ہیں کہ انٹرنیٹ اور سوشل میڈیا کا بخوبی علم رکھتے ہیں اور اس کی اہمیت و افادیت کے قائل ہونے کے ساتھ ساتھ اس ذریعہ ابلاغ کے موثر استعمال کے بھی حامی ہیں۔ یہی سبب ہے کہ جہاں وہ اپنے تحقیقی مضامین اخبار و رسائل میں اشاعت کیلیے روانہ کرتے ہیں تو اس بات کا بھی بھرپور خیال رکھتے ہیں کہ ایسی یونیکوڈ ویب سائٹ پر بھی ان کی تحقیق شامل رہے جہاں سے انٹرنیٹ پر مضمون کے متن کو بآسانی سرچ کیا جاسکے۔ لہذا گوگل سرچ اپنے صفحہ اول پر جو تیسرا اہم لنک دیتا ہے وہ "تعمیر نیوز" پر شائع شدہ عبدالعزیز سہیل کا مضمون "آصف سابع میر عثمان علی خان کی علمی و ادبی خدمات" ہے جو انہوں نے گذشتہ سال اپریل میں آصف سابع کی ۱۳۱ویں یوم ولادت کے موقع پر تحریر کیا تھا۔ سوشل میڈیا کی مقبولیت میں جہاں فیس بک کا بڑا ہاتھ ہے وہیں مختلف فورمز اور گروپس (مثلاً یاہو گروپ یا گوگل گروپ) کی افادیت کا بھی انکار نہیں کیا جاسکتا۔ اردو شعر و ادب کے فروغ کے حوالے سے موجودہ دور میں بیشمار فورمز اور گروپس انٹرنیٹ پر قابل ستائش کردار ادا کرتے نظر آتے ہیں۔ "آصف سابع میر عثمان علی خان" کی سرچ پر ایک مشہور ادبی گروپ "بزم قلم" کا ایک لنک گوگل نتیجہ کے صفحہ اول پر نمودار ہوتا ہے۔ یہ لنک اس گروپ کے بانی جناب اعجاز شاہین (دبئی) کے اس مضمون تک لے جاتا ہے جو انہوں نے نظام دکن کی فیاضی کے حوالے سے گذشتہ سال (۲۰۱۴ء) تحریر کیا تھا۔ اس مضمون کے دو اہم اقتباسات ذیل میں ملاحظہ فرمائیں۔

"اعلیٰ حضرت نواب میر عثمان علی خان اگر کنجوس تھے تو اپنی ذات کے لیے تھے۔ اپنی رعایا کو نوازنے میں کوئی بخیلی تو نہیں کی انھوں نے۔ انہوں نے کوئی پیسہ لوٹ کر سوئس بنکوں میں تو جمع نہیں کیا۔ ٹھیکے دینے میں رشوت تو نہیں کھائی۔ آصف سابع کو دنیا سے رخصت ہوئے ۴۶ سال ہو چکے ہیں۔ وہ اگر ایسے ہی ظالم و جابر اور حریص ہوتے تو آج ان کا نام اتنی محبت سے نہیں لیا جاتا۔

اعلیٰ حضرت نواب میر عثمان علی خان کی یہ فیاضیاں صرف مسلمانوں کے ساتھ مخصوص نہیں تھیں۔ فرماتے تھے ہندو اور مسلمان میری دو آنکھیں ہیں۔ انھوں نے تلگو اکادمی کو ایک خطیر رقم دی تھی کہ دکن میں ہندو مذہب کی عمارتوں کے بارے تحقیقی کام کریں۔ ۱۹۳۲ کی بات ہے۔ بھنڈار کر انسٹیٹیوٹ، پونا جو ہندو مذہبی ادارہ تھا، مالی مسائل کا شکار ہوا۔ ہر طرف سے مایوس ہو کر اعلیٰ حضرت نواب میر عثمان علی خان سے درخواست کی گئی کہ مہمان خانے کی تعمیر اور ہندوؤں کی مذہبی کتاب مہابھارت کی اشاعت کے لیے مالی مدد کی جائے۔ اعلیٰ حضرت نے ایک لمحہ توقف کیے بغیر فرمان جاری کروایا کہ ماہانہ ایک ہزار روپے اور تعمیری کام کے لیے پانچ ہزار روپے فی الفور جاری کیے جائیں۔ اس زمانے میں یہ رقم آج کے کئی کروڑ کے برابر تھی۔ نظام نے جہاں دارلعلوم دیوبند اور علی گڑھ مسلم یونیورسٹی کو نوازا وہیں بنارس ہندو یونیورسٹی کو بھی عطایا دیے۔ یاد رہے کہ دیوبند، دلی، علی گڑھ، بنارس اور پونا، یہ سب شہر ریاستِ حیدرآباد کا حصہ تک نہیں تھے۔

اعلیٰ حضرت کی فراخ دلانہ سرپرستی حاصل نہ ہوتی تو مولانا سلیمان علی ندوی سیرت النبی کا کام کر سکتے تھے نہ مارماڈیوک پکتھال انگریزی میں قرآنِ پاک کا اولین ترجمہ کر سکتے تھے۔ ریاستِ حیدرآباد کی سرکاری زبان اردو تھی۔ سارے سرکاری محکموں کے کام اردو میں انجام پاتے تھے۔ ریاستِ حیدرآباد سے پہلے اور اسکے بعد، آج تک برصغیر کی کسی اور ریاست نے اردو کو سرکاری زبان کا درجہ نہیں دیا۔ حتیٰ کہ پاکستان نے بھی نہیں۔ اگر اعلیٰ حضرت کی سرپرستی نہ ہوتی تھی تو بابائے اردو مولوی عبدالحق بھلا اردو کے لیے کوئی کام کر سکتے تھے؟ عثمانیہ یونیورسٹی ملک کی پہلی یونیورسٹی تھی جہاں تمام شعبہ جات میں اعلیٰ ترین سطح تک کا ذریعہ تعلیم اردو تھا۔ ڈاکٹر حمید اللہ مرحوم کے مطابق یہ کوئی آسان کام نہیں تھا۔"

مملکت آصفیہ کی اہم شخصیات

سابق ریاست حیدرآباد کی دیگر اہم شخصیات میں میر لائق علی، کمانڈر العیدروس اور قاسم رضوی ۔۔۔ یہ تین اہم نام، افسوس کہ گوگل سرچ پر کوئی خاطر خواہ نتیجہ نہیں دیتے سوائے ان دو مضامین کے جو "تعمیر نیوز" پر شائع کیے گئے ہیں:

• میر لائق علی۔ ریاست حیدرآباد کے آخری وزیراعظم

• کمانڈر العیدروس۔ سقوط حیدرآباد کا اہم کردار

قاسم رضوی جیسی اپنے دور کی معروف و مقتدر مگر متنازعہ شخصیت کا مختصر سا تعارف بھی اردو کی کسی ویب سائٹ (بشمول اردو ویکی پیڈیا) پر نہیں ملتا یا اگر کہیں ہو بھی تو گوگل سرچ اپنے نتائج کے ابتدائی ۱۰ صفحات میں تک اس کا حوالہ دینے سے قاصر ہے۔ ہاں "بہادر یار جنگ" کی لفظی تلاش بہت کچھ دلچسپ نتائج کو سامنے لاتی ہے۔ ۲۰۱۱ میں انجمن مہدویہ حیدرآباد کی جانب سے بہادر یار جنگ پر ایک جامع ویب سائٹ کا قیام عمل میں لایا گیا تھا۔ گو کہ اس ویب سائٹ پر اردو سرچنگ کے قابل زیادہ مواد موجود نہیں مگر ایک معنوں میں یہ ایسی وسیع تر تحقیقی لائبریری ہے جہاں بہادر یار جنگ سے متعلق ایک عظیم ذخیرہ (تقاریر، خطوط، مضامین، سوانح) پی۔ڈی۔ایف فائلوں کی شکل میں دستیاب ہے۔ تعارفی صفحہ کا ایک اقتباس ملاحظہ ہو:

"غیر منقسم ہندوستان میں شائد ہی کوئی ایسا عاقل و بالغ شخص ہو گا جس نے بہادر یار جنگ کا نام نہ سنا ہو۔ وہ لوگ جو ان کے سیاسی خیالات سے متفق نہیں تھے وہ بھی ان کی شعلہ بیانی کے قائل اور عاشق تھے۔ اور اس لیے انہیں لسان الامت کے لقب سے بھی نوازا گیا تھا۔ علاوہ ازیں جناب محمد علی جناح کے دستِ راست ہونے کی وجہ سے انہیں قائد ملت اور ریاست حیدرآباد میں ان کی غیر معمولی شہرت اور اہمیت کے مد نظر کچھ لوگ انہیں آفتابِ دکن بھی کہتے اور سمجھتے تھے۔

اس میں کوئی شک نہیں کہ آج کی نوجوان نسل بہادر یار جنگ کے نام اور کام سے بیشتر ناآشنا ہے۔ اس کی پہلی وجہ یہ ہو سکتی ہے کہ بہادر یار جنگ کا انتقال خاصی نو عمری میں ہو گیا اور آزاد ہندوستان یا پھر پاکستان میں ایک اہم رہنما کی حیثیت سے انہیں جو کردار نبھانا تھا وہ اس سے محروم رہ گئے۔ اور

۱۹۳۰ء سے لے کر نواب صاحب کے سال وفات ۱۹۴۴ء تک کوئی ایسی سیاسی سرگرمیاں نہیں تھیں جن کا تعلق مسلمانوں سے ہو اور نواب صاحب ان سے منسلک نہ ہوں۔ حیدرآباد دکن سے لے کر صوبہ سرحد تک کی بہت سی سیاسی گتھیوں کو سلجھانے میں بہادر یار جنگ پیش پیش رہے تھے۔

روزنامہ جنگ (پاکستان) کے اردو یونیکوڈ ایڈیشن میں شائع شدہ پروفیسر خواجہ قطب الدین کا مضمون "لسان الامت۔۔ بہادر یار جنگ" مطالعہ کے قابل ہے۔ اسی طرح روزنامہ "نوائے وقت" میں چھپا مضمون اپنے دلچسپ و منفرد عنوان "نواب بہادر یار جنگ قائد اعظم کی انگریزی تقریروں کا فوری ترجمہ کرکے لوگوں کو سنا دیتے" کے سبب لائق مطالعہ ہے۔

قائدِ ملت نواب بہادر یار جنگ کے صد سالہ یوم پیدائش کے موقع پر، اقبال اکیڈمی کے جریدہ "اقبال ریویو" نے خصوصی شمارہ شائع کیا تھا جو یونیکوڈ ورڈ فائل کی شکل میں ڈاکٹر سیف قاضی کی "بزم اردو لائبریری" سے ڈاؤن لوڈ کیا جاسکتا ہے۔ ۳۷ صفحات پر مشتمل ایک اور دلچسپ کتاب "نواب بہادر یار جنگ" (مصنف: سید عاصم محمود)، "اردو ای۔ لائبریری" ویب سائٹ سے پی۔ ڈی۔ ایف شکل میں مفت میں ڈاؤن لوڈ کی جاسکتی ہے۔

جامعہ عثمانیہ

"جامعہ عثمانیہ" یعنی عثمانیہ یونیورسٹی کی سرچنگ سب سے پہلے وائس آف امریکہ کی اردو ویب سائٹ کے اس مضمون تک کھینچ لے جاتی ہے جس کا عنوان ہے:" جامعہ عثمانیہ: قیام کے ۹۰ سال مکمل: اردو ذریعۂ تعلیم سے آغاز لیکن آج۔۔۔" مضمون کے مصنف کے طور پر "رشید الدین" کا نام درج ہے۔ مولانا آزاد اردو یونیورسٹی کے پروفیسر مصطفٰی علی سروری نے تصدیق کی ہے کہ یہ حیدرآباد کے صحافی رشید الدین صاحب کا تحریر کردہ مضمون ہے۔

اردو محفل فورم پر "جامعہ عثمانیہ" کے عنوان سے علیحدہ سیکشن تو ضرور موجود ہے جس کا لنک گوگل سرچ میں بھی نمودار ہوتا ہے مگر وہاں "فرہنگ اصطلاحاتِ جامعہ عثمانیہ" کے زیر عنوان صرف ایک مضمون [thread] ہے، امید تھی کہ وہاں سے یہ اہم لغت پی۔ڈی۔ایف یا یونیکوڈ میں

دستیاب ہو جائے گی مگر نومبر ٢٠٠٨ میں شروع کیا گیا یہ کام وہاں ادھورا ہی پڑا ہے۔

ہاں، جامعہ عثمانیہ کی اس گوگل تلاش نے ایک ایسی اہم دینی کتاب تک رسائی دی ہے جس کے لیے ادارہ محدث لاہور کی جانب سے قائم کردہ آن لائن "کتاب و سنت لائبریری" یقیناً تعریف و تحسین کی حقدار ہے۔ یہ ٨ جلدوں پر مشتمل محمد بن سعد کی ضخیم کتاب "طبقات کبیر" کا اردو ترجمہ ہے۔ "سلسلہ نصاب تعلیم جامعہ عثمانیہ" کے تحت دارالطبع جامعہ عثمانیہ سرکار عالی حیدرآباد دکن کی جانب سے ١٩٤٤ میں شائع شدہ مولانا عبداللہ العمادی صاحب (رکن سررشتہ تالیف و ترجمہ جامعہ عثمانیہ) کا یہ اردو ترجمہ ہے۔ اور یہ آٹھ کی آٹھ جلدیں پی۔ڈی۔ایف فائل کی شکل میں ویب سائٹ "کتاب و سنت لائبریری" سے مفت میں ڈاؤن لوڈ کی جاسکتی ہیں۔

گوگل تصاویر

شہنشاہ انٹرنیٹ، گوگل کی ایک اور منفرد خاصیت "تصاویر کی تلاش" بھی ہے۔ ویب سائٹس تلاش کے ساتھ ساتھ گوگل تصویروں کی تلاش کی سہولت بھی انٹرنیٹ صارف کو فراہم کرتا ہے۔ یعنی google.com کے بجائے google.com/imghp پر الفاظ کے ذریعے تصاویر تلاش کی جا سکتی ہیں۔ مثلاً من موہن سنگھ یا سونیا گاندھی یا نواز شریف لکھ کر اگر سرچ کیا جائے تو متعلقہ شخصیات کی سینکڑوں تصاویر ہماری نظروں کے سامنے آموجود ہوتی ہیں۔ یہ مقولہ تو زبان زد عام ہے کہ ایک تصویر ہزار الفاظ پر بھاری ہوتی ہے۔ یہی سبب ہے کہ عصری ویب تکنالوجی کا باریک بینی سے خیال رکھنے والی ویب سائٹ پر کوئی بھی خبر، مضمون یا مقالہ شائع کیا جاتا ہے تو اس سے متعلق کوئی نہ کوئی تصویر بھی ضرور شامل کی جاتی ہے۔ اس طرح تلاش کا دائرہ کار مزید وسیع ہو جاتا ہے۔ اگر تصویر کے نام یا عنوان سے سرچ کیا جائے تو متعلقہ مضمون کا لنک مل جاتا ہے اور اگر مضمون کے عنوان سے تصویر ڈھونڈی جائے تو متعلقہ مضمون میں چسپاں کی گئی تصویر سامنے آجاتی ہے۔

اس جانب بھی اردو داں طبقہ کو توجہ دینے کی خاص ضرورت ہے۔ کیونکہ اکثر محسوس کیا گیا ہے کہ انگریزی کے ذریعے اگر قلی قطب شاہ یا عثمان علی خان یا بہادر یار جنگ یا لائق علی یا قاسم رضوی یا

عثمانیہ یونیورسٹی وغیرہ کی تصویر تلاش کی جائے تو سینکڑوں مل جاتی ہیں لیکن یہی صورتحال اردو الفاظ کے ذریعے تلاش پر نظر نہیں آتی۔ "عثمانیہ یونیورسٹی لوگو" کے عنوان سے گوگل سرچ "تعمیر نیوز" کی اس خبر کا لنک دیتا ہے جس میں منصف نیوز (حیدرآباد) کے حوالے سے بیان ہے کہ "۔۔ کیپٹن پانڈور نگار یڈی اور ڈاکٹر چرچ جیوی نے پی ایچ ڈی کی ڈگریاں اور گولڈ میڈل قبول کرنے سے یہ کہتے ہوئے انکار کر دیا کہ یونیورسٹی کے حکام اس یونیورسٹی کے بانی آصف سابع میر عثمان علی خان کے نام کے ساتھ انصاف نہیں کر رہے ہیں کیونکہ انہوں نے یونیورسٹی کے لوگو سے بانی جامعہ کی نشانیوں کو حذف کر دیا ہے۔۔" اور جامعہ عثمانیہ کا اصل لوگو اس خبر کے ساتھ چسپاں بھی ہے۔

پولیس ایکشن۔ سندر لال رپورٹ

ستمبر ۲۰۱۳ء کے اواخر میں بی بی سی اردو نے سب سے پہلے سائبر دنیا میں حیدرآباد کے پولیس ایکشن کا قضیہ اٹھایا تھا۔ مائک تھامسن کی اس رپورٹ کا عنوان تھا "سندر لال رپورٹ جو منظر عام پر نہیں آئی"۔ بی بی سی کی اس جراءت رندانہ کے بعد تو گویا اردو سائبر دنیا میں اس موضوع سے متعلق معلومات کا دریا بہہ نکلا۔ "پولیس ایکشن پنڈت سندر لال" کے الفاظ کی سرچنگ کچھ ایسے اہم مضامین کو سامنے لاتی ہے جن کا مطالعہ جہاں کئی تاریخی حقائق سے پردہ اٹھاتا ہے، وہیں کسی سخت سے سخت دل کو اشک بار کیے بنا نہیں چھوڑتا۔

• "دنیا کی سب سے بڑی جمہوریت میں: ۳ دنوں میں ۲ لاکھ مسلمانوں کا قتل عام"۔۔ یہ مصنف عبید اللہ عابد کا ایک نہایت ہی طویل مقالہ ہے جو پاکستان کے روزنامہ "ایکسپریس اردو" کے ۲۰؍ اکتوبر کے شمارہ میں شائع ہوا۔

• روزنامہ نوائے وقت (پاکستان) کے فیچر کا عنوان ہے: برصغیر کی تقسیم کے بعد ۱۹۴۸ء میں حیدرآباد بھارت میں فوج نے مسلمانوں کا قتل عام کیا، رپورٹ دبا دی گئی

• روزنامہ دنیا (پاکستان) کے خصوصی مضمون کا عنوان ہے: سندر لال کمیٹی کی رپورٹ

• مشہور پاکستانی کالم نگار اوریا مقبول جان نے بی بی سی کی اسی متذکرہ رپورٹ کے حوالے سے جب

فیس بک پر اپنا ذاتی تجزیہ درج یہ کیا تو اس پر تقریباً ۲۰۰ کے قریب کیے گئے قارئین کے تبصرے بھی پڑھنے اور سوچنے کے قابل ہیں۔ البتہ ان تبصروں کے مطالعے سے اس بات کا نازک سا احساس بھی ضرور ہوتا ہے کہ ہندوستان بلکہ حیدرآباد کے حوالے سے اردو میں جتنی معلومات انٹرنیٹ پر فراہم کی گئی ہیں اس میں زیادہ حصہ پڑوسی ملک پاکستان کا ہی ہے جس میں حقائق کے مقابل جذباتیت کا عنصر حاوی ہوتا ہے۔

اردو گوگل نتائج کے صفحہ اول کے ان اہم لنکس میں صرف دو روابط ہندوستان سے ہیں۔ بھٹکل کی مشہور و مقبول ویب سائٹ "فکر و خبر" نے مدیر گواہ ویکلی (حیدرآباد) سید فاضل حسین پرویز کا مضمون "پولیس ایکشن دولاکھ مسلمانوں کا خون کس کی گردن پر؟" شائع کیا ہے۔ یہ مضمون دراصل پولیس ایکشن کے اندوہناک واقعات پر مشتمل جناب ایم اے عزیز کی لکھی گئی کتاب "پولیس ایکشن" پر فاضل حسین پرویز کے تبصرے و تجزیے پر مبنی ہے۔ مبصر نے اس کتاب سے صرف دو چار ہی واقعات نقل کیے ہیں مگر انہیں پڑھنے کے لیے بھی لوہے کا جگر چاہیے۔ شاید گجرات فسادات اور ۱۹۸۴ میں سکھوں کا قتل عام بھی "حیدرآباد پولیس ایکشن" کا مقابلہ نہ کر سکے۔ غالباً اسی سبب مضمون کا اختتام اس پیراگراف پر ہوتا ہے:

"ٹائمس آف انڈیا نے اپنے ۲۵؍ نومبر ۲۰۱۲ء شمارہ میں سوامی ناتھن ائیّر کا ایک مضمون شائع کیا جس میں کہا گیا کہ مودی کے دور میں گجرات کے فسادات میں مسلمانوں کا قتل، ۱۹۸۴ میں راجیو گاندھی پر تین ہزار سکھوں کے قتل عام کا الزام عائد ہو گا مگر مجھے فرقہ وارانہ فسادات کی تحقیق پر تعجب ہوا کہ سب سے بڑا کشت و خون نہ تو مودی کے ہاتھوں ہوا اور نہ راجیو گاندھی کے بلکہ اس کا سہرا پنڈت نہرو کے سر ہے انہوں نے جب حیدرآباد پر قبضہ کیا اس وقت پچاس ہزار سے دولاکھ تک مسلمان موت کے گھاٹ اترے۔"

اسی مضمون کا یہ اہم اقتباس بھی قابل غور ہے:

"جناب ایم اے عزیز نے دکن کے آخری تاجدار کو پُر اثر خراج عقیدت پیش کیا وہیں اردو کا جنازہ

نکالنے والوں پر لعن وطعن بھی کی اور یہ انکشاف بھی کیا کہ عثمانیہ یونیورسٹی سے اردو کو کسی اور نے نہیں نکالا بلکہ اس وقت کے وائس چانسلر علی نواز جنگ نے نکالا تھا۔ اپنے ہی قاتل ہیں تو غیروں سے گلہ کیسا۔"

دوسرا مضمون روزنامہ "اعتماد" میں صحافی ایم اے ماجد کا تحریر کردہ ہے جو کئی قسطوں پر مشتمل ہے۔ مگر اس بات کا کچھ علم نہیں کہ اس قدر قیمتی اور اہم مضمون کو "اعتماد" ویب سائٹ میں تلاش کے قابل تحریر یعنی یونیکوڈ میں کیونکر شائع نہیں کیا گیا ہے؟ "تعمیر نیوز" نے ہی اس کی اہمیت کے پیش نظر اسے دوبارہ یونیکوڈ میں کمپوز کروا کر گوگل سرچنگ دنیا کے حوالے کیا ہے۔ ایم اے ماجد بطور تمہید اس مضمون کی شروعات میں لکھتے ہیں:

"آندھرا پردیش کی تقسیم اور تشکیل تلنگانہ پر حکومت ہند کی جانب سے قائم کردہ گروپ آف منسٹرس کے سامنے آندھرا پردیش کی مختلف سیاسی جماعتوں کے نمائندوں نے اپنے اپنے موقف کو پیش کیا۔ کل ہند مجلس اتحاد المسلمین کی جانب سے صدر ورکن پارلیمنٹ اسد الدین اویسی نے گروپ آف منسٹرس کو ایک ضخیم دستاویز پیش کرتے ہوئے حیدرآباد کے سیاسی موقف پر نمائندگی کی ہے۔ اس نمائندگی میں کچھ ایسے تاریخی پہلو بھی پیش کیے گئے ہیں جو اب تک بہت کم منظر عام پر آئے ہیں۔ ان تاریخی پہلوؤں میں پنڈت سندر لال کی وہ رپورٹ بھی شامل ہے جس سے اس بات کا ثبوت ملتا ہے کہ سقوط حیدرآباد کے نام پر کس طرح سلطنت آصفیہ کے حدود میں قیامت صغریٰ برپا کی گئی۔ سقوط حیدرآباد کو ہوئے ۶۵ سال گزر چکے ہیں لیکن حکومت ہند نے پنڈت سندر لال کی اس رپورٹ کو باقاعدہ طور پر منظر عام پر نہیں لایا۔ بیرسٹر اویسی نے کافی محنت اور جستجو کرتے ہوئے اس رپورٹ کو محفوظ اسنادات سے نکال کر اس کے ذریعے حیدرآباد کا مقدمہ پیش کرنے کی کوشش کی ہے۔ اس رپورٹ میں کیا درج ہے، اس کو یہاں پیش کیا جا رہا ہے۔"

سقوط حیدرآباد

سرزمین دکن نے سقوط حیدرآباد کا وہ منظر دیکھا جس کے زخم، جب بھی ذکر نکلتا ہے، ہرے ہو جاتے

ہیں۔ یوں تو اس قیامت کو دیکھنے والے شہر یان اب زیادہ نہیں بچے ہیں مگر جو بچے ہیں وہ جب بیان کرتے ہیں تو کہنے والے اور سننے والے سبھی رونے لگتے ہیں۔ ہم محسوس نہیں کرسکتے وہ قتل غارت گیری کا منظر جس کا زخم یہ بزرگان اپنے ساتھ لیے اپنی قبروں کی طرف گامزن ہیں۔ اس المیہ کا ایک تکلیف دہ پہلو یہ بھی ہے کہ حیدرآباد ریاست کے مسلمان دیگر پیشوں میں بہت کم شامل تھے۔ اکثر مسلمان حکومتی شعبوں اور فوج میں شامل تھے جنہیں سقوط کے بعد خدمات سے ہٹا دیا گیا۔ جو کاروباری تھے ان کے کاروبار لوٹ اور غارت گیری کے ذریعے ختم کر دیے گئے۔ مسلمانوں کا بڑا طبقہ زمینات (زمیندار، جاگیر دار) کا مالک تھا جنہیں انکی جائدادوں سے بے دخل کر دیا گیا۔ یوں ملک کے اس خطے سے جہاں ملت اسلامیہ معاشی، تعلیمی طور پر مستحکم تھی انہیں غربت و پسماندگی کی جانب دھکیلا گیا۔ بحوالہ آن لائن مضمون : نظامان دکن قیام تا سقوط حیدرآباد، بات ایسی ہے کہنے کا یارا نہیں (مصنف : عبدالمقیت عبدالقدیر) [hamariweb.com]

زوال حیدرآباد جسے سقوطِ حیدرآباد سے بھی یاد کیا جاتا ہے، نہ صرف ایک ریاست کا اختتام تھا بلکہ یہ ایک تہذیب، ایک قوم اور ایک زبان کی پامالی کی بنیاد بن گیا۔ اس تباہی اور بربادی کی روداد سید حسین کی کتاب "زوال حیدرآباد" خاصی تفصیل سے فراہم کرتی ہے کہ کس طرح عقل کا فقدان اور اپنوں ہی میں غداروں کی موجودگی نے دشمنوں کو کمک پہنچائی اور یہ ریاست جس کے چرچے دور دور تک ہوتے تھے اب صرف کاغذوں میں گم ہو کررہ گئی۔

سقوط حیدرآباد کے اس خون آلود موضوع پر مفصل معلومات فراہم کرنے کے لیے شاید بیسوں کتابیں بھی کم پڑ جائیں۔ جہاں تک مطبوع کتب کا ذکر ہے، اس ضمن میں حیدرآباد کی کچھ اردو کتابوں کے نام زبان زد عام ہیں۔ محمد مظہر الدین کی "زوال حیدرآباد اور پولیس ایکشن"، سید حسین کی "زوال حیدرآباد"، محمد علی خان کی "آزادی کا تحفہ "اور تعمیر ملت کی جانب سے شائع شدہ عمر خالدی اور معین الدین عقیل کی مرتب کردہ "سقوط حیدرآباد"۔

یہ واقعتاً حیرت انگیز بات ہے کہ ڈیجیٹل تکنالوجی کے اس ہوشربا دور میں، جبکہ سائبر دنیا میں انفرادی اور اجتماعی سطح پر بہت سے آن لائن اردو کتب خانے (مثلاً کتاب گھر، اردو ویب ڈیجیٹل

لائبریری، علامہ اقبال سائبر لائبریری، خورشید اقبال کی اردو دوست لائبریری، ڈاکٹر سیف قاضی کی بزم اردو لائبریری، راشد اشرف کا کتابوں کا بازار، وغیرہ) قائم ہو چکے ہیں اور ان آن لائن کتب خانوں میں ہر قسم کے موضوع پر مبنی کتاب دستیاب ہے، لیکن افسوس کہ زوال حیدرآباد کے موضوع پر کوئی ایک کتاب مختلف طریقوں سے اردو گوگل سرچ پر بھی نہیں ملتی۔ ہاں گذشتہ دنوں فیس بک پر ایک کتاب کا چرچا ضرور ہوا۔ قدیم اردو کتب اور مخطوطات کو اسکین کر کے پی۔ڈی۔ایف فائلوں کی شکل میں اردو سائبر دنیا کو نوازنے کے معاملے میں مشہور و معروف شخصیت کراچی کے انجینئر جناب راشد اشرف نے حیدرآبادی مصنف "ہوش بلگرامی" کی تصنیف "مشاہدات" کے چند صفحات فیس بک پر پیش کیے تھے۔ راشد اشرف کے بقول ۔۔۔"۱۹۵۵ میں شائع شدہ یہ کتاب پاکستان میں پابندی کی زد میں آ گئی تھی اور بازار سے اس کے تمام نسخے اٹھا لیے گئے تھے۔ پھر کچھ عرصہ گزرا کہ کسی صاحب نے دکن ہی سے اصلی نسخے کو اس طرح شائع کیا کہ کتاب پر اشاعتی تفصیلات مفقود تھیں اور اسی کا ایک نسخہ راقم کو حاصل ہوا ہے۔" اور راشد اشرف کے مطابق اب اس کتاب کو پاکستان میں دوبارہ شائع کیا جانے والا ہے۔

تاریخ دکن پر عبور رکھنے والی کالم نگار شخصیت، حیدرآباد کے جناب رشید انصاری نے فیس بک پر اس کتاب سے متعلق جو (انگریزی) تبصرہ کیا ہے، وہ ذیل میں ملاحظہ فرمائیں۔

"یہ کتاب میرے مطالعے سے بھی گزری ہے۔ نظام کی ریاست حیدرآباد کی سیاست سے متعلق اس میں جو معلومات فراہم کی گئی ہیں وہ نہ مصدقہ ہیں اور نہ ہی قابل بھروسہ۔ ہرچند کہ یہ میرا ذاتی تجزیہ نہیں ہے۔ ہوش یار جنگ حضور نظام میر عثمان علی خان سے زیادہ انڈین یونین کے وفادار تھے۔ حیدرآباد کے وزیر اعظم میر لائق علی مرحوم نے اپنی کتاب 'ٹریجیڈی آف حیدرآباد' میں اور نواب مشتاق احمد خان ایجنٹ جنرل حیدرآباد برائے پاکستان، بدر شکیب، سید حسین (مصنف 'زوال حیدرآباد')، قطب الدین عزیز (مصنف 'مرڈر آف اے اسٹیٹ') نے اپنی اپنی کتابوں میں ہوش یار جنگ کی ہفوات کا تفصیل سے رد کیا ہے۔ حیدرآباد میں ہندوستان کے ایجنٹ جنرل کے ایم منشی نے بھی اپنی کتاب 'ایک عہد کا خاتمہ [End of an Era]' میں بیان کیا ہے کہ وہ ہوش یار جنگ سے

کس طرح قریب تھے اور ہوش یار جنگ کس طرح اپنی شناخت چھپا کر دھوتی میں ملبوس ان سے ملاقات کے لیے راتوں میں آتے تھے۔

ہوش بلگرامی نے نظام اور قائداعظم محمد علی جناح کے آپسی تعلقات سے متعلق بھی جھوٹ کا پلندہ بیان کیا ہے خصوصاً نظام کے روبرو جناح کی سگریٹ نوشی کا واقعہ۔ مختصر یہ کہ ہوش یار جنگ نظام اور حیدرآباد کے غدار تھے لہذا انہیں کسی قسم کی اہمیت دینا چنداں ضروری نہیں۔"

اس میں شک نہیں کہ اگر انگریزی میں The fall of Hyderabad لکھ کر سرچ کیا جائے تو کوئی ۱۰ ملین نتائج سامنے آتے ہیں جس میں سرفہرست نامور حیدرآبادی مصنف مرحوم ڈاکٹر عمر خالدی کی کتاب "Hyderabad After the Fall" کا لنک ویکی پیڈیا اور "گوگل بکس] Google [Books" کے حوالے سے ملتا ہے۔ مگر چونکہ اس تحقیق کا بنیادی محور "اردو گوگل تلاش" ہے۔ لہذا "سقوط حیدرآباد" کی گوگل تلاش پر جو چند مضامین سامنے آتے ہیں وہ جناب رشید انصاری ہی کے تحریر کردہ ہیں جو ویب سائٹس "اردو ٹائمز ممبئی" اور "ہماری ویب" پر اردو یونیکوڈ میں موجود ہیں۔ اسی طرح "حیدرآباد کی تباہی" کی لفظی تلاش روزنامہ "اعتماد" کی اس خبر بعنوان "حیدرآباد کی تباہی کے پس پردہ محرکات کا انکشاف" پر لے جاتی ہے جس میں شہرہ آفاق قانون داں و سیاسی تبصرہ نگار اے جی نورانی کی تازہ ترین انگریزی کتاب "حیدرآباد کی تباہی" [The Destruction of [Hyderabad" کی رسم اجراء کا احوال بیان ہوا ہے۔

ایک اور اصطلاح "زوال حیدرآباد" کی تلاش پر سب سے پہلا لنک "گوگل بکس" کے حوالے سے سید حسین کی مشہور کتاب "زوال حیدرآباد" کا ملتا ہے حالانکہ متعلقہ صفحہ پر صرف کتاب کا سرسری تعارف ہے، مکمل طور سے ڈیجیٹل کتاب گوگل بک اسٹور پر دستیاب نہیں ہے۔ دوسرا ربط قاری کو "زوال حیدرآباد کی کہانی" کے زیر عنوان اس طویل مقالے کی سمت لے جاتا ہے جو حیدرآباد کی مشہور علمی و ادبی شخصیت اور سماجی جہد کار جناب علیم خان فلکی نے تحریر کیا ہے۔ یہ مقالہ دراصل روزنامہ "عوام" حیدرآباد میں عرصہ قبل شائع ہوا تھا۔ حیدرآباد کے اس روزنامہ کے علاوہ سعودی عرب کے واحد اردو روزنامہ "اردو نیوز" نے تاریخ دکن اور سقوط حیدرآباد کے موضوع پر ماضی

قریب میں خصوصی شمارے شائع کیے تھے۔ ان تمام خصوصی مضامین کی زیر اکس کاپی ایک کرم فرما نے جب "تعمیر نیوز" کے حوالے کی تو ان مضامین کی اہمیت کے پیش نظر انہیں ایک ایک کے اردو یونیکوڈ میں انٹرنیٹ پر پیش کیے جانے کا سلسلہ شروع کیا گیا ہے۔

جب سے سوشل میڈیا کو عروج حاصل ہوا ہے تب سے انگریزی اور دیگر زبانوں کی طرح اردو کی تقریباً تمام ویب سائٹس نے بھی اپنے مواد کو سوشل میڈیا پر شتر کرنے کی سہولت فراہم کرنا شروع کر دیا ہے۔ آج انٹرنیٹ پر کسی مضمون یا مقالے کی مقبولیت کا پیمانہ ہی یہی ہے کہ اسے سوشل نیٹ ورکنگ سائٹس مثلاً فیس بک، گوگل پلس [Google+]، پن انٹرسٹ [Pinterest]، لنکڈ ان [LinkedIn]، ڈگ [Digg]، ڈیلیسیس [del.icio.us] وغیرہ پر کتنا زیادہ شتر کیا جاتا ہے؟ جناب علیم خان فلکی کا یہ مقالہ "زوال حیدرآباد" گذشتہ سال جنوری ۲۰۱۳ میں "تعمیر نیوز" پر شائع کیا گیا تھا، اس ایک سالہ عرصہ میں اسے گوگل پلس پر تقریباً ۱۲۰۰ مرتبہ شتر [share] کیا گیا ہے اور فیس بک پر اسے ۱۰۰ سے زیادہ مرتبہ لائک [Like] کیا گیا ہے۔ (نوٹ: گوگل پلس سوشل نیٹ ورکنگ پلاٹ فارم اپریل ۲۰۱۹ء میں گوگل کی جانب سے ختم کر دیا گیا ہے۔) حالانکہ اردو ویب سائٹس پر فلمی یا تفریحی یا جنسی موضوعات پر مبنی مضامین زیادہ ذوق و شوق سے پڑھے اور شتر کیے جاتے ہیں۔۔۔ اس کے باوجود عمومی طور سے کوئی بھی اردو مضمون ۱۰۰ یا ۲۰۰ سے زیادہ مرتبہ شتر نہیں ہوتا۔ کسی مضمون کے ایک ہزار سے زیادہ مرتبہ سوشل نیٹ ورکنگ پر گردش کرنے کی گو کہ مختلف وجوہات ممکن ہیں مگر بنیادی اہم وجہ یہی ہے کہ اس موضوع پر مواد کی سنگین حد تک کمی ہے اور قارئین کی اکثریت اس موضوع پر مبنی مضامین کی تلاش میں سر گرداں ہے۔

ہندوستان کے دیگر یونیکوڈ اردو اخبارات سے صرف نظر کرتے ہوئے، کم از کم حیدرآباد کے دو بڑے اردو اخبارات کا ذکر یہاں ضروری محسوس ہوتا ہے۔ مطالعہ، معلومات و تحقیق کی خاطر انٹرنیٹ سرچ انجنز سے رجوع ہونے والے اردو داں صارفین کے لیے یہ بات بہر حال باعث مسرت ہے کہ گذشتہ کچھ عرصہ سے روزنامہ "اعتماد" اور روزنامہ "سیاست" کی خبریں اور مضامین مطلوبہ موضوع کی

تلاش پر حاصل ہو جاتے ہیں۔ اس کے باوجود ایک کمی کی جانب اشارہ کیے بنا رہا نہیں جاتا۔ وہ ہے تاریخِ دکن پر کسی مخصوص گوشہ کی عدم دستیابی۔ جب "اعتماد"، "مجلس اتحاد المسلمین" کے زیر عنوان خصوصی کٹیگری اور "سیاست"، "کیلی گرافی ر خطاطی" کے زیر تحت علیحدہ کٹیگری کا قیام عمل میں لا سکتا ہے تو "تاریخِ حیدرآباد یا تاریخِ دکن" جیسے اہم و حساس موضوع کی بھی ایک علیحدہ کٹیگری قائم کرنے کا مشورہ نہایت منصفانہ اور وقت کے تقاضے کے عین مطابق ہے۔ امید قوی ہے کہ اس جانب توجہ ضرور دی جائے گی۔

علیم خان فلکی کا مضمون گو کہ تاریخ حیدرآباد کا مکمل احاطہ نہیں کرتا پھر بھی اہم ذیلی سرخیوں جیسے ۔۔۔ تاریخی پس منظر، ریاستِ حیدرآباد کا قیام، آغازِ انجام Beginning of the End، حیدرآباد سے کانگریس دشمنی کے اصل اسباب، آج کا حیدرآباد۔۔۔ کے ذریعے مضمون نگار نے ایک اجمالی نقشہ قارئین کے سامنے پیش کر دیا ہے اور مضمون کے آخر میں آج کے حیدرآبادی مسلمانوں کی عکاسی کرتے ہوئے وہ لکھتے ہیں:

"ریاستِ حیدرآباد ختم ہو گئی لیکن پولیس ایکشن آج بھی جاری ہے۔ TADA کے نام پر ہزاروں مسلمان نوجوان قید و بند کی صعوبتوں سے دوچار ہیں۔ کانگریس کی مسلم دشمنی کا حال یہ ہے کہ فرقہ پرست شیو سینا و آر ایس ایس جیسی تنظیموں کے سرغنے مکمل آزادی کے ساتھ گھوم رہے ہیں۔ کئی ایک کو حکومت کی جانب سے سیکیورٹی حاصل ہے۔ دوسری طرف وہ نوجوان جو رشوت، چور بازاری، شراب بندی وغیرہ جیسی لعنتوں کے خاتمے کے لیے حکومت کے قوتِ بازو بن سکتے تھے کیونکہ فکرِ آخرت کا تصور ان کا سرمایۂ ایمان تھا وہی نوجوان یا تو جیل کی سلاخوں کے پیچھے ہیں یا پھر مختلف ناانصافیوں کا شکار ہو کر معاشی بد حالی سے دوچار ہیں۔ حیدرآباد و اطراف و اکناف میں ہر سال فسادات کا سلسلہ جاری رہتا ہے۔ حیدرآباد میں تین فسادات بڑے پیمانے پر نظام آباد میں ایک اورنگ آباد میں دو بیدر ظہیر آباد وغیرہ تمام علاقوں میں ایک ایک دو دو بڑے فسادات ہو چکے ہیں تمام فسادات کی وہی رپورٹ ہے وہی اسباب و نتائج ہیں جو یکساں طور پر پولیس ایکشن کی کہانی

دہراتے ہیں۔"

اور یوں گوگل تلاش کا یہ طویل سفر بھی اسی المیہ کے ساتھ اختتام پذیر ہوتا ہے۔ ضروری نہیں کہ ہر سفر کا انجام خوشگوار نکلے۔ مگر یہ ضروری ہے کہ ہم اپنی تاریخ کو فراموش نہ کر جائیں۔ بزمِ قلم گوگل گروپ کی اسی موضوع کی ایک بحث کے دوران یو این آئی اردو سروس کے صحافی عابد انور نے بجاطور کہا ہے کہ :

"مسلمان منفی چیزوں کو بہت جلد قبول کر لیتے ہیں۔ ہم میں ایک بات اور رواج پا گئی ہے کہ ہم نے اپنے اکابر و اسلاف کے بارے میں جاننا بالکل ترک کر دیا ہے۔ ماضی سے سبق لے کر مستقبل سنوارنے کی فکر کا بھی ہم میں فقدان ہے۔ نظام حیدرآباد کے تعلیمی کارنامے ایسے ہیں جو سنہرے حروف سے لکھنے کے قابل ہیں۔ وہ نہ صرف ہندوستان میں تمام اہل علم کی اعانت کرتے تھے بلکہ بیرون ملک امریکہ لندن اور دوسری جگہوں کے تعلیمی اداروں کی بھی مدد کرتے تھے۔ نظام کی حکومت ہندوستان کی واحد ایسی حکومت تھی جسے مکمل حکومت کہا جا سکتا ہے۔ اس حکومت کے پاس اپنے سارے نظام تھے جو ہندوستان کے دیگر راجوں مہاراجوں کے یہاں نہیں تھے۔ کچھ غلطیاں ان سے ہوئی ہیں جو انہوں نے اغیار پر بھروسہ کیا اور جس کے نتیجے میں سقوط حیدرآباد عمل میں آیا۔ بہرحال ہمیں ان کے کارناموں پر فخر کرنا چاہیے۔ انہوں نے اردو زبان کی ترویج و اشاعت کے باب میں وہ کارنامہ انجام دیا جو اب تک کسی کے حصے میں نہیں آیا۔ اردو زبان میں تمام علوم کی تعلیم کا نہ صرف انہوں نے تصور پیش کیا تھا بلکہ اسے عملی طور پر کر کے دکھا دیا تھا۔"

☆ ☆ ☆

شائع شدہ: روزنامہ متاعِ آخرت (کانپور)، اتوار ایڈیشن، ۲۳؍ فروری ۲۰۱۴ء۔

Google Reunion, From Quli Qutb Shah to Asifia Dynasty to The Fall of Hyderabad.
By: Mukarram Niyaz

مکرم نیاز کی دو کتابیں

فلمی دنیا: قلمی جائزہ

(تبصرے، تجزیے)

راستے خاموش ہیں

(منتخب افسانے)

بین الاقوامی ایڈیشن درج ذیل معروف بک اسٹورس پر دستیاب ہیں

Barnes & Noble

Walmart

Amazon.com

مکرم نیاز پر مجھے رشک آتا ہے ، وہ عمدہ شعری ذوق کے حامل بھی ہیں ، طنز و مزاح نگار بھی ، اور افسانہ نگار بھی ۔ ان کا تعلق صحافت سے بھی ہے ، اور وہ نقاد بھی ہیں ، ادبی بھی اور فلمی بھی ۔ اب پتہ چلا ہے کہ انھیں تاریخ سے بھی دلچسپی ہے ، بالخصوص حیدرآباد کی تاریخ سے ، جس کا ثبوت ان کی مرتب کردہ یہ کتاب "حیدرآباد دکن : کچھ یادیں کچھ جھلکیاں" ہے ۔

یہ حیدرآباد کی تاریخ و تمدن ، تہذیب و ثقافت ، آثار و عمارات ، قائدین و شخصیات پر لکھے گئے ، تعارفی، علمی و تحقیقی مضامین کا۔۔۔ جنہیں مکرم نیاز نے بڑی محنت سے تلاش اور جمع کیا ہے۔۔۔ ایک ایسا مجموعہ ہے جس میں ہم دکن کی مٹّی کی خوشبو اپنے نتھنوں میں محسوس کر سکتے ہیں ۔ دکن کی رسومات اور روایات کی ایک فلم سی ہماری نظروں کے سامنے چلنے لگتی ہے ، ساتھ ہی ہم خود کو وہاں کے لوگوں کی خوشی اور غم میں شریک محسوس کرتے ہیں ، اور اُس دانشوری کے ، جس کے لیے یہ شہر جانا جاتا رہا ہے ، معترف ہوتے ہیں ۔ یہ احساسات اس لیے ممکن ہو سکے ہیں کہ ، جن شخصیات کے یہ مضامین ہیں اُن میں سے اکثر یا تو خود حیدرآباد کی تاریخ کا حصہ رہے ہیں ، یا حیدرآباد سے یوں واقف ہیں یا واقف تھے ، جیسے اپنے ہاتھ کی لکیروں سے ۔

: شکیل رشید
(مدیر اعلیٰ ، روزنامہ "ممبئی اردو نیوز")